U0113754

民国趣读

老·城·记

老成都

中国文史出版社

本书编辑组

主　　编：韩淑芳

本书执行主编：张春霞

本书编辑：牛梦岳　高　贝　李军政　孙　裕

目录

第一辑 老成都旧皇城·街头走一走

第二辑　食在锦官城·独一无二的川味

第五辑　文教在西南·弦诵不辍

第六辑　做买卖·熙熙攘攘生意人

第七辑　人与事·锦官城忆往

第一辑

老成都旧皇城·
街头走一走

❖ 李劼人：成都旧皇城并非古城

成都说起来是个古城市。若果从战国时候秦惠王灭蜀国、秦大夫张仪于公元前31年开始建筑成都城算起，它的确已有2268年的历史。但是，成都城随着朝代的变更，它也变了无数次，始而是大小两座城，继而剩下一座城，后又扩大了变为二重城、三重城，后又变为一座完整的大城。今天的规模，是唐僖宗乾符三年（876）高骈做西川节度使时建筑唐城的规模。可是现在拆除的城墙，不但不是9世纪的唐城，也不是13世纪后半期的明城，甚至不是张献忠之后、清朝康熙四年（1665）所重修的城，而实实在在是在清朝乾隆五十年（1785）彻头彻尾用砖石修成，算到今年仅止173年，并非古城。

成都位置，偏于川西大平原的东南，地势平坦。当初规划城市时，本可以像北京市街一样，划出许多正南正北、正东正西的区域来的。但是不知为了什么缘故，城内街道全是西北偏高、东南偏低的斜街。我们把成都市旧街道图展开一看，便看得出，只有略微偏在西边一点、大致处于城市中心的旧皇城，是端端正正坐北朝南的一块长方形。

旧皇城，一般人都误会为三国时代刘备称帝的故宫。其实不是。它是唐末五代、前后两个蜀国在成都建都时的皇城。这地方，经过宋元两朝的兵燹，不但城垣宫殿早已无存，就连清人咏叹过的摩诃池，也逐渐淤为平陆，变成若干条街巷。到明朝第一代皇帝朱元璋册封他的第十一皇子朱椿为蜀王，为了使朱椿就藩，于洪武十八年（1385）才在前后蜀国修建过的宫垣基础上，更加坚固、更加崇宏地造了一座和当时南京皇居相仿佛的蜀王宫。蜀王宫的规模很大，几乎占去当时成都城内总面积的五分之一。宫殿园囿之外，有一道比大城小、比大城狭的砖城，名宫城。一道通金河的御河，围绕四周。御河之外，还有一道砖城，叫重城。宫城前面是三道门洞。门外是广场，是足宽100公尺以上的御道。与门洞正对，在630余公尺远处，是一道二十余丈长、三丈来高的砖影壁，因为涂成红色，名为红照壁。在门洞外二百五六十公尺的东西两边，各有一座高亭，是王宫的鼓吹亭，东亭名龙吟，西亭名虎啸。明朝藩王就藩后，虽无政治权力，但以成都的蜀王宫来看，享受也太过分了。这王宫，到明朝末年（1644），张献忠建立大西国，在成都即位称尊，改元大顺元年时候，又改为了皇城。不满两年，张献忠于公元1646年，统率军民离开成都，皇城内的一切全被烧毁、破坏，剩下来的，就只一道宫城、三道门洞，以及门外横跨在御河上的三道不很大的石拱桥（比横跨金河上的三桥小而精致）。19年后（是时为清朝第二代皇帝玄烨的康熙四年），四川的政治中心省会，由保宁府（今阆中市）移回成都。为了收买当时的知识分子，开科取士，又将废皇城的部分地基（前中部的一部分），改建了一座相当可观的贡院。1951年被成都市前人民政府加以培修利用，作为大小会议场所的至公堂、明远楼，就是这时候的建筑物。

▷　皇城门内景

从我上面所略略交代的历史陈迹看来，这地方，实实应该叫作明蜀王故宫，或贡院。本来在门洞外那条街，早已定名为贡院街的。但是百余年来，人们总是习惯了叫它作皇城，把门洞外的一片广场叫作皇城坝，习惯真是一件可怕的事情！

《成都的一条街》

❖ 戴文鼎：旧皇城成了菜园子

皇城经过几次战争的摧毁，房舍所存无几，只有西面还有一部分房子。后来国民党中央陆军军官学校在此设立了皇城督练区。东北方向，大部分被开辟为菜园地，至公堂前向南的广场，变为"扯谎坝"。我当小学生时，常跑到皇城的菜园边，城墙脚下去捉蟋蟀。六月炎天，附近的老百姓都抬把椅子到皇城三个城门洞内乘凉。至公堂大厅，成为贫民窟，以破布、草帘作间壁，平均不到2平方米即是一户人家，席地而卧，其余则不过是破锅、碗灶而已。这里没有偷盗之事，可能是大家都穷，穿的在身上，吃的在肚皮里头的缘故吧！

菜地中间有一些低矮的茅棚，那便是菜农之家。水井、粪池、碾磨等农业设施齐全，阡陌相通，鸡犬相闻，在喧嚣繁华的成都闹市中居然出现这样一片宁静的乡村，这是那个时代的畸形产物。由于当时工业不发达，工厂极少，就是有一些工厂，其规模也不大，旧成都是一座消费城市，所以才会有一大片一大片的土地荒芜，不能利用它来搞工业建设，而把它作为蔬菜基地了。

皇城内除了一小块一小块的菜畦外，还存在部分荒坡、水凼。这里杂草丛生，蚊蝇孳长，危害着菜农们的健康，可是当局却视而不见，听而不闻，无人过问。

皇城的夜晚是黑洞洞的，万籁俱寂。除了"为国求贤"石牌坊处在二更前尚有一些摆地摊的和游人之外，二更后便路断人稀，更没有人敢到皇城后坝去。一些长者传说，攻夺煤山之战后，附近居民每夜四更左右，都能听到煤山附近传来的喊杀之声！又有人晚归，在原煤山附近看见无数鬼火（磷火）在游动。还有人看见狗站立起来走路，似人样地哀号。总之把皇城渲染得是那么阴森可怖！加上旧成都"电灯不明"，掩映着皇城的断墙颓垣和漆黑幽深的三个城门洞，真使人倍感荒凉。

《皇城今昔观》

❖ 李劼人：武侯祠

　　武侯祠只有在正月初三到初五这三天最热闹。城里游人几乎牵成线地从南门走来。溜溜马不驮米口袋了，被一些十几岁的穿新衣裳的小哥们用钱雇来骑着，拼命地在土路上来往地跑。马蹄把干土蹴蹋起来，就像一条丈把高的灰蒙蒙的悬空尘带。人、轿、叽咕车都在尘带下挤走。庙子里情形倒不这样混乱。有身份的官、绅、商、贾多半在大花园的游廊过厅上吃茶看山茶花。善男信女们是到处在向塑像磕头礼拜，尤其要向诸葛孔明求一匹签，希望得他一点暗示，看看今年行事的运气还好吗，姑娘们的婚姻大事如何，奶奶们的肚子里是不是一个贵子。有许愿的，也有还愿的，几十个道士的一年生活费，全靠诸葛先生的神机妙算。大殿下面甬道两边，是打闹年锣鼓的队伍集合地方，几乎每天总有几十伙队伍，有成年人组成的，但多数是小哥们组成，彼此斗着打，看谁的花样打得翻新，打得利落，小哥们的火气大，成年人的功夫再深也得让一手，不然就要打架，还得受听众的批评，说不懂规矩。娃儿们不管这些，总是一进山门，就向遍地里摆设的临时摊头跑去，吃了凉面，又吃豆花，应景的小春卷、炒花生、红甘蔗、牧马山的窖藏地瓜，吃了这样，又吃那样，还要掷骰子、转糖饼。有些娃儿玩一天，把挂挂钱使完了，还没进过二门。

本来是昭烈庙，志书上是这么说的，山门的匾额是这么题的，正殿上的塑像也是刘备、关羽、张飞，两庑上塑的，不用说全是蜀汉时代有名的文臣武将，但凡看过三国演义的人，看一眼都认识；一句话说完，设如你的游踪只到正殿，你真不懂得明明是纪念刘备的昭烈庙，怎么会叫作武侯祠？但是你一转过正殿，就知道了。后殿神龛内的庄严塑像是诸葛亮，花格殿门外面和楹柱上悬的联对所咏叹的是诸葛亮，殿内墙壁上嵌的若干块石碑当中，最为人所熟悉的，又有杜甫那首"丞相祠堂何处寻，锦官城外柏森森"的七言律诗，凭这首诗，就确定了这里不是昭烈庙而是诸葛亮的祠堂。话虽如此，但东边墙外一个大坟包仍然是刘备的坟墓惠陵，而诸葛亮的坟墓，到底还远在陕西沔县的定军山中。

　　武侯祠的庙宇和林盘，同北门外的昭觉寺比起来，小多了，就连北门内的文殊院，也远远不如。可是它的结构布置，又另具一种风格：一进二门，笔端一条又宽又高的、用砖石砌起的甬道，配着崇宏的正殿，配着宽敞的两庑，配着甬道两边地坝内若干株大柏树，那气象就给人一种又潇洒又肃穆的感觉；转过正殿，几步石阶下去，通过一道不长的引廊，便是更雄伟更庄严的后殿；殿的两隅是飞檐流丹的钟鼓楼；引廊之西，隔一块院坝和几株大树，是一排一明两暗的船房，靠西的飞栏椅外，是一片不大不小、有暗沟与外面小溪相通的荷花池；绕池是游廊，是水榭，是不能登临的琴阁，是用作覆盖大石碑的小轩；隔池塘与船房正对的土墙上，有一道小门，过去可以通到惠陵的小寝殿，不必绕过道士的仓房再由正门进去。就这一片占地不多的去处，由于高高低低几步石阶，由于曲曲折折几道回栏，由于疏疏朗朗几丛花木，和那高峻谨严的殿角檐牙掩映起来，不管你是何等样人，一到这里，都愿意在船房上摆设着的老式八仙方桌跟前坐下来，喝一碗道士卖给你的毛茶，而不愿再到南头的大花园去了。

《大波》

❖ 张恨水：武侯祠夺了昭烈庙

到成都的人，都会想起了这两句诗："丞相祠堂何处寻？锦官城外柏森森。"但据此间考据家的观察，现在的武侯祠，实在是昭烈庙，原来的武侯祠，已经毁灭，不过，后殿有诸葛亮父子的塑像而已，这话我承认。因为我游普通人所谓"武侯祠"，看到那大门上明明写着昭祠的匾额了。那么，为什么臣夺君席呢？那就为了"诸葛大名垂宇宙"之故。

这庙的前殿，两廊有蜀国文武臣配享，殿左右也有关张的塑像，正殿左手还有个神龛，供着那个哭祖庙而自杀的刘谌。殿右角却空着，似乎是扶不起的刘阿斗，在这里占一席，而为后人驱逐了。

关于以上两点，我发生着很大的感慨，觉得公道存在天地间。凭一时代的权威供着长生禄位牌，终于是会与草木同腐的。王建在这里做过皇帝，他的陵墓当然是好，可是就成了庄田一千年。而现在发掘出来，人家都以为是奇迹了！

原载 1943 年 4 月 26 日重庆《新民报》

❖ 戴文鼎：道教宫观青羊宫

青羊宫地处通惠门外南面，百花潭北岸，面积约180余亩，是成都仅存的一座最大最古的道教宫观。

青羊宫原名青羊肆。据传：远在周代，老子李聃，西行至函谷关，为关令尹喜著《道德经》，临别时说："子行道千日后于成都青羊肆寻吾。"

（见《蜀王本纪》）后来道家遂在此建庙，名曰青羊观。唐代皇帝因姓李，遂尊老子为至尊玄元皇帝，并为老子造像，青羊观一度改称为玄中观，唐僖宗入蜀，下诏改玄中观为青羊宫，改宫后大兴土木，备极壮丽，形成巨观。由此成为蜀中游览胜地，历代都有修葺。清初，宫毁，康、乾时期又加以修复。宫内主建筑有八卦亭、三清殿、降生台等，最珍贵的是有两只黄铜铸成的"青羊"，其中一只独角的是雍正元年（1723）由大学士张鹏翮从北京买来送给庙上的，其底座刻有"京师市上得铜羊，移往成都古道场。出关尹喜似相识，寻到华阳乐未央"及信阳子题等诗句。有识古者说：信阳子者，即张大学士，此羊乃南宋遗物也。另一只铜羊是道光九年（1829）由云南工匠陈文炳、颜体仁共同铸成的。两只铜羊造型美观，色如赤金，由于迷信群众谓它能治百病，个个都要爱抚一下，由是摩得它闪闪发光。

《青羊宫花会忆旧》

▷　青羊宫八卦亭

❖ 张恨水：安乐宫

记不起是在哪条街上，经过一座庙，前面像庙门敞着，像个旧式商场，后面还有红漆栏杆，围绕了一座大殿。据朋友说，那里供着由昭烈祠驱逐出的安乐公刘阿斗，这庙叫安乐宫，前面是囤积居奇的交易所。这太妙了，阿斗的前面也不会有爱国家爱民族的人，他们是应该混合今古在一处的。朋友又说戏台上有一块匾，用着刘禅对司马炎的话，"此间乐，不思蜀矣"那个古典，题为《此间乐》，我想此匾，切人切事，很好，可是切不得地。请想，把引号里的话，出之囤积商人之口，岂不危乎殆哉？

蜀除帝喾之子封侯，公孙述称蜀王，李雄称成都王外，还有三大割据皇帝：刘备、王建、孟知祥，而都不过二传，他们的儿子，刘禅荒淫庸懦自不必说，王衍虽能文而不庸，可是荒淫无耻了，孟昶更是奢侈专家，七宝便壶，名扬千古。因之他们也就同走了一条路，敌人来了就投降。

于是，我们下个结论："川地易引不安分之徒来割据，割据之后，就以国防安全感而自满。自满之后，就是不抵抗之灭亡了。"此间乐，其然乎？岂其然乎？

原载 1943 年 5 月 1 日重庆《新民报》

❖ 吴绍伯：少城三百年

"少城"的历史，迄今已有三百多年。原是明朝嘉靖年间，藩王朱让栩开始创建，因年久失修，早成废址。到了清朝康熙五十七年，四川巡抚年羹尧平定了准噶尔暴乱之后。从荆州调来一批武装力量，依照少城原有基址，筑修城墙，屯驻满蒙旗兵3000人，康熙五十九年，选留旗兵1600人，步兵400人，军官72人，杂役96人，永远驻在成都，军眷也相继来随军，这就是成都有满蒙族人民的来历。故这一地区，仍称为少城，成都人叫"满城""内城"。

▷ 少城内的街道与旗人

到光绪三十年，旗兵共有5100户，男丁12000余人，女口9000余人，共21000余人。为啥把这些人称为"旗人"？当时满蒙内部为八个旗（族内的派系），用正黄、镶黄、正白、镶白、正红、镶红、正蓝、镶蓝八种旗色作标志（没边子的旗帜叫"正"，有边子的旗帜叫"镶"，一般都称满族年轻人为"八旗子弟"）。

少城的区域，包括现在的长顺街和东城根街两旁的大街小巷，以前是照北京的称呼为"胡同"，辛亥年以后，一律称为街巷。少城的街道，由南到北，很像一只长蜈蚣虫形；"将军衙门"就是蜈蚣的头，长顺街是蜈蚣身，两边街道就是足。长顺街东面是左翼，现在的八宝街、东二道街、半节巷、过街楼……一直到祠堂街，共19条街巷。长顺街西面是右翼，现今的西大街、西二道街、三道街、四道街、焦家巷……一直到包家巷，共23条街巷。蜈蚣足包括有大街8条，兵丁居住的街道42条，这些街巷名称沿用至今。

少城原来有四道城门，"小南门"在今小南街与君平街之间，"小北门"在长顺下街与宁夏街之间，"羊市小东门"在羊市街与东门街之间，"御街小东门"在祠堂街与西御街之间，四道城门中，以"御街小东门"最为壮丽，这些城门，在辛亥年以后，便陆续拆除了。

《少城逸闻集锦（二）》

◆ 李定一：少城人家，高门槛难跨

秦惠王二十七年，为公元前310年，成都的少城与大城同时建成。大城在东，"少城惟西南北三壁，东即大城之西墉。"（《寰宇记》）

所谓"少城"，是指"满城"以后的少城。1911年辛亥革命之后，清王朝结束了满族260多年的统治。代表满族控制四川的将军和八旗驻防"满城"的时日也宣告结束。

"满城"，成都人习惯上仍称之为"少城"。到了民国，陆续拆去"满城"的城墙。在其北，拆出了一条西大街；在其东，拆出了一条东城根街；在其南，一部分属于"少城公园"，一部分成了蜀华街。只有西面的城墙还保持了相当长一段时间。

"满城"的城墙没有了，但老成都人脑海中的"少城"还在。比如住在长顺街一带的人，自称住在少城。过了西御街到东御街，就称为"大城"。住在东御街以东的人，走过"皇城坝"，过了西御街，就称为到"少城"了。

"少城"驻防的八旗军不存在了，但他们遗留下来的四合院还在，它们就陆续地变成了新主人的"公馆"。这些主人们，就是新的有钱、有权者

（主要是土地出租者，所谓的绅粮）。在长顺街两旁，商店林立，就成为这些人的日常生活资料的供应点。

这些"公馆"的门前大都有一对小型石狮子，或石鼓作饰品，以显示其身份的不平凡。

门是黑漆大门，有的门上还用油漆画上终年不换的门神。那时的大门下，都装有一段能够装上卸下的高门槛，以挡住大门。"高门槛难跨"，就成了"少城"人家的象征。老成都人当时有句谚语："你的门槛太高，不大好跨！"意思是讽刺人好拿架子，高不可攀。后来大致这道高门槛又重又笨，不太方便，便逐渐被取消了。后来的少城，住进了一批所谓的新派人物，他们取消了高门槛和门神，悬挂上名人字画，他们就成了高雅人家了。他们的正屋两旁陈设着红豆木雕花座椅和茶几，后来改成沙发，此处也就成为餐厅和起居室。

正屋的两边，就是屋主人的寝室了，后面还有一个小天井，天井中都有一口水井，接近水井处，就是厨房，洗衣处也在附近。此外厕所、杂物间都在一个区间内。这个一院两进深的格局，就是那时所谓"少城人的家"了。

《"少城"风情一瞥》

❖ 潘前春：成都街道概览

成都为历史文化名城，其街名的历史文化特征也分外突出。大多数街名描述对象为人文景观，有的街名也描述了历史上的自然景观和风貌，少城的街名尤具特色：

如支矶石街，是因历史古迹而得名，清代时称君平胡同。相传严君平卖卜于此，民国初年因街西有支矶石庙，故改名支矶石街，沿用至今。清代康熙年间八旗兵驻成都，在街西头建关帝庙（即后之支矶石庙），支矶石即立于庙内。神话传说支矶石为天上织女织机上的垫石，其实它是古蜀国的墓志石。1958年，支矶石已移往文化公园内，供游人观赏。

而以地形、地势得名的有宽巷子、窄巷子、小通巷、西半节巷、上半节巷。

宽巷子在清代时因与邻近街巷相比较为宽，遂用此名。其余四条街均缘于地形特点得名。宽巷子和窄巷子的房舍全系平房院落，大多建于民初，少数建于清末。其多为中国典型的四合院：石狮、石鼓、天井、中门绘有金钱狮子、屋檐翘角凌空欲飞，展现了古少城的风貌。

旧时的少城多幽巷，巷内多深宅大院，院内树木葱茏，鲜花盛开。一些街道也因植物而得名，如泡桐树街、桂花巷、柿子巷、槐树街。

泡桐树街清代时为满城的仁里胡同，因街中有大泡桐树，民国初即改名。

桂花巷在清代称丹桂胡同，胡同内栽有多株桂花树，民国初改称桂花巷。

柿子巷清代时名永平胡同，巷内有一株大柿子树，民国初改为现名。

槐树街即满城的槐荫胡同，当时沿街植有多株槐树，并有一槐树林，民国初更名为槐树街。

以庙观祠堂得名的有永靖街和祠堂街。

永靖街清代时名永清街，光绪末年东段改为西鹅市巷，西段仍名永清街。民国时，本街回民聚居，著名的皇城清真寺建于此，更名永靖街，取"永葆伊斯兰纯洁"之意。原街西端有二巷，分抵小河街，修建蜀都大道后，街形大变，现已不通小河街。

祠堂街清代时称喇嘛胡同，亦名蒙古胡同。据传，康熙五十七年，八旗官兵曾为年羹尧建生祠于此，街因此得名。

以吉祥愿望得名的有吉祥街、仁厚街、多子巷。

吉祥街清代名通顺胡同，吉祥胡同。民国时先名新巷子，后改吉祥街，取"吉祥如意"之意。

仁厚街清代称仁厚胡同，也是表达"吉祥"之意。民国初改称仁厚街。

多子巷清代名太平胡同，因满营在此开炉铸造刀剑，民国初名刀子巷。刘湘在此居住时，膝下只有一儿一女。恶"刀子"二字于己不祥，故以刀子谐音，改为多子巷，含"多子、多福、多寿"之意。

以地物得名的街道较多：如过街楼街、黄瓦街、栅子街、东马棚街、西马棚街、奎星楼街、红墙巷、井巷子。

过街楼街清代名集贤胡同，又名永兴胡同。因街上旧有木质结构的跨街楼房（形似天桥）一座，民国初更为现名。

黄瓦街清代称松柏胡同，昔民间盖房，习用青砖灰瓦。有两侯爷，家业破败，居然将建庙宇的红砖砌墙，黄瓦（琉璃瓦）盖顶。现街名即源于此黄瓦围墙。

栅子街清代名里有仁风胡同，辛亥革命后，因街口设有栅门，晨开夜关以防盗，故名栅子街。

东、西马棚街在清代时分别称仁德胡同和阿产胡同，原系四川将军统率满蒙骑兵养马之地。棚为篾棚，高大宽敞，无一住户。现在的街房均为辛亥革命后陆续修建。

奎星楼街清代称光明胡同，又名魁星楼胡同。后因西头关帝庙内有奎星阁，遂改名奎星楼街（奎星是二十八宿星之一，共有五个星点，经常疏散排列。如五星相聚，则为文教昌明之象）。

红墙巷清代名普安胡同，西头有关帝庙及永安坊。因临街一堵红墙，民国时改名红墙巷。

井巷子清初名如意胡同，因街中有水井，供群众汲水，故改名井巷子，沿用至今。

少城的街名以方位序数得名的也不少。如西二道街、东二道街、三道街、四道街、东城根街、东门街、东胜街、西胜街等。这些街的得名多来自在少城内的次序和方向。

因学校得名的有商业街和实业街。

商业街在清代因街北有副都统衙门，名都统胡同。民国初于副都统衙门旧址创建商业专门学校，更名为商业街。

实业街清代名甘棠胡同，街北有八旗官学。民国初，官学旧址改办女子实业讲习所，遂改名实业街。

以上列举了少城的大部分街道名称，从它们的来由，我们能窥见古少城风貌之一斑，感受到历史脉搏的跳动。

《少城漫话》

❖ 张邦炜：街名，透着历史和文化

▷ 成都提督街口旧貌

成都是享誉中外的历史文化名城，不少旧街道名、旧地名让人们联想到历史上某个官职、某位名人、某项掌故，乃至某段意味深长的历史故事。如将军衙门因清代四川将军治所在此而得名，提督街系清代四川提督衙门所在地，城守东大街是清代城守卫的驻地。又如岳府街因清代川陕总督岳钟琪府第在此而得名，另一位川陕总督年羹尧住三倒拐，祠堂街是当年成都八旗军人为年羹尧立生祠的地方。再如均平街是由于《老子指归》的作者、西汉道家学者严遵（字君平）相传曾住此地，而椒子街一说即交子街。交子是北宋人对纸币的称呼，这条街道的名称让人想到成都是世界上最早使用纸币的城市这个公认的历史事实，有人将这条街道称颂为"中国古代的华尔街"。例子实在太多，前人述说已详，不必一一列举。这些旧街道名、旧地名以其历史的厚重感，生动地表明成都是座当之无愧的历史文化名城。

《成都市旧街道名、旧地名的文化内涵》

❖ **戴文鼎**：有官气的督院街

位于锦江区内的督院街，从明代至今，都是全川最高的行政首脑中心。它西接走马街，东连南打金街。明代的巡抚都察院设此；清代的四川总督衙门亦设于此。故后人取总督之"督"字，和都察院之"院"字，联结起来，则命名为"督院街"。

据明嘉靖《四川总志》载："按察司前街，巡抚都察院设此。"（巡抚都察院是明代省一级实施监察、弹劾、建议的最高机关，相当于明以前的"御史台"）故督院街即明代的按察司前街。清顺治时，四川巡抚高民瞻建抚署于此。清初川湖总督驻重庆，曾于本街西南设总督行署。雍正时，由总督主管一省军政，不再设巡抚，故抚署即是督署，俗称总督衙门，或制台衙门。为什么称作制台呢？因明代称巡抚为"总制"，清代称总督为"制军"，因总督有节制全省文武各臣之权，尊称为"制宪"，别称为"制台"，是当时对高级官长的称呼。

辛亥革命时期的大汉四川军政府，民国元年的都督府以及蔡锷入川后的督军署均设在皇城。民国六年（1917），罗佩金与戴戡先后据皇城与川军刘存厚发生激战，皇城遭到严重破坏，以后不再设官署。

民国七年（1918）熊克武任督军时，始将督署移到督院街的总督衙门。民国九年（1920）以后，防区制形成，刘成勋任川军总司令，总司令部设将军衙门，后改为川康边防总指挥部。后刘兵败撤销。继由杨森任四川督理，督署仍设督院街，杨森亦因兵败撤署。继由刘湘任四川军务督办，署设重庆，刘文辉任帮办，署设将军衙门。

▷　1917年刘戴之战后遭到破坏的四川督军署

民国十六年（1927），省长改称省主席，不再设全川军事长官，二十四军军长刘文辉兼任省主席，其军部设将军衙门，省政府仍设于督院街。

民国二十三年（1934），四川统一，国民党中央令设川康绥靖主任公署于督院街省政府之东侧。

抗战期间（1937—1945），又于督院街省政府内增设四川省保安司令部，与东大街东安里省保安处相通。省民政厅和教育厅亦设于督院街省政府对面。

《督院街与总督衙门》

❖ 胡元树：赤里街——成都史上第一街

四川最早有史可查的一条街，应当是赤里街。晋常璩的《华阳国志》是我国现存的一部最早的、比较完整的地方志，也是最早记载四川街名的一部史书，浩浩十一万字却只载了一条街名："成都县本治赤里街，（张）若徙置少城内。"

赤里街在何处？《蜀都汇》说："成都之南街名赤里"，南街即今成都之南大街。赤里街历史悠久，之所以名传至今，全得力于《华阳国志》记载之功。成都名胜古迹不少，但恰恰街名尚属年轻。明末清初的动乱，给成都以毁灭性的破坏，嘉庆《四川通志》描述"唯见草木充塞，麋鹿纵横，凡市廛闾巷，官民居址，不可复识"。古老的街道不复存，古老的街名也不复存，代之而起的是新街道新街名。这就是为什么成都的绝大多数街都是清代以来才始名的原因。像赤里街这样"流芳百世"的幸存者，实属罕见。

"赤"是"青、赤、黄、白、黑"五色之一，孔颖达疏《礼记·礼运》："五色……据五方也。"赤也据南方，因此《说文》谓之南方色也，从大火"。有周之世，蜀不得与春秋盟会，君长莫同书轨，直到开明帝才打破了"不与秦塞通人烟"的"开国何茫然"的局面，始效法华夏之礼乐制度。蜀位于华夏西南，"人尚赤"是北来文化的应用。而赤里街则在成都县之南，街名采用"赤"字，这既是表达对华夏文化向往崇拜的愿望，也是对街道在城中方位的标定。"里"是居民住宅区，也是古代居民区的一种编制和区划，在乡之下。蜀时，"里"除了指居民区外，还用来名桥。如"冲里桥"（即冲治桥，在原郫江上，西门城外，今已消失）、"爽里桥"（即笮桥，在原检江上，百花潭之东，今为钢索桥）等。

这样，"赤里"的意思就很显豁了，即县城南面的居民区，而赤里街恰好在这一位置。但实在可惜，成都的赤里街未在现实，仅垂史册，取而代之的是南大街。然而可以庆幸的是，我们寻到了踪迹，原来南大街与赤里街语义上是一脉相承，南大街就是赤里街的近义词。

赤里街又是何时消失的呢?《成都城坊古迹考》说南大街"清代名赤里街，民国时乃更名"。但此书的《光绪五年图》和《光绪三十年图》均标"南大街"而没有标"赤里街"；并且，清《成都县志》和《成都通览》也都没有"赤里街"的记载，显然《成都城坊古迹考》所云不确。"清代名赤里街"有可能指的是清初，但"民国时乃更名"则断然有误。

《赤里街》

❖ 魏道尊：热闹繁华春熙路

春熙路是热闹繁华的商贸区。春熙路经营的业务多种多样，门类齐全。

这里是钟表业（及时、亨得利、亨达利、协和、时昌）、金号、银楼（天成亨、天长亨、天宝、物华、新凤祥、宝成）、影剧院（青年会后改大华、三益公后改新闻、新明、春熙大舞台）、百货、绸缎正头铺的集中地，是报馆（中央日报、新新新闻、复兴日报、新中国日报、新民报、华西日报、兴中日报）的发行处。还有看相、算命的也在这里凑热闹。如淡然居士、霞飞女士、金刚眼大相士等都在西段西川公寓下榻，打着"预言家"的旗号，神乎其神地标榜自己是科学论相，来人不开口，只坐一分钟，他们就能断定吉凶祸福。还有一个算命先生高卧在东段"诸葛庐"。

这里开设的书店有商务印书馆、中华书局、世界书局、正中书局、新中国书局、广益书局等等。广益书局于1935、1936年大量倾销上海大达图书局出版的经、史、子、集、诗、词、歌、赋、古今小说，大打折扣，不顾血本；价格低廉到连纸钱都没有卖够。那些书是用书写纸、新闻纸印的，四号古宋字体或老五号仿宋字体，新式标点，字迹清晰明显。因那时日本正蠢蠢欲动，欲对我国进行侵略扩张，局势十分紧张，许多人怀疑是日本印制的图书，纸张中含有毒素，意欲毒害华人，才如此廉价。这种谣言传出后，顾客减少，该局虽然声明，营业还是遭受影响。另外也可能是同行生嫉妒，卖石灰的见不得卖灰面的，故意造出来的谣言。

▷　春熙路一瞥

百货业巨子谢源卿在北段开设"大总汇"（现"一百"所在地），又在西段和上海内迁厂商成立"联合商场"，开业这天聘请影坛红星白杨小姐剪彩。

他们起初在报上广告栏登出孙中山先生的遗嘱"联合世界上以平等待我之民族共同奋斗。"读者看了莫明其妙。后来他们在报上公布"联合商场"开业的消息，读者才恍然大悟，原来是他们的宣传术、生意经。

南段左边一家商号以大幅阴丹布为底，上面绽着白色的斗大的"成孚"二字布幔高高的悬挂在铺面上，这就是市商会理事长、市工商联副主任钟云鹤开的铺子，专卖呢绒绸布。北段右侧有一家商店名叫"新蜀呢绒绸布店"，经理杨润生是成都第一区代表会主席，又是疋头业公会理事。

杨润生和钟云鹤是儿女亲家，又是同业，他们两家的商店遥遥相对，真是左右逢源，对门对户对亲家。

春熙西段40年代中期兴起了专售高档商品的"国泰""美琪"商行。颇为豪华的"撷英"餐厅常有军政机关、社会法团和新闻界人士光顾。"耀华"餐厅以西菜冷饮糖果饼干和早点闻名蓉城。解放后，又在原有的基础上，增强了颇具规模特色的大型中餐餐厅。

《成都的专业一条街》

❖ 姜梦弼：春熙路上

1925年春熙路辟建工程初具规模，北段铺房由俞凤岗的树业公司承建，基本上是穿逗结构一楼一底的中式铺房，唯有凤祥银楼是砖木结构两楼一底中西合璧的风格，颇为壮观，成为当时引人注目的建筑物。其他三段的铺房建造，限于财力，都未能超过北段。

杨 森走后，路面竣工时，市政督办罗泽洲，于街心花园处建立一座"春熙路建路纪念碑"。1927年为纪念孙中山先生，刘文辉、邓锡侯两军长捐廉铸塑孙中山铜像（立像）安置在纪念碑上，于1928年1月30日举行揭幕典礼。1945年成都市长陈离，鉴于原像雕塑技艺不佳，特请名雕塑家刘开渠精心雕塑为坐像，重新安置，供人瞻仰。现已列为成都市重点保护文物之一。

春熙路建成后，首先是上海图书、照相、钟表眼镜的大型企业来此开业，北京的参茸号和药铺也来设立分店。川帮商人经营的企业陆续增加，形成了"北京帮""浙江帮""四川帮"三大支柱。

由于客观形势发展的需要，春熙路在管理方面自成一个体系。1927年成立了"春熙路商民协会自治会"，代表辖区商民合法利益，维护正当业务经营。1929年成立了"消防委员会"，建立义务消防队，购置铁轮土水龙两部，继又增加震旦灭火水龙一部，增强救火能力。当时启明电灯公司供电不足，经常停电，春熙路商民罗俊丞等集资5万元，购置负荷5000余盏灯的瓦斯机，筹组光明电力公司，在科甲巷设厂（现青年宫电影院）输电，专供春熙路照明之用（以后并入启明）。

地方军阀见春熙路逐渐繁荣兴盛，也将他们的势力渗透进来。据不完全统计，大小军阀在春熙路开的银行、银号共有13家；开设的报馆共有6家。

俞凤岗除租赁房产外也在商业上有所扩张。1927年他将宝成银楼（与范济成合伙）从东大街迁到北段营业。1929年俞又投入巨资在春熙路南段口兴建三层楼的"春熙大舞台"，请名书法家昌尔大榜书特大招牌，内部装修仿照上海天蟾舞台的派头，装置反光顶灯，铜柱脚灯，极其华丽。并在上海邀来京剧演员百余人，名角荟萃，阵容壮观，大开成都市民眼界，把成都京剧推向前所未有的高峰。

从此春熙路进入了兴盛时期，终日车水马龙，游人如织，成为本市新兴的商业中心。它能长期兴盛不衰，主要是具备了下列条件：

（一）名店林立，行业荟萃

春熙路的店铺，多数是各行业中的名牌老号或大型企业，计有银楼金店、钟表眼镜、绸缎布匹、洋广百货、图书、中菜、银行、报馆等30余个行业，粗略统计四段约有200余家大小商户。

（二）商品名贵，花色齐全

春熙路商家的商品，基本上是供应军阀、地主消费的，穷人不敢问津。有价值千元的珠宝首饰，几百元一对的鹿茸，以及高丽参、西洋参、燕窝、安桂等名贵药材，世界八大名表，进口鞋帽服装和高级化妆品直到派克金笔、派克墨水和外国脚踏车，无不应有尽有，琳琅满目，美不胜收。

（三）宣传推销，各展技能

成都商业经营比较保守。自北京帮、浙江帮来了以后，才发生新的变化。他们重视门面装修、橱窗布置、商品陈列、接待顾客，同时突出广告宣传，以广招徕。如凤祥银楼新址开张，准备九成金戒指50只，赠送前来祝贺的同业，显示九成金的工艺水平。宝成银楼则用白银铸造一座约高3尺的九层银楼，陈列橱窗之内，吸引过往游人。及时、大光明两家钟表公司门面安装巨型玻砖橱窗，陈设精美，突出名牌。售出钟表免费保修三年。川帮商家受其熏陶，也不后人。如协和百货商店，首先安装扩音喇叭，播送戏曲唱片，门前被围得水泄不通。又如公记绸缎庄店员邓某是位推销能手，在大拍卖时候，他不用算盘全凭心算，刚用尺量完衣料，他已算出该多少钱，分厘不差。他这个"肉算盘"的名声，成为春熙路一块活招牌。

每逢节日，春熙路商家都要张灯结彩。搭设小型平台，展出一出一出的戏剧，留住往来客商，年终还要举行大拍卖，争取多做生意。

除了这些因素外，主要还有政治和社会原因。因为邓、田、刘三军联合统治成都的八年中，保持了暂时平衡，没有战争，社会比较安定。同时，成都是四川省会，是军事政治中心，三军系统的大小军政头目，都聚集在市区，恣意挥霍享受，这帮人的畸形购买力，促成春熙路的畸形繁荣。

《春熙路的由来与发展》

❖ 刘国源：成都第一座公园——少城公园

清宣统元年（1909），凉州副都统玉昆，号石轩，满洲人，调升成都将军。鉴于当时孙中山先生领导的旧民主主义革命火焰已遍布全国，成都的满、汉两族由于清制的禁锢，矛盾日益加深；同时，驻防成都的旗籍丁口猛增，而兵额、粮饷有限，清制又规定旗民不得务农经商，面对逐年上升的物价，旗民生计已达十分艰困的境地；再者，鸦片战争以后，外洋各国咸多设壮丽公园以供人民游憩，国内一些城市也相仿效，四川省会的成都对此竟告缺如。基于这三种原因，玉昆认为：民族矛盾不能不加以缓和；旗民生计不能不代谋出路；堂堂"天府之国"岂能无供老百姓游憩之地，以遗外人之讥，于是他想到了建造公园以收"一举三得"之效。

几经筹划，他把自己衙门南外原为备荒用的稻田、菜畦，原属正蓝旗的马棚，加上永平胡同（其地隔今小南街，西对横小南街，约在今人民公园游泳池一带）、永清胡同（其地隔今小南街，西对方池街，约在今人民公园纪念碑附近）、永济仓（俗称仓房街，即永济胡同，其地约在今人民公园游泳池一带），再把衙门东外荷花池的一角（其地在今祠堂街南面的医药公司和百货公司），东抵今半边桥，南邻今小南街统统划作建造公园的地址，复引金水河水蜿蜒曲折贯穿全园。

　　公园的修建在玉昆上任的头年开工，第二年竣工，当时就叫公园，并无少城二字，人们以其地处少城遂呼之为少城公园。

▷　成都少城公园

　　园内建有陈列馆，陈列有汉画砖、明清铜铁大炮、古石碑等多种历史文物供游人参观。树荫浓蔽，清流环绕的地方建有"永聚""同春"茶馆以供游人啜茗坐憩。荷池之上设有餐厅，名曰"聚半园"，餐厅为船形，横卧湖面，两面俱为玻窗，夏日就餐开窗，荷花与荷香共添食趣，游倦腹饥，进食极便。为了替游人涤烦去尘，还建有浴池，名曰"龙园"，池内用水即引入公园的金水河水，水质清洁，入水一浴，身心俱爽。"万春茶园"不是茶园而是戏园，著名川戏班"三庆会"在此上演多日，一时名伶荟萃，戏迷们大饱耳目之福。当日的公园大门是在今天人民公园大门的西侧，斜对永兴街口（此街现已拆去）。公园修成之后，玉昆召集旗籍人前来承办这些茶园、戏园、浴池和餐厅，不仅仅是为了解决他们的生计问题，而且为旗民经商开了绿灯。公园不收门票，不限民族，任何人都可随意入园参观游憩，长期隔绝的满汉两族，通过彼此往来交流感情，相互了解，民族矛盾得以缓和以至消失。这座公园规模虽不大，设备也不够完善，然而它名副其实是成都第一座公园。诚然，东郊的望江楼，南郊的武侯祠，西郊的草堂寺都早于它而存在，但它们或是古迹名胜，或是祠堂庙宇，当日也不曾叫公园。有了它，才算填补了"天府之国"首善之区缺乏公园的空白。

《成都第一座公园》

❖ 邓永安：高升桥，南大门外第一桥

高升桥距武侯祠最近，横架在一条宽宽的无名河上，最早是座三洞石拱桥。相传，此桥建于明代嘉庆年间。在此之前，这条河上仅有简单的木桥，后因被洪水冲毁，给交通造成诸多不便，这一带民众便积资建成此桥。可是在给桥命名时却犯难了。地方上一绅士建议请贵人踩桥命名。后来打听到有人车轿马停在武侯祠门外，料得必有贵人游祠，便派人去请。果然，去人抵达时碰见正拜谒了刘备、诸葛亮塑像出庙门而动身赴临邛上任的杨大人。去人忙上前递上请束，并说明来意。杨大人想，原本赴任必经此桥，何不做个顺水人情！便点头应允了。当杨大人到得桥前，见桥身高拱，气势恢宏，因而灵感袭来，想到自己乃一介寒儒，如今平步青云，走马上任，唯愿官运亨通，禄位高升，何不给桥取个具有这方面象征性的美名？于是他在锣鼓鞭炮声中剪了彩，踱着方步，一边踩桥一边念道：

武侯祠堂柏森森，临近河溪水沉沉，
石桥飞架成通途，本官赐名为高升。

众乡民不知杨大人取此名的用意，只觉得桥有了名即可。之后便请石匠在新桥石栏当头刻出"高升桥"三字。

多少年后，此桥虽经重修几次，到民国时已成一洞石桥了。不过它依旧是成都市南大门外（除万里桥）第一桥。解放初期，修筑川藏公路时此桥被拆除。但其地区从那时直到今天人们仍然叫作高升桥。

《桓侯巷与衣冠庙》

❖ 何长发：染房街，只见象棋和麻将

▷ 打麻将

染房街位于成都市中心盐市口旁，染房街是成都市一条古老而狭窄的街坊，始建于宋代。白敏中治蜀时，开凿横贯全城的金河，汇于城东府河。由于这里濒临金河，取水极易，遂有多家浆染绸布的作坊设此，逐渐形成街肆，因此命名"染坊街"。明重建街坊时，将街名"坊"字改为"房"字，定名染房街，沿袭至今。后染房先后迁出城外，染房街逐渐成为骨角、

竹木制品的手工业作坊集中地。明清繁盛时期，云集在染房街的骨角、小五金、竹木手工业作坊达200多家，成都四乡及外县商贩多来此采办货物。清宣统元年傅樵村《成都通览》记云：染房街有牛（角）骨物作件、钮子、赌具、刀剪、洋广杂货珠子、丝辫栏杆、织缎机房、咀片、油米、棺材等行业的店铺和作坊。民国二十三年（1934）《华阳县志》载：治城染房街百余家，专攻骨角为业，制成纽扣、牙刷、骨牌、骨盒之类数十种。民谚："染房街无染房，将帅对阵打麻将。"也是说当时的染房街已看不见染房了，经营的都是象棋、麻将等骨木竹类制品。

《始建于宋代的染房街》

❖ 赵添成：椒子街与世界最早的纸币——成都交子

　　成都东门外有条不起眼的小街叫椒子街，据前辈李劼人先生谈，应为"交子街"，因为此地是五代时前蜀、后蜀国制造交子的地方。而据元《费著·交子谱》说，制造交子的地方是在成都外西的"净众寺"。另有人说，椒子街是因为街内有一棵油楠树，其籽名山胡椒，可入药治病，街名则由此而来。孰是孰非，录以待考。但世界最早的纸币——交子发行使用的地点是成都，那确实是当之无愧的"世界之最"。

　　所谓交子，即纸币。隋、唐、五代时期，成都和全国一样通行货币是铜钱，后蜀广政十八年（955），因军饷不足，始铸铁钱入市。北宋灭蜀后，仍禁铜钱入川，并设监用新铸铁钱收回旧有的铜钱。此举使四川铜钱基本退出流通领域，成为一个独立的铁钱流行区。而宋代的成都正是"带二江之流，为一都会，四民州处，万商成渊"的"喧然名都会"。用质地粗重的铁钱作为大宗长途贸易的货币，显然极为不便，严重地阻碍了商品交换和商业的发展。当时各地携巨额现金到成都从事贸易的商人们，为其旅途的安全和解除携带搬运铁钱的累赘劳苦，便迫切希望有本地商家为其代管现金。于是，经营存款业务的铺户便应运而生。当存款人把现金交付铺户时，铺户把存款人存放现金数额临时填写在用楮纸制作的券面上，再交还存款人。当存款人提取现金时，则要按每贯付给铺户30文钱的利息。这种临时填写存款金额的楮纸券便谓之"交子"。这种交子实际就是现在的活期存单或现金支票。经营此业的铺户时称"交子铺户"。这些铺户，多系本地素有威信的商贾富家。他们的资金雄厚，使用的交子印制图案讲究，隐作记号，黑红间错，亲笔押字，他人难以仿制；加之交子信誉高，取存方便，因而最初仅作资金信用凭证的交子，逐步被当作具有货币职能的支付手段，在商品市场上使用流通，向纸币转化。

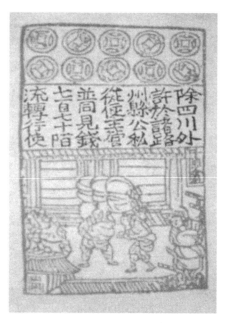

▷ 交子是中国最早由政府公开发行的纸币

交子出现的准确年代已不可考，但据现有历史文献表明，宋真宗景德年间，经益州知府（即成都府）张咏整顿交子发行事宜后，交由成都的16户富民经营交子铺。至天禧末年（1021），成都知府寇瑊曾劝诱交子户王昌懿等关闭交子铺。由此看出，交子虽始发于成都民间，其经营方式却和宋朝政府的官督民办政策有关。

交子铺户在不断扩大的经营中，利用存入多、取付少，大部分资金闲置的情况，开始暗中挪用资金，投机他用；同时，又将过去每张空白交子临时填写存款额改为预先印制好不同面额的现成交子，予以先期发行投入市场，使交子成了实实在在的纸币。由于交子铺户唯利是图，贪得无厌，滥发交子使之无法兑现，乃至不断激起事端，引起诉讼。为此，宋政府于天圣元年（1023），将交子发行权完全收归官府，设置益州交子务，由京朝官一二人担任监官主持交子发行，并"置抄纸院，以革伪造之弊"，严格其印制过程。此时交子的面额固定，主要为五贯、十贯两种，发行额也有比例，规定分界发行，每界三年，以新换旧。同时，首发于成都，流通四川的纸币——交子的使用推广到了陕西、河东、京西，乃至全国各地。四川成都也因在世界上最早发行纸币而被载入世界金融史册。为纪念这段历史，不少有识之士建议，锦江区的椒子街应为交子街。

❖ **刘钟灵**：少城新面貌，东方"小巴黎"

　　民国时期，少城地区有了划时代的变化，少城不再是满蒙族占有，更多汉族人民亦进住此间。户口增多了，然而少城仍显得清淡幽静，人们都认为这里是"住家"的优良境地，达官富贾纷纷来此购地置房，新建了许多四合院，且风格装饰，各具特色：回廊曲径，绮阁清池，绿树浓荫，杂花铺陈，把成都装扮成一座花园都市，因而出现了"小巴黎"这别称（世称巴黎为花都）。

　　过去少城商店都集中在主干道的长顺街，两侧胡同都是深宅大院，行人寥寥，街道清洁，更无噪音。只每天清晨、晌午、入夜这三个时刻，巷内时或由远及近传来清澈悦耳的铃声或竹梆声。接着，伴随着或高亢清脆或抑顿悠扬的吆喝叫卖声，才打破了古城深巷的寂静。小贩们或挑担，或顶盘，或提篮送来"过早""过午""宵夜"的各种食品：抄手、面条、包

▷ 满城内的街道

子、蒸饺、白糕、油糕、蒸蒸糕、烧红苕、熟玉米以至红烧冒结、肥肠等，香气浓郁，色味俱佳，颇能刺激人们的食欲，也形成了成都这座消费城市的特殊风貌。成都小吃，驰名遐迩，而成都却又首推少城。至今本地人谈名小吃，犹每以"少城小吃"概之。

《少城今昔——古城风貌》

❖ **魏道尊：**银行一条街——北新街

成都设立银行较早的街道是北新街。清末光绪三十四年（1908）七月中旬出版的《四川官报》刊登"组织银行"的标题下说："大清银行暂设于新街北头第一宅。"40年代春熙路、东大街、北新街、暑袜街等处都设有银行。在北新街设立的银行有和成银行、大川银行、建设银行、昌泰银行、金城银行，还有成都市长陈炳光开设的银行，中央银行成都分行前门在暑袜街，后门在北新街。北新街开设银行较早而又较多，同时，中央银行又在此地开后门，故本文以北新街为银行一条街。

1947年成都盛传镍币要重新作为辅币使用的消息，发生投机者争购镍币以待发财的"镍潮"。就此，中央通讯社成都分社记者汪义为访问了成都中央银行行长杨孝慈，杨一口否认，当天根据杨的谎话，写了一条"辟谣新闻"。晚间，汪到街上看热闹，却见杨用汽车在北新街一带大量收购镍币。汪义为回到分社向大家讲了此事，并劝大家快去买镍币，说是发财的机会，不可错过。成都中央银行行长杨孝慈亲口辟谣的同时，又大肆购买镍币，真是难得新闻。

《成都的专业一条街》

❖ **魏道尊**：东大街夜市

老成都的夜市相沿甚久，据说从北宋朝就有了这习俗。在清末成都的商业场、春熙路尚未开辟前，东大街是唯一的繁华街道，系成都的商业中心。入夜以来的夜市，更为全国所仅见。从城守东大街到顺城街二华里多的阶沿上的摊贩密集，灯烛绵延，令人目眩。营业区城分段：城守东大街以东多系小食摊。西至臬台衙门（今春熙南段），多系江湖卖艺看相算命者。走马街到制台衙门（今四川省人民政府所在地）一段，饮食店特别多，而且均为美酒佳肴。臬台衙门至鱼市口（今暑袜南街）全为古董商、洋广杂货，兼有少数旧书商。鱼市口至盐市口全系售卖小手工业产品，兼搭售度量衡测算仪器。盐市口至顺城街一带，为售卖便鞋者。紧接顺城街为收售黑货市场。每到华灯初上，为赶集时期，街中游人如织，呼之为"赶东大街"，直至二更方散。

在20世纪的20—30年代，西东大街夜市摊贩开始推销上海的"工"字牌袜子（一般人称为洋袜子），这种袜子需要上袜底，并用棉线密密地纳过。我童年时期，家母曾为夜市摊贩加工上袜底，每做好十双后便即送去，我也随同前往。我看到夜市摊子摆在人行道上，首尾相连，如同一字长蛇阵。都用牛油烛照明，烛光闪闪，好像星星眨眼似的。游人熙来攘往，肩摩踵接，有的买点需要的东西，有的走马观花，很是热闹。

1939年6月11日黄昏，敌机轰炸成都，投掷燃烧弹，西东大街、盐市口铺房烧毁，瓦砾遍地，成为焦土。当局为便利疏散，保障安全，取缔夜市。

1946年5月，西东大街、中东大街商民请求恢复夜市，经市政府批准后，小手工业、古董、旧书摊纷纷迁往营业，一直延续到成都和平解放。

《旧成都的商业中心和夜市》

❖ 冯直等：搬不空的嘉定，塞不满的成都

"搬不空的嘉定，塞不满的成都。"这是长期以来在川西地区、府河流域广为流传的两句谚语。它概括性地说明了通过府河、岷江连接起来的成都、嘉定（今乐山）之间的物资供求关系。素有天府盛名的成都地区，由于人口众多，生产发达，生产生活供需、交流量大，更以其地处省城，既为全川政治、文化中枢，亦为蜀中商品经济交往之中心，因而其物资吞吐量亦极大。这里周转、调剂、流通的，有川西平原丰饶的货物，也有川南、川北稀世的土产，更有远自巴渝、松、沪沿水路运来的名产、洋货。且成都居民所需之油盐酱醋、柴炭米酒及其他轻手工业原料均需仰给于毗邻千里、四方八面的物资济运。故"穿城九里三，绕城四十八"的蓉城竟给人以"塞不满"的深刻印象。但以成都地处盆地中心，川西坝四面环山、交通不便。各地旱路运货至蓉，多靠肩挑背磨，或骡驮马载，既弥时日，量

又不敷，殊难适应成都及川西各地生产、消费、商业交通之需要，所谓"蜀道难"也！

然则，山水相因，利弊在人，蜀山虽云道阻，却蕴藏着丰富的水源。自秦蜀守李冰开凿都江堰以来，蜀中沃野千里、水旱从人，非但广被岷水灌溉之利，且以内江各支流沟通岷、沱，连接长江，使川西各地颇得舟楫之便。都江堰鱼嘴分岷水为内外二江。内江过宝瓶口经各节制闸分为若干支流。其中之走马河分分合合经郫县、成都历华阳、仁寿，逶迤而南，在彭山的江口复入外江，合为岷江正流。因其流经郫县，故古有郫江之称，又以其流经成都府，故自成都之西北至江口一线又称府河，是为内江南下之正流。府河在江口与外江汇流后，滚滚南流，经眉山、夹江等县，在乐山纳青衣、大渡；过犍为，纳马边河水，至宜宾注入长江，从而借长江经泸州，过重庆，直出夔门，远达松、泸，直至海洋。于是深居盆地中心的成都地区便凭着滔滔岷江，上通郫、灌、松、茂，中接丹棱、洪雅，下连嘉、犍、叙、庐，远出巴、渝、三峡，沟通外界调剂内部。而在川西坝上，内江支流纵横交错，左连仁、华、彭、双，右接蒲、新、邛、邑，沟通崇、温诸县，可谓千头万绪，举之甚烦。然则，万头千绪，自有一针穿引，这便是通上连下缝左接右，流经成都的府河。在陆路交通极难的条件下，府河便成了成都与附近诸县及川北、川南、川东，乃至外省经济文化交往的重要航线。

尽管府河上下有不少险滩、高堰、拱桥、河湾，给行船造成了不少困难，每年发生的船毁、货失、人亡的悲剧不在三十起以下，但人们仍靠着她往来航运沟通经济文化。因而除木排外，仅成都至嘉定府这段河流，每年上、下的船筏在两千只以上。

那时上下府河的船筏大约有四种。一是载容量约四十吨的，客货两运的官舱大木船。这种船高桅、高舵、六篙、十二至十六桡。前有招、后有鼓，靠岸上下有纤索。舵手掌舵击鼓，以鼓声之徐急指挥船的行止快慢。二是载运量为二十至三十吨的中型木船。这种船与官舱大木船不同之处是只设四篙，六至八桡，无招。其余设备与大木船同，三是五至六吨的爬湾船。有桡、有纤，但篙、桡只有二至三个。上水时，一舵一纤，需二人操作；下水时，改纤为桡（或篙），桡手可以舵手兼之，故一人即可操作。最后一种是载容量五吨上下的竹筏。这种筏用火将楠竹烤翘制成，因而又称"狗头筏"。除上述四种船筏外，还有用杉木条子连接而成的"木排"。这种木排主要是运销杉木条，但常常顺便载搭些火把柴、焦炭之类。据多方调查估计，除木排外，上述四种船筏往来于成都至乐山之间航运者，大致在两千只上下。在盛水季节，四十吨的大木船亦可直驶成都。但在枯水季节大木船一般只到江口，中型船则可在中兴二江桥卸货。只有爬湾船，无论盛枯均可直抵成都。一般来说，如果中途顺利又无停阻，下水船在盛水季只需一至一天半，即可由蓉抵嘉，即便枯水季节，也不过三天左右。而上水船则稍费时日，若在一日能行七十里的盛水季节，由嘉趋蓉约需五至六日；枯水季节，则需十天以上。以此，枯冬之季，沿海站口、码头尤其稍大一点的场镇，无不聚集数十百计的过夜船只，而成都、江口、乐山诸站，更是樯桡林立、夜市熙攘。碧波绿水，映衬着江上船火、闹市灯影，恍若人间星月、天上都市，引出人们许多美好的遐思。

《四十年代府河航运概况》

❖ 李定一、曾志成：扯谎坝

新中国成立初期，原来的后子门内空旷地，突然热闹起来了！起先是那些官僚地主们，失掉了剥削之源，只靠当卖度日，把他们旧日搜刮来的古玩字画、新旧衣物、家家具具，搬到这个广场上来出售。因为价格便宜，买主便多了起来，随后卖饮食的也跟着进来了。有了生意，一些商家也来此搭上篾篷设店经营了。卖的、买的多了起来，一些暂时失掉生活来源的艺人，也来此设场卖艺了，打金钱板的、讲评书的、唱清音的，围上一圈木凳，摆上一张小桌，就成了简易书场。其他跑江湖的、测字算命的、跑马卖件的、卖西洋镜的、卖假药的，全都集中到这里来了。此地成了当时的自发市场，成了名副其实的扯谎坝。这里每天人山人海，热闹非常！这种畸形市场一直到对私改造和体育场的修建才销声匿迹！

《"皇城"余韵》

第二辑

食在锦官城·独一无二的川味

❖ 王大煜：川菜，独一无二的风格

　　川菜历史悠久，源远流长，四川德阳出土的东汉庖厨画像砖，就是证明。历代著名文人均有对川菜技艺的描述。清代乾隆时的著名四川文人李调元所著《涵海醒园录》中，总结了川菜中的腌、酥、煮、糟、熏、酱、蒸、风、焖、炒、醉、羹等38种制作技法，进一步发展了四川菜谱。清代袁枚的《随园食单》中，详细阐述了川菜烹饪原料的时令、特性、调味、烹制方法、盛器组合、上菜顺序等。清光绪年间，西蜀进士李实撰《蜀语》中，对部分川菜及小吃又作了一些历史和操作方面的介绍，使川菜烹调技艺更加充实。

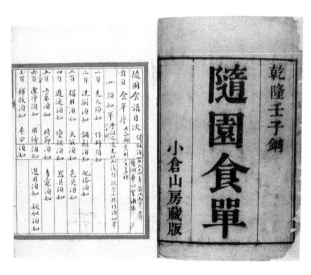

▷ （清）袁枚《随园食单》书影

　　四川位于长江上游，气候温和，雨量充沛，良田沃野，物产丰富。得天独厚的自然条件、富饶的自然资源，为川菜烹饪技术的发展提供了良好

的条件。山林茂密，笋菌丰盛，江河纵横，鱼鲜肥美。猪牛羊肉、禽蛋、野味、干鲜蔬菜，四季皆有。嘉陵、雅河之中生长的江团、岩鲤、雅鱼，可称鱼类上品。山岳丘陵之间，盛产银耳、虫草、贝母，皆为营养丰富的珍馐。雪山草地所出熊、鹿、獐、麂，更属馔肴上乘。许多名厨巧手，云集四川，于是逐步形成了具有四川独特风味的川菜品种和烹调方法。

　　川菜的形成，除去四川自身提供的良好条件外，南（主要指江浙）北（主要指北京及中原）菜对它都有一定的影响。在元、明、清三代，尤其是清代，南、北方满汉官员纷纷入川，不少厨师随行，促进了南、北方与四川烹饪技术的交流。李调元在其《涵海醒园录》中谈到"先大父母必备甘旨于宦游，所到多吴越南珍之乡，厨人进而甘焉者，随访而志诸册"。李调元回四川之后，参照江浙菜肴烹制方法，编写了《四川菜谱》，可见川菜与江浙菜在某些方面的合流由来已久。在四川的饮食业中，餐馆承包筵席时仍有南堂、南馆、南菜之称。川菜鱼翅海参的烹制，常采用干烧、收汁、浓味或家常味的方法。家常海参加用碎肉、豆瓣，经微火慢烧至亮油，稍勾薄芡成菜后，色泽红亮，香辣醇鲜，既吸取了南菜的长处，又区别于它偏重清淡的做法。清代袁枚著的《随园食单》中论述烧烤、粉蒸之类的菜肴，北京、山东一带已早有此菜。川菜中的叉烧全鸡、火锅毛肚、酱爆肉丝等，受过北菜烤鸭、涮羊肉、京酱肉丝的影响；粉蒸肉、粉蒸排骨则有山东、山西菜肴的烹调特点。"南菜川味，北菜川烹"，既取优于南北菜，又发扬川菜自身之长，兼收并蓄，从而逐步形成了川菜的独自风格。

《川菜史略》

❖ 王大煜：川味正宗，还得是成都

　　成都是座历史名城，酒楼、小吃遍布全城。所以川菜以成都风味最为有名，称川菜正宗。其特点是荤素并用，如一席高贵筵席，其中必有一素菜，另有一样带麻辣味的。注重调料，专用郫县豆瓣、德阳酱油、保宁醋等。辅料注重色彩，以青、红、绿色相衬。许多著名川菜都来源于成都。驰名中外的麻婆豆腐，源于清代咸丰末年成都北郊万福桥旁的一个饭店。当年挑油力夫自备菜油，由店主陈春富之妻以民间传统的"炝"法替他们将豆腐加工成菜，以其人面部微麻而将这种豆腐称为"麻婆豆腐"。此店后迁西玉龙街，由其再传弟子薛祥顺掌厨，又在原烹调法的基础上不断改进，并辅以牛肉，佐以辣椒、花椒、豆豉、蒜苗等，遂具有麻、辣、烫、酥、香、鲜的突出特点，深受顾客欢迎。有口皆碑的官保鸡丁，是清末任四川总督的贵州人丁宝桢（因曾授"太子太保"衔故称"宫保"）喜食的一样菜肴。最初只是鸡丁与小青椒合烹，后因青椒有时令限制，经厨师改进，用鸡丁为主料，配以干红辣椒和油酥花仁，调以荔枝味，成菜后，鸡丁细嫩，花仁酥脆，味浓鲜香。传至民间后，宫保鸡丁之名遂载誉全川，号称"国菜"。全国有名的香花鸡片和樟茶鸭子，为成都静宁餐厅的拿手好菜。该店老板黄静宁，文人出身，清末赴京赶考，被放广东外任，未去，即留清宫御膳房，给慈禧管膳食。他独出心裁，创造了许多美味佳肴，香花鸡片就是他的首创。有一年，慈禧到颐和园避暑，正值茉莉盛开，黄静宁计从心起，叫厨师把鸡脯片成极薄的片子，浆上蛋清糊氽熟，再将茉莉花下锅，烧好的鸡片，宛如出水芙蓉。清宫御膳房做的都是满汉菜，熏烤较多，黄静宁把熏鸭改用福建漳州运京的茶叶来熏，鸭茶相得益彰，奇香扑鼻，酥鲜炽嫩，慈禧称赞不已，将此菜招待外来使节，广为介绍，樟茶鸭子于是中外闻名。黄静宁对烤鸭也很有研究，回成都自行开业后，所制烤鸭（四川称糖片鸭子）皮脂酥脆，色泽红艳，味道醇香，肥而不腻，成为高级菜肴之一。干烧什锦为"努力餐"的佳作，早在50年前就有"烧什锦，名满川，味道好，努力餐"之说。"邹鲢鱼"，是成都市三洞桥"带江草堂"饭店老板邹瑞麟的诨号，他烹调鲢鱼有高超的技术，品种有大蒜鲢鱼、浣花鲢鱼、奶油鲢鱼、凤尾鲢鱼等，离骨肉嫩，鲜美可口，为成都鲢鱼菜中首屈一指的名菜。

《川菜史略》

❖ 孙蜀江：金玉轩的"朱醪糟"，味美价廉

老板朱金玉是从在街口子上摆醪糟摊子起家的。那时冻青树一带小商贩云集，市场热闹。对于那些起早市的匆匆过客来说，朱金玉价廉物美的醪糟粉子、醪糟蛋就成了他们习惯常吃的早餐。约一年的功夫，"朱醪糟"的名气就挣出来了，由此便从摆摊子过渡到了双间铺面的"金玉轩甜酒曲"店。

铺子开张后，除了卖醪糟蛋、粉子、糍粑等小吃外，主要还是经营醪糟和酒曲子。那时成都的家庭主妇们大多有自己蒸醪糟的习惯，但做醪糟没有酒曲是不行的，而且酒曲的好坏直接关系着蒸出的醪糟味道的优劣。所以朱金玉的甜酒曲自然销路看好。一段时间以后，生意越做越红火，人手不够，朱金玉的儿子朱树生、媳妇周素珍和侄孙朱成国都一齐在店操作和经营。

"金玉轩"制作醪糟的技术要求是很严格、考究的。首先选用川西坝子的上等大糯米，用罗筛筛去杂质、谷稗和碎米，然后淘汰干净入笼蒸制，配上自制的曲药，经传统方法发酵而成。这样制成的醪糟色白晶莹、汁多味浓、甘甜醇香，且下锅煮时米粒浮面，不浑汤。还能在常温下保存一年不变质。据一位老年顾客讲，他将金玉轩醪糟存放了四年未变味。另外，"金玉轩"的糍粑的制作也颇见功夫，先将蒸熟的糯米倒在石臼里用人工慢慢舂茸，直到不见一颗完整的米粒为止，方可捏成圆饼，待食用时切成小方块与醪糟一同下锅煮熟，其味醇厚香浓，炽糯适度，爽口化渣。

那时光顾"金玉轩"的多是中下层人士，有文化人，也有下苦力的劳动者。特别是中华书局的职员和附近航空公司的旅客，几乎每天早上都要来光顾"金玉轩"，"朱醪糟"的名气一传十、十传百，逐渐在整个成都有了名气。甚至有人专门坐了黄包车从东门外赶来吃"朱醪糟"的。

《醪糟名店》

✥ 孙蜀江：味之腴的东坡肘子

1943年，正值抗日战争的艰苦岁月，华夏半壁河山遭受日寇铁蹄践踏蹂躏，许多机关、工厂、学校纷纷内迁，成都市内的人口随之剧增，促进了饮食业的兴旺和发展。一批承办筵席的高级餐厅纷纷开张营业，生意颇为兴隆。然而它对于离乡别井流亡到大后方的广大公教人员和中下层市民是无缘的。

当时有三个温江人——省政府秘书吴喜渊、温江县征收处长吴思成、温江酒坊老板吴世林，和成都红牌楼乡副乡长龙道三、行伍出身的李敬之，分析行情，眼光瞄准那大批无缘光顾大餐馆的食客，决心开办一个雅而脱俗的"四六分"的中档馆子，依靠这批广大的"囊中匮乏"的人们来发财致富。

他们五人，李敬之善于经营，其余四人都有较高的文化素养，皆为经常出入餐馆的食客，还读过几本古今食谱，在品尝菜肴方面颇有研究。从他们的切身经验中，认为成都的诸多名菜中，唯独缺少以肥美取胜的，而温江的炖肘子却具有肥美的特色，而且能满足肚肠内比较缺油水的中下层食客的需求，于是他们决定把这道"冷门菜"搬进成都。

他们各出一份股金，在城守东大街觅得一楼一底的店堂，由李敬之辞去连长职务坐镇经营，其余四人出谋划策，按月在店内拿股息当"翘脚老板"。他们聘了当时在成都小有名气的厨师刘均林来当提调，从温江请来了烧炖行家牟秀文专做炖肘子，作为餐馆的拳头菜肴。为了突出经营特色，他们给餐馆取名"味之腴"。"腴"，意为"肥美、丰腴"，"味之腴"即食中之肥美者也。

他们又觉得这道菜肴如果沿用"温江炖肉"或"温江炖肘子"，不仅不响亮，也未免太俗，便商量给它取个雅号。吴喜渊说，苏东坡最爱吃炖肉，干脆叫它"东坡肘子"，岂不甚好。众人齐声赞同。从此，东坡肘子便和味之腴结下不解之缘。

苏东坡不仅是人人皆知的大诗人、大文豪，而且还是一位美食家，他的诗词和文章中有很多涉及饮食的内容。特别在他贬官黄州时，在郡城旧营地的东面辟地耕种，亲自烧肉做菜，用蔬菜创造出"东坡羹""玉糁羹""荠菜羹"，写有《老饕赋》和《菜羹赋》，更总结出"慢着火，少着水，火候足时它自美"的13字烧肉经验，誉为佳话，千古传颂。东坡肘子正是在温江炖肉的基础上，吸取了苏东坡的炖肉经验做成的。

味之腴的招牌还另有讲究。他们专门从苏东坡的碑帖中选出"味、之、腴"三个字，放大拼组成招牌。那黑底金字的苏体招牌，别具一格，与众不同，挂在店门前，熠熠生辉。当时的著名书法家谢无量来就餐时，对这块挂牌的书法艺术连声赞美，即问店主人是哪位名家写的。当他知道"谜底"时，对店家别出心裁的创造，倍加赞赏。兴之所至，挥笔写下了"食不厌精"的条幅，挂在店堂，更增光辉。

味之腴的东坡肘子，从选料到制作都十分精细。所选用的肘子，每个不超过1.5斤，皆为最干净的前肘，皮面如有红斑或黑迹统统不要。经过反复刮洗之后再捡毛。当时仅捡毛的工人就有7—8人，李敬之原来的勤务兵也被叫来打下手，成了一名捡毛工人。毛捡干净后，将肘子放在温水里漂尽血水，再用焦炭磨去表面的粗皮，使之更加白净细嫩。接着放进锅内用大火烧开，打尽浮在汤面上的血泡子，再放进鸡肉一起炖，待鸡肉炖至脆嫩而不绵软时捞出另作他用，改为小火，慢慢炖至"倒楞子"（炪软）时，捞出翻在二汤中浸泡待用。每个肘子划为四份出售，端上桌时，渗进专从西山买来的另锅煮炪的雪山大豆，再浇进炖肘子的原汤，外加一小碟焖酥了的郫县豆瓣，合以上等酱油的红亮亮的调料，供食客蘸食。

东坡肘子的最大特点是原汤清炖，肉质炪而不烂，肥而不腻；汤浓酽醇厚，色乳白，味鲜香；半透明的肘子衬以颗粒硕大的纯白雪山大豆，足以使满堂食客胃口大开。一时间名声不胫而走，慕名而来光顾的人们愈来愈多。那些在著名的华华菜厅吃茶摆龙门阵或谈生意的人更是这里的常客。那些从外地来的公教人员为饱口福，常常一大早就来预订东坡肘子。

后来，牟秀文嫌味之腴给的工钱少，就"跳槽"到"朵颐"餐馆去了，也做清炖肘子，为了与东坡肘子有所区别，取名"贵妃肘子"。味之腴的东坡肘子由张华良和钟隆光俩师兄弟来做。两家名称不同，做法基本一样，但东坡肘子始终占上风。可见它已在食客心目中扎了根，什么牌号的肘子也无法动摇它的地位。

《味之腴和东坡肘子》

❖ 孙恭：珍珠元子，明天请早

1910年前，灌县（今都江堰市）荣乐园饭店有个叫张合荣的白案厨师，心灵手巧，长于创新。当时筵席惯例，在上过两三样正菜之后，要上一两样甜食，以调剂食客的口味。当张合荣做席时，他给食客端上一盘比一般汤圆大两三倍的蒸汤圆，上面粘满了一颗颗雪白发亮的糯米粒，顶端还嵌一枚鲜红的樱桃。一经品尝，香甜滋润，令人叫绝。但它只能在筵席上见到，一般消费者很难一睹芳容。

时间一久，就有人向张合荣建议：你这蒸汤圆如果单独经营，必定大有前途。张合荣反复分析饮食业的行情，决心破釜沉舟到省城去闯天下。于是他变卖了家产，又借了一笔债，携家带眷到成都，在会府（今忠烈祠）西街租了一爿门面，经营蒸汤圆和八宝稀饭。

那会儿府西街本是古玩商店集中之地，经营古瓷、古玉、古字画和珍珠、玛瑙、宝石、翡翠。古玩商们见新开的甜食店经营的小吃，与成都的赖汤圆、龙抄手、钟水饺等名小吃大不相同，一尝果然别有风味，就成了店上的常客。但是，当时张合荣经营的小吃还没有名号。古玩商们见那大汤圆上面粘的粒粒糯米，晶莹闪光，犹如珍珠；那鲜红的樱桃红润，恰似红宝石。大家一合计，便给它送了一个雅号："珍珠元子"。

　　"珍珠元子"的招牌一经挂起，不到几天便门庭若市。起初每天做四百个珍珠元子供应顾客，后来增加到一千个。每天用几个蒸笼轮番不断地蒸，仍免不了要顾客排班候轮子，不到中午12点便销售一空。张合荣只好天天向买主们致歉："对不起，明天请早！"珍珠元子成了异军突起的名小吃。

《晶莹可口的珍珠元子》

❖ 李劼人：黄豆变出的美味

　　我以为中国菜之所以驰名全球之故，一多半由于作业的原料之多，而其做法又比较技巧，比较繁杂。其他姑且置之，单言发酵的过程，是够玩味了。西人有言曰，食料之最好者，端在发酵之后，变其本质，使其成为一种富于滋养的东西。本此，则知岂士（Cheese，即奶饼，即干酪，即塞上酥，即西康、西藏之酥油。岂士为英文译音，又写作启司，其音近于鸡丝。法文译音则曰"拂落马日"。）确为由脂肪变出之珍品。若夫由植物发酵，重重变化出来的食物，不其更为美妙乎哉！例如黄豆，新鲜的已可作出多种的菜，甚至连梗带荚用盐水花椒煮出，剥而食之，可以下茶，可以下酒，无殊笋干也。倘将干的磨成粉末，和以油糖，可以作点心；盛于瓦坛内，时时以水浇灌，使其发出勾萌谓之豆芽，摘去脚须，可煮可炒，可荤可素。这已经在变化了。设若将干黄豆泡软，（鲜豆亦可，但必须配合少许干豆，凡研究过食物化学的可以说出其所以然。）带水磨出，名曰浆，或曰豆汁，或科学其名曰豆乳。据说，其功用同于牛奶，但研究过食物化学者，则嫌其不甚可以消化之质素稍多，此豆之一大变也。再将豆浆加热，点以盐卤（四川人谓之胆水）或石膏，使之凝固，（用胆水点，则甚固，较坚实。用石膏，则固而不坚，此有别也。）不加压力者，名曰豆花；或冲之，则另成一品曰豆腐脑（或曰豆腐酪，亦通），此二大变也。略加压力，使水分稍去，凝固成块，名曰豆腐，其余为豆渣，此三大变也。再使之干固，或略炕以火，或否，其味已不同于豆腐，对其所施之做法更多不同，名曰豆腐干，此四大变也。再使豆腐干发酵生毛，名曰毛豆腐，此五大变也。而后加以香料酒醪，密贮陶器中，任其再发酵，再变化，相当时间之后，又另成一种绝美食品，名曰豆腐乳，此六大变也。六个变化，即六个阶段，而每一个阶段，又可独立做出种种好菜，而且花样极多。倘在每个阶段内，配以其他蔬菜肉类，则更千变万化。倘将中国各地特殊做法汇集写之，可以成书一厚册，不第可以传世。如《齐民要术》之典册，且可以供民俗、民族等科之研究，而为传世论文之所据焉。上述，不过豆变之一派。其变之第二派，则豆油是也，豆饼是也。豆饼可以用作肥料，荒年又可充饥。其变之第三派，则豆豉是也。亦由发酵而来，不置盐者，曰淡豆豉，又作入药。置盐及香料者，曰咸豆豉，江西人旧称色豉，可作佐料以代酱油。咸豆豉之经年溶腐，色如乌金，不成颗粒，而香料配合极好，既可单独做菜，又可配合其他菜蔬肉类者，四川三台县及射洪县太和镇人优为之，即名曰潼川豆豉或太和豆豉。咸豆豉不任其发酵至黑，加入红苕（即红薯）生姜者，曰家常豆豉，团如小儿拳大，太阳下晒干，可生食，亦可配菜。然有不食之者，谓其气味不佳，喜食之者，则谓美如岂士，其臭气亦酷似云云。咸豆豉发酵后，蓄酵起涎，调水稀释（淡茶最好），加入干笋、萝卜丁、生盐、花椒、辣椒末者，乃成都家常做法，名曰水豆豉。以有季节性，不容久置，故无出售者，惟成都之旧式家庭中常制以享受。要之，黄豆是中国人食品之母，亦犹牛奶是西洋人食品之母。西洋人从牛奶中求变化，中国人则自黄豆身上打主意，牛奶之变化有限，而黄豆之生发无穷。上来所言，仅就已有已知者而略及之，而将来如何，未知者如何，虽圣人不能言矣。况乎黄豆一物又为中国所独有，（欧洲无黄豆，美洲也无，近闻美国有移植者，不知情形如何。）历史亦复悠长。黄豆即古之菽，吾人赖之而生存则无论也，即以其做法之多，技巧之盛，滋味之美而言，已足矫世界人类之舌，而高树中国菜之金字招牌。旧金山之豆腐乳，不过其一般耳。

《漫谈中国人之衣食住行》

▷ 文学家、翻译家、实业家李劼人（1891—1962）

▷ 老成都的北门大街

❖ 优素夫、达鹏贵：成都锅魁

▷ 成都锅魁

锅魁，这也是游牧民族常备的食品和出行的干粮。成都锅魁类似北方的"火烧"，制作时，由焦炭炉火烤。圆形炉，炉底留一小孔烧炭，炭灰由炉底，捅开炉桥放出。火炉有一圆桶，齐火口四周为置放烤制锅魁的平台，上面用铁制平锅，盖住炉火，既保温利于烤制炉内锅魁，又可一火多用，在平锅上煎烤锅魁的坯子，待其硬化后，再进炉内烘烤，成熟后出炉贩卖。制作面坯有一木制框，上面作面板，中有一小抽盛装工具（面杖、锅铲等），框下层盛装面粉及其原辅料，整套工具制作讲究，布局合理，适用，不占面积。成都的锅魁，品类很多，有白面锅魁、椒盐味的芝麻锅魁、混糖锅魁、合糖锅魁、玉米锅魁、糯米锅魁，还有带工艺型的油璇子锅魁、油酥锅魁、肉酥锅魁，这里要特别提到的是"黑面锅魁"。黑面粉，是麦面中质地最差的，一般作饲料。在黑麦收割季节，皇城坝的锅魁铺却将它专门用来制作锅魁。经精揉擀，使面质变细，用特殊的发酵，使面味变甜，烤烘出来，特别的甜香可口。因黑麦面成本低，所制作锅魁，卖一般锅魁的同样价钱，确是又大又厚，特别受到穷苦人的欢迎。但有些达官贵人，也为这粗食品的香甜诱惑买来吃。而这种锅魁，又要热吃，凉了就不好吃。他们不能带走吃，只好坐着黄包车到锅魁铺，叫车夫代买。拉上车篷，放下车帘，躲藏在车内偷吃，这是劳苦者的大众食品，当街吃这种粗食有失身份，又好吃，又讲面子，只好如此，真是为世人落下了许多笑柄。皇城坝的锅魁铺首数前面提到做酥饼的马幺掌柜一家，他的三哥、四哥及有些侄辈都在从事此项经营，而且他们的上辈也是以此为业，制作的锅魁花样多，又好吃。当地都称他们家为“酥饼家”，称他们弟兄为“酥饼家 × 掌柜”。

《皇城坝的清真食品回忆》

潘前春：夫妻肺片，烩片而非肺片

成都小吃在国内外享有盛誉，而少城内不乏其佼佼者。如原在长顺街的“夫妻肺片”，其特点是：肉料精选，香料精配，厚薄匀称，搅拌入味。它的创始人郭朝华和其妻最初推车沿街叫卖，“车行半边路，肉香一条街。”由于其用牛肉、牛心、牛舌、牛肚和头皮等切成片杂烩在一起卖，人们称之为“烩片”，因“烩”和“肺”谐音，有逗趣的学生用硬纸板写了“夫妻肺片”四字，挂在郭的车上，此名得以传开。

《少城漫话》

❖ 萧慕良：万福桥边，尝一口陈麻婆豆腐

陈麻婆，成都人，于清代咸丰末年（1861）与其夫陈兴盛在城北万福桥边开设一家小饭店，经营豆腐，由陈氏掌灶。开业不久，其夫病故，店堂内外由她惨淡经营。陈氏聪明灵性，对调味烹饪，苦学深钻，细心探索，从失败中求教训，于磨砺中得真功，经年累月，炉火纯青。陈氏面有几颗麻子，人皆以麻婆称之，天长日久，陈麻婆豆腐之名竟成为镇店不挂牌的招牌。那时的万福桥在今之北门大桥上游约100米处，长80余米，宽数米，全木质廊楼，两旁高栏杆，上有爪角，绘金碧彩画。此桥乃川西彭州、新繁等县到成都的通衢要道，过往行人众多，贩夫走卒多在桥上歇足、打尖。尤以川西坝子运菜油的足力，每经万福桥时，必到麻婆店歇足、进餐。他们在附近割些牛肉，在所挑的油篓内舀几勺菜油交麻婆加豆腐烩制。挑夫们经几十里的肩挑跋涉，又累又饿，就着红白相间、酥嫩鲜美、既麻且辣的豆腐，饱餐一顿，大快朵颐，于是逢人宣传，口碑载道，麻婆豆腐声名不胫而走，顾客日渐增多，生意兴隆。

万福桥北端有座城隍庙，是成都县城隍，庙宇巍然，古木参天。每年清明、中秋等节日，特别是城隍出驾，更是车水马龙，人山人海，不少香客敬拜之余，也来品尝麻婆豆腐。临近之北海樽，树木荫翳，花蔓扶疏，绳溪蜿蜒傍樽而过。成都市民每到盛夏多光临乘凉品茶，亦多为麻婆店中之座上嘉宾。不少骚人墨客，也接踵而至，店堂虽十分简陋，但可凭栏眺河，迎风小咏。在20世纪20年代《锦江竹枝词》载有时人冯永吉一首诗篇："麻婆豆腐尚传名，烘来豆腐味最精。万福桥边帘影动，合沽春酒醉先生。"其盛况当可想见。

陈麻婆豆腐从开业到20世纪30年代，经70余年之久，均在万福桥边设

店经营，并一直保持豆腐特色，虽生意日益红火，配料烹饪日臻完善，店内设施仍旧朴素无华，大方桌、长板凳。到1935年抗日战争初期，成都人口激增，华北、江南各式餐厅、名食涌入成都，饮食行业竞争加剧，陈店乃于1936年春整修店堂，添置家具，革除以往由顾客带肉打油加工制作的旧习，改变只卖麻婆豆腐的单一品种，增加了一些普通应时菜肴。新中国成立后，适应时代之需求，麻婆豆腐于1953年迁西玉龙街，屹立城中，店堂面积较前大为扩张，店内装饰一新，这支川菜奇葩更加绚丽多姿、鲜艳夺目。

《陈麻婆豆腐》

❖ 李维祯：蓉城餐馆之最——颐之时

颐之时是成都一家颇有名气的中餐馆，其技艺水平不但超过老牌餐厅寿而康，就是后来的姑姑筵、涨秋、竞成园、朵颐等名餐馆，颐之时亦有过之无不及。尤能推陈出新，另辟蹊径，不落前人旧套。颐之时的清蒸鸭子、酸菜海参、清汤腰块，风味与其他餐厅迥然不同；红烧熊掌、鲍鱼、清蒸鱼翅等高档美食，操作细致，工艺一丝不苟，被称为蓉城餐馆之最。在白案上，他们别出心裁地制出了白面豆芽包子。豆芽是极普通的

▷ 川菜大师、颐之时餐厅创办人罗国荣

小菜，要做成可口佳肴确非易事，他们的做法是把豆芽去须去瓣，用油炸脆，再把用油炸碎的瘦肉、虾米和上等调料拌和作馅，选用上等白面做皮。这样的包子，馅多、皮薄，有豆芽的清香而又不见豆芽，食之鲜香，爽口之至。

一次偶然的机会，罗国荣送给邓锡侯夫人邓王扶康20个豆芽包子品尝，邓吃后大加赞赏，才相信颐之时技艺果然名不虚传，并因此而给颐之时介绍了60桌高档酒席的生意。一次邓锡侯宴请省主席张群于颐之时，张吃了又炽又嫩又离骨而且汤味十分鲜美的清蒸鸭子后赞不绝口，并常派人前去购买，此后还叫罗国荣把会做清蒸鸭子的王跃全派给他当厨师。

《罗国荣与成都颐之时餐厅》

❖ **周少稷、白景纯：** 要解决吃饭问题，努力！努力！

　　车耀先早年曾参加四川保路同志会，在部队中当过士兵和司书，反袁护国之役任排长，大革命时期则在国民革命军任团长。"四一二"事变后，他弃军从商，在三桥南街开设饭馆取名"努力餐"，并继续探索救国救民之道。他一度信过基督，后来发现帝国主义把宗教作为侵华的工具，便抛弃对宗教的信仰，去钻研各种进步理论，终于找到和认定马列主义才是救国救民的"福音书"，于是奋然投身于工农革命的洪流之中，毅然加入了中国共产党。根据党的指示利用开业的"努力餐"更好地掩护革命工作的活动，1903年夏天，将"努力餐"饭馆迁移到祠堂街，作为地下党的秘密联络点，后并担任中共川西特委、军委委员。当时由车耀先创办的《大声周刊》就设立在"努力餐"楼下一间小屋子里。该刊对宣传团结抗日发表过许多好的文章，深受爱国青年的欢迎。

　　抗日战争期间，邹韬奋、沙千里、史良、章乃器、王造时、李公朴、沈钧儒等七君子来蓉时，车耀先就在"努力餐"设宴招待他们，邓颖超同志来蓉，也在"努力餐"接见车耀先，并听取他的汇报。

　　"努力餐"前临文化一条街，背靠金河，与少城公园（今人民公园）隔河相望，环境十分幽美。餐馆楼上设有雅座，依窗凭栏即可观赏少城公园的风景。馆内四壁贴有名人书画可供顾客欣赏，其中有一副挂在厅堂的对联，上联云："要解决吃饭问题，努力，努力！"下联是"论实行民生主义，庶几，庶几！"寓意可谓深长。

"努力餐"的经营也很有特色。除出售大、中、小份色味俱备，具有独特风味的"红烧什景"外，还设有独特的价廉物美的菜肴和大众化的面饭。当时卖的一种革命饭，一碗有三四两，掺有肉粒、鲜豆、嫩笋和碎芽菜，蒸在笼里，香味扑鼻，每来一客，马上从笼内端出一碗，堪称物美价廉的大众化快餐。其他如"豆渣猪头""清汤黄秧白""大肉蒸饺"等至今犹脍炙人口。当时"努力餐"包订席桌，但每天只限六桌底货，绝不多添，从不因顾客多而偷工减料，不保质量，因此，饭馆经常顾客盈门，座无虚席。

"努力餐"还十分注重宣传。早在1935年4月4日的《成都快报》上就登有这样一则广告："来成都，不能不先到努力餐！住成都，不能不常到努力餐！为什么？因为努力餐价廉物美，设备周到，实吾人唯一之宴客便饭之场所也。"真是通俗易懂，别具一格。

每年三月花会开始，在南门城墙上就贴出巨幅广告：

花会场，二仙庵，正中路，树林边；

机器面，味道鲜，革命饭，努力餐！

在店铺招牌"努力餐"上面邻街的楼壁上还写上十二个大字——烧什锦，名满川，便饭馆，努力餐！以表达该馆的优特点。在餐厅内还贴有这样一张具有诚恳征求意见发扬优点含义的告白：

"如果我的菜不好，请君向我说，如果我的菜好，请君向君的朋友说。"

《便饭馆"努力餐"》

▷ 民国时期成都的努力餐楼

▷ 民国时期成都街头小吃摊

❖ 刘耀种：少城公园里的小吃

成都名菜名小吃之声誉，可居省内之冠。品类丰富，真乃食之荟萃。勿待春秋之褒贬也。

现从拥有遐迩闻名的少城公园（今人民公园）说起。这公园周围，簇拥着无数的饮食店铺。公园内的大光明电影院腹侧，便是"游余小食之轩"，此轩售卖壶茶和各种点心，最好的点心，是蓉城著名的"鲜花饼"。绕过小食之轩，经绿荫阁茶社，便到了"静宁饭店"，这饭店乃是平房一院，院内各室明窗净椅，十分宁静。它承包宴席，随意小吃；静宁首屈一指的菜肴要算"茉芋烧鸭条"，其次是"豆瓣鲫鱼"，如加点豆腐，更为美妙。使用佐料主要是郫县豆瓣，中坝窝油，富林花椒，日产"味の素"。它的清蒸全鸭，亦颇有名气，据说老板不许加汤，也不许厨房先用汤，故能保持原汁鲜美，货值物佳。最令人难忘的是静宁的"泡菜"，它有一个专人管理的四川泡菜屋，这泡菜分甜、咸、辣三种，按四季时鲜蔬菜加工，保鲜、保味、透明、醇香，是调和油腻的上品。静宁的泡菜品种有二三十个，局外人是无法想象的。经保路死事纪念碑右边出公园侧门三步，便到了"廿四春"小食店，廿四春是专长"扬州蒸饺"的小食店，价廉物美，因当时青年学生经济并不丰裕，每在看完射箭比赛或林宝华的网球后，多半来此光顾，"扬州蒸饺"皮薄、馅多、面甜，每人足可一气吃下三五笼。由廿四春步行20公尺，便到了车耀先烈士创办的"努力餐"，大众化的"红烧什景"，每盆售价一元，内容、口味都十分精美丰盛；如吃独脚菜，足可供四个青年食用，大约人平三毛钱，即可在努力餐菜饭俱饱。努力餐背靠少城公园内的小溪流水，凭栏眺望，还可一览公园胜景。

《成都名菜名小吃琐忆》

❖ 刘耀种：温抄手与矮子斋

防区时代还有一个沿街担贩的"温抄手"，他以质量平淡而服务周到闻名。温抄手起初由徒弟吴抄手担担，这还是防区时代的事。温抄手死后，由他最得力的徒弟吴抄手继续在少城各小巷串卖。开始，吴抄手也曾遇到许多困难，抗战期中，吴抄手改良了抄手质量，一是卖海味抄手，即是抄手汤内加海味馅，二是首创"脆臊面"，这辣味脆臊面有鲜、香、脆、辣的特点，适合青年妇女口味，一举成名。他在娘娘庙街口租房开铺，营业更佳。次年适逢扩大青羊宫花会，吴抄手在花会上租房经营，其质量受到全川来客好评，由此名震省内，独成一派。今天吴抄手一派及"矮子斋"一派抄手，已不复存在，除掉人事因素外，可能用大锅和小锅的操作也有关系。成都抄手之驰名者尚有暑袜南街之"矮子斋"。矮子斋旧址在今省电影公司斜对门，正对门是老牌全兴烧房，即现成都酒厂的前身。"矮子斋"系成都老牌抄手之冠，店堂狭窄三进，可容十来桌人，他以抄手出名，其余如小份菜肴，尤称精美；"凉拌芥末豆芽""鸡烧肉""青笋烧鸡""红烧冒结""白油豌豆""红烧肥肠"，都是用五更鸡加热送上，堪称价廉物美。它隔壁便是"全兴烧房"，远远就闻得一股醇香，如再喝上一两盅全兴大曲，则好比登仙了。

《成都名菜名小吃琐忆》

❖ 刘耀种：钟水饺与江楼发糕

由矮子斋向中暑袜街走去约50公尺右侧便是有名的"钟水饺"，钟水饺原在荔枝巷，后稍有移动，即在南中暑袜街接口处开设，故又名荔枝巷水饺。它的水饺分两种，一种是清汤水饺，一种是红油水饺。红油水饺皮薄馅多，佐料十分精美，其中的红、白酱油（中坝窝油）熟油辣椒以油为主。辣椒一般都下锅微炸，所以辣味可口，它的佐料比一般水饺用料都多，所以吃完后尚剩余许多鲜美的佐料。水饺店为迎合顾客节约的好习惯，同时售出酥锅魁（方形），酥锅魁有薄、细、酥的特点，用以吸收水饺剩余佐料，既可口，又节约。钟水饺的经营态度并非唯利是图，而是服务于一般市民的需求。

从钟水饺经春熙西段——北段街口对门便是商业场，在商业场南口，有一家"江楼水饺"。其水饺比较一般，并无独特之处，但该店有一种点心叫"发糕"，这"发糕"却非比寻常。它的做法奇特，据说是用猪油、上面、鸡蛋清以及保密的加工方法制成。糕呈灰红色，外形发亮，一望而知其疏松，入口时自然口化、细腻，但并无太多油脂，江楼发糕就其香、甜、细，远远超过精心制作的"三合泥"和贵州的"三不沾"，可惜已无处生产；据揣想，恐怕尚未失传吧！

《成都名菜名小吃琐忆》

❖ **熊志敏**：担担面，连吃五碗不觉饱

首先谈谈担担面的由来，早在20世纪30年代，在成都少城一带的各街各巷，卖担担面的已小有名气。担担面主要是那些有钱有势的达官贵人、太太小姐们深夜搓麻将、打扑克牌，半夜充饥不可稍缺的小吃佳品。每当二更过后三更锣响，担担面的生意开始兴旺起来，这个公馆在叫"卖面的担过来"，那个"门斗儿"也在喊"煮面"。有的一副担担两个人，一个人专煮，一个人专送，但也有一个人的，煮好后由公馆佣人自己端。

为什么担担面受到如此青睐呢？担担面的特点是少而精，味道鲜，一

碗下肚，总感歉然。担担面的设备既简单，又复杂，担子的一头是烧开水的鼎锅，另一头就复杂了。既要放碗筷，又要放酱油、醋、红油海椒、葱花、蒜水、花椒油、猪油等等。担担面经营者肩挑面担，走街串巷，遇有食者，现煮现卖。由于卖面的调料考究，做工精细，风味独特，服务周到，深受顾主喜爱，所以人们赠予独特的美称——担担面。

担担面虽然担子小，但品种不凡，有红汤面、清汤面、杂酱面、素椒面、白油燃面、清汤抄手、红油抄手等，色味俱佳，很受欢迎。担担面还有一个特点是碗小，面少，味美，连吃五碗不觉饱。所以担担面的生意兴隆，财源茂盛正是如此。

解放前，走街串巷的担担面，都是各经营各的街巷，各练各的主顾，有的只转一两条街，有的只卖一条街，而顾主们只要听到熟悉的叫卖声，就立即吩嘱佣人前去购买。30年代，在少城一带卖担担面的，也许要数将军街、东胜街、永兴巷、桂花巷的几副担担面最有名气了。

担担面的始祖无以考证，以其独特的风味流传不衰。解放后，市饮食公司为丰富群众生活，集中了部分技术力量，在市提督街设专点供应，品种以担担面为主，也兼白油燃面、青椒炸面和豆花鸡丝等，顾客满门，店堂若市。

《成都名特小吃琐记（续）》

❖ 熊志敏：五香卤肥肠、冒结，吃个热气腾腾

食不厌精。有许多制法独特、美味可口的小吃，却永远萦绕在人们的记忆之中。在20世纪30年代，与担担面并驾齐驱的，要算五香卤肥肠、冒结了。所谓五香卤肥肠、冒结并不是卤好了卖现成，而是热气腾腾边卤边卖，在离担担二十米以内，那香喷喷的五香卤水扑鼻而来，令人垂涎欲滴。

五香卤肥肠、冒结担担，一头是小炉灶烧着鼎锅内的五香卤水，肥肠、

冒结卤于其中，肥肠吃多少称多少，冒结卖个数，称好的肥肠切碎后放入碗中或夹于锅魁内，然后再加卤水，也有把锅魁、肥肠都切碎放入碗中加卤水的，无论哪种吃法，都保持鲜香的特色，所以深受人们欢迎。担子的另一头就是放作料、碗筷的地方。这种吃法是不需要辣椒的，但离不了味精、胡椒粉等。

冒结（又称疙瘩），是用小肠挽成的结子。所以称为"冒结"。冒结比肥肠香而可口，买几个吃几个，加不加卤水都可以，但吃的时候必须注意，冒结入口一咬，一股油冲口而出，时常逗得人哈哈大笑。解放后，这种独特风味小吃已经失传，常常令人感慨不已！

《成都名特小吃琐记》

❖ 熊志敏：奶汤肠肠粉，其实没有奶

新中国成立前，成都的奶汤肠肠粉是很受欢迎的名小吃。所谓"奶汤"顾名思义，其汤色如奶，味道鲜美，而且富有营养。解放前成都的奶汤肠肠粉，有名气的为数不多，他们不扯"正宗"旗号，也不打"李记"或"张记"的招牌，在哪里生根，就在哪里以质量广招顾客，其中以陕西街口和北门大桥头两处卖奶汤肠肠粉，颇有名气。

奶汤肠肠粉的制作特点，其汤如奶，但未放奶，而是用棒骨、大小肠和猪蹄合熬在大鼎锅内，鼎锅内放有两个纱布包，大的一包是生花生仁（约一斤重），小包即是大红袍花椒，这样熬成的汤不仅色白汤稠，而且味鲜可口。

"奶汤肠肠粉"，以水粉为主要原料，先把水粉在汤内冒热，盛入碗内再加汤和切碎的肥肠，再放少量食盐、胡椒、葱花等调料。那时吃肠肠粉，汤喝完再添，两次、三次都可以，掌柜不嫌麻烦，食客大饱口福。

《成都名特小吃琐记》

❖ **戴文鼎:** 带江草堂与邹鲢鱼

"带江草堂"餐馆,坐落在成都市外西南巷子三洞桥畔。这里在抗战前原是乡村一个么店子,卖点凉水、麻花、凉粉、凉面以及胡豆下杯杯酒之类的小吃。尔后又增设了一家"三江茶园"。1940年前后,日机经常空袭成都,城里人跑警报纷纷疏散到此,于是小商小贩逐渐增多。这时有邹瑞麟夫妇来此,开了一家小饭馆,用加盖的篾篓装上鲜活鲢鱼,沉入三洞桥河边,专门烹饪鲜活鲢鱼出售。由于邹的烹调技术高明,很快就传开了,生意越做越红火。为了扩充店面,遂高价兼并了"三江茶园",既售茶又卖饭,顾客甚感方便。在众多的食客中,有位叫陈践实的"雅士"觉得"三江茶园"之名欠雅,便借用杜甫"每日江头带醉归"诗句为之更名为"带江草堂"。

▷ 带江草堂

"带江草堂"并非高楼大厦，也不富丽堂皇，但人们却喜欢这里的竹篱茅舍，小桥草亭，潺潺流水，垂柳芦苇。来到那奏鸣着水声、蝉声与竹筒水车声交织在一起的田园交响曲的小村野店，令人心旷神怡。三五好友到此品尝美酒佳肴，促膝言欢，实乃人生一大乐事。

邹瑞麟少年时曾向名厨师林世顺学艺，因此精于烹调，尤以大蒜鲢鱼见长，故人们亲切呼之为"邹鲢鱼"。

他做大蒜鲢鱼这道菜特点是软烧，保持鲢鱼肉质细嫩鲜清。他的做法是：将用油酥过的胡豆瓣连同大蒜、鲢鱼一起放入事先配好佐料的油汤中煎熬。使鲢鱼充分吸收大蒜、豆瓣、姜汁、葱节等调料的香味，待到收汁亮油即将起锅时，再加上食糖、辣椒、甜酱、混合油等。这时盘中鲢鱼看起来有美感，吃起来有兼味。吃到最后，再把剩下的鱼头、鱼骨、滋汁加上豆腐回烧，或烧成鱼汤，都是十分可口的。

《"带江草堂"与"邹鲢鱼"》

❖ 曾志成、熊志敏：痣胡子龙眼包子

在成都的名小吃中，陈麻婆豆腐为国内外游客所熟知，其以店主脸上几颗麻子而得名。无独有偶，在成都也有一个卖龙眼包子的师傅卖出了名，因为他脸上长着一颗带胡子的痣，故以痣胡子为其店名。

痣胡子姓廖名永通，老家在原四川中兴场。1938年仅13岁的廖永通，因家遭火灾，到成都投奔其二姐，为了生计到春熙路口汉口乐露春餐厅当学徒。由于他勤奋好学，暗暗练得一手白案技术。后来餐厅倒闭了，他只好靠"打掌子"挣钱度日，继后又与骡马市抄手店的一位师兄到青羊宫花会场上去摆面食摊子，一个做抄手，一个做蟹黄包子。由于抗战时期，不少下江人流落成都，蟹黄包子正迎合了他们的口味，故很快就赢得了顾客。花会结束，他将分得的钱买了一副担子，无论寒暑都在半边桥边摆起摊子

卖蟹黄包子。当时成都卖包子的不乏其人，要想多卖，就要有自己的独到之处。于是廖永通对川味包子、江浙汤包、海式大包都潜心体察，并揣摩顾客心理，取小笼汤包之形和制作工艺，取川味包子的味，吸取海式包子制皮的经验，综其所长得了很大成功。

当时成都人对"汤包"不甚了解，感到很稀奇，甚至流传过这样一则笑话，一顾客竟以为汤包中的鲜美卤汁是用注射器打进去的，以至以讹传讹，一些包子店买回注射器，抽汤注射，结果将包子弄成一包糟。其实，汤包的制作并不复杂，早在清嘉庆年间，扬州人林兰痴在《邗上三百吟》"灌汤肉包"中就说得清楚了："春秋冬日，肉汤易凝，以凝者灌于罗磨细面之中，以为包子，蒸熟则汤融面不泄，扬州茶肆，多以此擅长。"接着林兰痴赋诗一首：

> 到口难吞味易酿，团团一个最包藏。
> 外强不必中干鄙，执热须防手探汤。

由于廖永通善于观察、询问，早把灌汤包制作方法学到手。继而又从成都第一家机制面粉厂买来雪白的特级面粉，仿效海式包子加白糖、猪油的制皮方法，将面皮揉得像绸缎一般细嫩。馅料选用前后猪腿肉去净筋络，剁成肉末再加调味品和浓稠的鸡汤调制，为使馅心细嫩化渣，还借鉴川味圆子的配制法，放点剁碎的茨菇，这样的小包，一两做十个，上笼蒸熟，每个包子上面，鼓鼓地冒出一坨粉红色的馅心，酷似龙眼。这一改革，首先在形上就略胜一般包子一筹，加之皮薄馅嫩，鲜香爽口，半边桥的痣胡子龙眼包子名声不胫而走，桥畔小摊，从此生意日隆。廖永通有鉴于此，不惜高价在半边桥附近租了半间铺面，坐店经营起来。

《成都名特小吃琐记（续）》

第三辑

听书看戏·从前的生活很慢很慢

❖ 纪旬："小北平"的生活，便宜又舒适

成都的生活情形和名胜古迹，大都相似北平，故有"小北平"之称。自然城市的面积、市井的繁荣，还赶不上旧京，但气候温和、街道清洁则又胜过几倍。其中最值得称述的，要算生活低廉。

锦官城外，土地平坦，周围八九十里，都是稻田麦地，在那温和的气候中，肥沃的泥土上，农作物的收获便很丰富了。有这么多的出产，供给城里的消耗，于是造成了一个物价低廉、生活便宜的社会环境。大概说来，学生的伙食，每月不过三四元，而且还吃得很舒适（四五年前只需要二三元，近来因为政局的关系新添了许多机关，同时连年匪祸，新搬来许多住户，人口增加，生活程度也就稍高一点），普中小人家更便宜几倍。游客在这儿，如果不以居住吃食为重，那每天连"衣食住行"合算，也不过一元几角。这种生活，在全国的大城市中都难找到的，就是著名"生活便宜"的北平，也要自愧呢！

也许由于生活便宜，成都的有闲阶级才那么考究吃食。久跑江湖的朋友，大都知道广州的"烧烤"、北平的"清炖"、成都的"小炒"是中国食谱上的"三绝"。其实与其说"小炒"，倒不如改写"小吃"来得确当，譬如"麻婆豆腐""椒麻鸡""棒棒鸡""姑姑筵"，都是小玩意的吃法。而且又是小规模的组织，小规模的生产。然而它"小"得很精致，味道既好，价钱又巧，因此"小"之名，便传闻全国了。这儿的"小吃"发达，自然是适应社会环境，要知成都历来不是商业区，也不是大的政治中心，既少要人的阔绰的酬酢，又没有"大亨"的穷欢极乐，也就不需要大规模的餐楼，丰富的大菜。反之住在这儿的人大都是衣食足以温饱的"小亨"（贫苦在外），他们不焦虑生活，不关心国事，于是便在吃

食上加点小小研究，代代相传，"小吃"就精益求精了。有了精美的"小吃"，还须寻找小小玩耍。

这儿的玩法很多，不过酒酣耳热后最好是"品茗清谈"，一则可以醒酒解渴，二则又很风流雅致。同时，既可消磨悠长的时日，又能简省许多浪费，好在这儿的茶铺林立，取资便宜招待周到，很适合小资产者的身份。所以住在成都的人，每天都在茶楼上过生活——知识分子是吹牛谈天，商人接洽生意，苦力是解除一天的疲劳（他们上茶楼大半在夜间）。不过茶楼的地方不同，布置有好坏，茶资有高下，于是茶客便自然分出阶级了。据我所知的，春熙路、东大街的茶楼为商人荟萃地，少城公园的茶楼是知识分子活动的地盘。至于穷人苦力，则在街头巷尾或城门附近的小茶馆溜进溜出了。茶楼的生意最好，最考究，要算商业区兼旅游区的春熙路（本街上有"春熙大舞台""新明电影院"，北头有"智育电影院"及两家川戏场）。但清幽雅致就推少城公园的茶楼了，这儿有密密的树林，有稀疏的花木，有小桥曲径，有清溪流水。"枕流茶社"紧傍溪边，"浓荫茶楼"隐藏茂林深处，每当春天，花儿含笑，叶儿争妍，既听黄莺的清歌，又看绿水的微颦，虽说身在茶社，而心已飘到"武陵仙馆"了。

《漫话锦官城》

❖ 唐剑青、蒋维明：川戏班的"七行半人"

旧时川戏班内，共有"七行半"人。

演员分行当生、旦、净、末、丑。这是根据扮演剧中不同性别、年龄、身份而大体划分的。这算五行人。

另外，场面打击乐为一行；穿角的龙套一行（8个人）；管箱的（大衣箱、二衣箱、打杂师）"四担头"（4人）外加勤杂工——传事1人，为半行。共计"七行半"。各有不同的会期。

小生行称"太子会"，每年农历六月二十四日，是太子菩萨生日，也是太子会（以及整个戏班）酬神聚会的会期；

旦角行称"娘娘会"。每年三月初三，送子娘娘过生，民间有"抢童子"的习俗。这天，旦角行要做会宴聚；

净角行称"财神会"，祭祀财神赵公明，会期是农历正月初五日；

末角为正生、老生的行当，称"文昌会"，每年二月初二日，供奉文昌帝君；

丑角行称为"土地会"，每年七月初七，祭祀土地菩萨，办"土地会"；

乐队场面打击乐，称"吉祥会"，供奉孔丘，纪念孔子提倡礼乐的功绩。

穿龙套、兵卒一行人，至少一堂8个人，表现得胜回朝，生龙活虎，所以名为"得胜会"，供奉韦驮菩萨。

▷ 川剧表演

另外，"七行半人"的半个行当由管"四担箱"的四个人组成，名叫"如意会"。

"如意会"下面还附辖有被称为"水杂"的一个人的"观音会"。这个人便是戏班的勤杂工，又叫"传事"的。戏班上，观音菩萨登场，"耳帐子"上绣有"有求必应"字样。"水杂"也具有"有求必应"的特点,打开水、烧火炉、烧洗脸水、打扫舞台、点官灯(公有用的油灯),"专医诸般杂症"。戏班跑码头,由甲地走向乙地"搡台口",出行之时,"观音会"还要推一辆鸡公车,车上搁置杂物和他自己的"棒槌包袱"(简单的行李),在他的背上,还背着戏班同仁共同供奉的祖师爷——"太子菩萨"。

《戏班趣闻录》

❖ 廖友陶:康子林的川戏绝技

康子林不仅要求徒弟苦练基本功,自己也锲而不舍地天天琢磨锻炼。他不以全盘继承川戏演技的优良传统为满足,而是积极进行革新创造,给川戏留下不少宝贵财富,略举如下:

▷ 民国时期康子林(右)、周慕莲(中)合演《断桥》

三变化身。这一演技，原来川戏"归正楼"才有，由剧中武生背（遮）容，然后一亮相，扯去事先准备的纸脸开唱。后来曹黑娃用涂上色彩的草纸蒙脸，演出时，撒把"粉火"（松香），用手一抹脸起唱，已有所改进。康子林则用画上色彩的纸剪成脸谱，在脸上贴三层，用绳结绪头。演出时，一个动作一张脸，生动别致，"三变化身"就成了川戏的绝技之一。后来，再加发展，三变增至九变，更加丰富多彩。

　　开慧眼。康子林演出"水漫金山寺"中的韦驮，刚出台时缺少一只慧眼。正当观众议论喧哗时，他随着密锣紧鼓走到法海面前叫一声"领法旨"后，转面向观众亮相，高声道："睁开慧眼一观！"同时起脚飞腿，一个"尖子"在额头正中端端正正地出现了一只金光灿灿的"慧眼"。这又是川戏的一个绝技。

　　翎子功。康子林的翎子功，是得到"太洪班"名武生李培生的传授。李培生外号"腊狗子"，他对翎子的表演几乎是随心所欲。当年群众议论说："康二蛮（子林艺名）的尖子，曹黑娃的旋子，当不得腊狗子的一对翎子。"康子林在继承传统翎子功的基础上有所丰富、提高和发展。周慕莲回忆说："康师傅每演'八阵图'，我总要在后台观看，真是'百看不厌'。他演到陆逊困阵，查看地下有无埋伏时，紫金冠上的翎子或左或右，或前或后，单挑双绕，画圆圈，分阴阳，成'太极图'式，心到力到，运用自如。唱完'擒不到刘备不回东吴'一句后，一个尖子，随着锣鼓节奏，把花枪丢向左边，翎子倒向右边，翩然而下，表现了儒将风度。他在抛冠时，翎子不乱，无须用手，罗帽即随紫金冠飞起，水发也同时直竖，大有怒发冲冠之势，打杂师不出场，陆逊的紫金冠会向后台直飞而来，成为表演绝技。再如他演'铁龙山'，当吕后登场哭父王时，他每一抽噎，头上翎子即搅成一个太极图（表演时，颈右偏，翎子就向右倒，耍左翎子，左偏时，耍右翎子），以表示哭泣，不是为耍翎子。他曾经告诉我，耍翎子要靠颈骨的劲，切忌摇臂。"

　　　　　　　　　　　　　　　　　《第一个川戏艺人剧团"三庆会"》

❖ 李思桢：竹琴圣手贾瞎子

贾瞎子，名树三，成都人，回族。父亲曾是回教的阿訇。他生下地来就是瞎子，对于花花世界，无法欣赏。所以自小就只专爱听讲故事；接着就爱听各种曲艺戏剧的唱腔和评讲。最初是什么都听，并学着自哼自唱，细心揣摸。真可以说是发展到博闻广听，兼收并蓄。如评书、口技、竹琴、扬琴、清音、金钱板、莲花落，以及各种戏剧，如灯影、木偶、川戏、京剧，他都无所不听。其中特别喜爱川戏和京剧。但他因为年幼，家中给的零钱不多，所以只好去听廉价的或不要钱的，甚至去听"站国"（就是在旁站着听，不买坐，不给书钱）。总之只要他能去听的，都去听，做到"无所不求知，无所不搜奇"。这就为他后来的竹琴创艺，奠定了一定的基础。

他又是怎样专门爱上并学习这一门的呢？

早在民国初年（1912），恰好那时有一位讲三国故事的江湖艺人，他姓马，以竹琴清唱三国故事。唱的"腔"是一条腔，"事"是一件事，随处都唱，随便给钱。人称他为马三国。这人也是回族。每次他在唱竹琴时，总发觉一个瞎眼娃娃跟着他听，听得很专心，而且还帮他制止清唱时说闲话的人。唱完以后，这娃娃总是依依不舍，最后离开。时间久了，马就把贾喊着问长问短，教贾学唱。贾唱得很像。马又问知贾也是回族，这样，马就很喜欢他，并主动收他做徒弟。贾在拜马为师以后，这才专门走上学习竹琴的道路。但由于马的唱艺不高，贾学到的，也只是一条腔；人物声调毫无变化，内容也只是通俗单调的三国故事片段。贾后来在竹琴方面的高深造诣，可说全由贾自己吸取各种戏曲之长，在唱腔和运用上，变化发展，独自创新达到的。马三国这位师父，不过只起了个向导入门的作用而已。

贾从拜马为师以后，就随时跟马一起清唱。只因人小技低，进展不大。几年之后，师父及家长相继死亡，贾就单独清唱，但卖座不佳，生活日趋贫困。迫不得已，只好走州过县，流落江湖，沿街卖唱，以求糊口。足迹所至，如眉州、嘉定、叙府、泸州等地，都曾有过他的踪影。

▷　老成都的竹琴表演

　　直到民国十二年（1923），贾又回到成都。那时，在成都的竹琴演唱艺人，是许多人合在一起，共唱一段戏，叫作"合唱"。即是说，生、旦、净、末、丑、杂，每人担任一角。同时配合一些打击乐器，如碰铃、小木梆、小木鱼之类。演唱地点，基本是在"中山公园"（现提督街劳动人民文化宫）的茶馆内，设座演唱。当时艺人生活毫无保障。合唱的人员中，如果主要角色病了，卖座就要大减，有时甚至停业，忍饥挨饿。贾回成都，就参加这种合唱。当时参加合唱，除贾外，著名的还有蔡须须等人（蔡的本名叫蔡觉之，他原是做各种帘帐灯幕的彩须工作，平时票唱，颇得好评，彩须工作收入不好时，就下海专唱竹琴），也来参加"合唱"。贾在后来追述往事，谈到"合唱"生涯，曾对他的得意门徒周玉麟说："我瞎子在那个时候，是曾经只吃一个锅魁、喝几口加班茶（即别人喝过了不要的茶），就过一天日子的啊！"

就在这种辛酸生涯的时刻，贾瞎子苦心焦思，找到了一条革新竹琴的道路。那就是退出"合唱"，由他一个人担任"通剧"角色，独唱全剧。把全剧人物的声音笑貌，用不同的音调，各肖神情，由他一人"独唱"出来。开始试唱时，由于创艺艰难，技艺不高，唱腔变化还不甚大，刻画人物还不生动，以致卖座不佳，茶馆不愿接待。贾就只好去"钻隔子"（就是一个人带着道筒、竹筒、转茶社，钻旅馆，穿街走巷，踯躅街头），有顾客叫着就唱，随便给钱，得酬很低。就在这样艰苦凄凉的生活中，为了要打通这条革新道路，他益发严格要求自己，更加艰苦！他说："我唱一天下来，就即使挣到了能吃一顿饱饭的钱，我也只能吃半顿饱饭。我要捆紧腰带，积蓄半顿饭的钱，拿来去买座票听别人唱；去细听各种玩意儿的唱。"即是说，他要去细听扬琴、评书、金钱板、清音、相书等等的唱。他还特别要去买价贵的戏票，专听好角色的戏。川、京、汉、陕、评剧，他都去听。他说："听好角色的东西，会给我唱竹琴的词白中，抑扬顿挫、缓急高低，增加更多更妙的玩意儿！"他就是这样，"一日三、三日九"，艰苦奋斗，吸取众长，融化理解，脱旧创新，直到1928年，才在"锦春茶楼"，蹲稳了贾派竹琴的立足点。

《竹琴圣手贾瞎子》

❖ **张达夫：**高把戏的魔术，搞笑又奇妙

高把戏的演出自始至终贯穿着插科打诨的滑稽表演，富有浓厚的喜剧色彩，既表现出他的勇敢机智，又给人以轻松愉快。整个演出生动活泼，笑声不绝。

有一次我去看他演出，只见地上铺着大红毯，他身穿宽大的深灰布夹衫，外套大袖青布马褂，右手轻松地摇着旧纸折扇，面黄头光，一出场就给人以幽默滑稽之感。他首先向西方顶礼膜拜，恭请西天王母派七仙姑给主人送寿桃来。当时已是农历七月，桃子早已下市，而助手掀开平铺着的地毯，却端出一大盘鲜桃来。高接过盘后，捡了几个交与主人品尝，然后再一个一个地向宾客散去。当一个小孩伸出双手来接寿桃时，接到手里的桃子突然变成一只活蹦乱跳的大青蛙，吓得那个小孩慌忙将蛙甩到地上。大青蛙向庭坝跳逃，高把戏放下盘子去捉；青蛙又转身跳到男宾椅子下面，高赶忙伸手向座椅下面捕捉，不料捉到的青蛙却变成一长串点燃的鞭炮，噼里啪啦地就响了起来。在烟雾弥漫和爆竹声中，结束了"献寿桃"的表演。

高把戏还用动物皮制成可以随意操纵控制的小动物，如小白兔、小猫、黄鼠狼、金鱼、乌龟等，可跑可跳，可走可停，宛然若生，而且都能根据情节需要，招之即来，挥之即去。

他表演的"杯遁"另有情趣。只见他将盛放杯子的木盘托在左手上，用一张两尺见方的红布盖上，一边说着笑话，一边用扇子猛击盖着的玻璃杯。"当"的一声刚停，他忙将红布揭开，茶杯已不见踪影，连碎片也找不到。在观众的惊讶声中，他一口咬定是助手把杯子藏了，又说是助手将碎片吞了。助手当然矢口否认，他便在助手身上搜摸，果然从助手的内衣里将杯子掏了出来。经观众验证，确认是他托在木盘内的原物。可是助手自始至终都没接触过木盘和茶杯哩！观众惊奇不已，助手也十分骇异。

《高把戏》

❖ **李子聪：** 扬琴书场遍成都

从二三十年代起，从事四川扬琴演唱的专业书场，有鼓楼北一街的芙蓉亭茶社。演唱成员有邢国宏、李连生等名老艺人，提督街的协记茶园

（现文化宫对门）。演员有石光裕（石老三）、杨祝轩（杨耗子）、廖学正、叶兰章等，都是老听众为之倾倒的扬琴名家。其他还有白丝街口以易德全为主的扬琴演唱者等。而由慈惠堂毕业后，走向社会琴坛的大章、凤慈、传惠等当时虽属青年一代，他们在泗春茶社摆馆之初，就以对艺术的严格要求和一丝不苟的演唱风格，博得听众的青睐。老观众们赞扬他们"这些年轻人唱起来，韵味十足，别有情趣，令人感到是真正的享受，百听也不厌。"这个评价真不简单。因为当时摆馆唱扬琴的以及综合曲艺书场（也有扬琴）林立，并且其中演员大都是这些年轻人的老前辈。大章、凤慈等不仅能独树一帜，听众也随之增加。无论泗春茶社或安澜茶社，都只有120—150个座位，但加添小竹凳均在100位左右，经常座无虚席。观众特别对他们的生角剧更是赞叹不已。因为他们出身慈惠堂，很有代表性，称他们是四川扬琴中的"堂派"。每天晚上（星期天还加演午场）的听众，与当时提督街知音书场由李德才大师、名家郭敬之（秤砣）、阚瑞林等组成的扬琴

书场的听众，不相伯仲。听众认为是"各有千秋"。当时除以上两处扬琴专业书场外，还有芙蓉亭茶园，以及由易德全组成的扬琴书场（在白丝街茶楼），各曲艺书场也有扬琴演出（大章、凤慈也参加了当时春熙南段益智书场的扬琴演出），形成了四川扬琴历史上的一个极盛时期。成都每天听四川扬琴的听众，有千人以上。

《四川扬琴"堂派"的由来和发展》

❖ **詹仲翔：** 少城公园，喝茶、锻炼、看电影

成都原无公园。至清朝末年，清廷推行新政，仿效西欧各国，才在各都市修建公园。成都最先创建的即少城公园（今人民公园）。其地处于清代满城中之永顺、永清、永济等胡同，原系驻防旗兵之箭厅、马厩、仓库。乾隆、嘉庆年间，八旗官兵粮秣，均贮于此。清宣统三年（1911），成都将军玉昆以清廷筹备立宪，废除旗米供给制度，旗民生活日渐窘迫，乃就旗仓空地创建园亭，杂植各种花草，设楼卖茶，同时开放满城，欢迎汉人游玩，并收门票，其中执事皆用旗民，因而有了生计。此时已略具公园之规模矣。辛亥革命后，四川都督府于民国元年（1912）接收了上述地方，其后大加修葺，修建了辛亥秋保路死事纪念碑和图书馆，并以园亭、池塘沟渠点缀其间，增植名贵花木，迄至1924年初杨森任四川督理时才正式命名为"少城公园"，废除门票，供市民游乐休憩。

民国三年（1914），拆除园南之永济仓房，又将金河之水引入园内，环绕一周，向东由半边桥流出。凿渠之土，堆于园东南隅，成为"假山"，公园占地面积为14.5亩。现将四五十年前目睹少城公园之景况记述如下。

大光明电影院：前身为万春茶园，是演川剧的剧场，再改建为大光明电影院，与昌福馆的昌宜电影院同一时代。那时所演多是"默片"（即无声

电影，以字幕说明剧情）。40年代，扩建广场，将该院拆除。

射德会：设于纪念碑西的永聚茶馆内，它是射箭爱好者的组织。茶馆前一片旷地即射场，场上摆着三个木制靶牌，每天都有一些射手在那里竞技，看谁能百步穿杨。

荷花池。建于假山之西，池中有一白色陶瓷的观音坐像，手中持有净水瓶。池南建有小水塔，埋管通瓶，当塔中注水后，瓶内即开始喷泉，飞洒于荷叶之上。环池遍植杨柳，柳荫之下，置有石桌石凳，为男女青年谈情说爱之所。

动物园：设于假山与荷花池之间，当时的动物不多，只有老虎、狗熊、豹子、鹿、狼和骆驼、猴子等，也有少数飞禽，如白鹤、孔雀等，但当时管理不善，有许多动物送来后不久即死。

通俗教育馆陈列室：设于荷花池侧畔一排平房内，内中摆着清代用的火炮（火药作炮弹）、火枪、独子铳、大刀等。川军师长龚渭清因围攻红军，被打断了一只脚，这只脚锯下来再用特制的玻瓶将脚装入，并满盛防腐药水，供游人参观，意在宣传龚渭清是反共"英雄"。另外还有一张引人注目的照片，即尹昌衡捕杀清廷总督赵尔丰于皇城，将赵斩首之后摄下的。我看过这张照片，赵尔丰的人头（蓄有白八字胡）平放在地上，人头侧边站着行刑的刽子手，青色短褂，脚打绑腿，手执马刀，头扎青色套头。前清的遗老遗少们看了此照，都不免喟然而叹：赵督拓土边疆，汉儿壮色，今落得如此下场，能不令人心酸……其实，这不过是没落阶级发出的无可奈何的哀鸣罢了。

博物馆：园中心是成都市博物馆，有何绍基、郑板桥、八大山人等真迹，也有张大千、徐悲鸿、张善子的近作，有出土的古陶、铁、铜器皿，有关云长用过的一柄大刀，有清代将军穿过的甲胄，最吸引人的据说是张献忠的"七杀碑"，上书"天生万物以养人，人无一德以报天，杀杀杀杀杀杀杀"，一连七个杀字。博物馆前的场地上，有四个丈余高的生铁铸像，有一只卧式的铁水牛，还有石鼓石磬，有一根一二丈长的梆，中段空心，以卵石或木杖击之，铮然发声。可惜这些宝贵的文物在抗日战争期间，由于日机狂轰滥炸，博物馆中弹被毁，生铁铸像的脑壳，不知何时也被那些不肖子孙盗走当成废铁贱卖了。

宝慈佛学社：坐落在公园楠木林侧，为成都佛学研究者之组织。它与各地名寺院均有联系，常有高僧于此讲经，如昌园、能海诸法师。甚至西藏的根桑活佛、清芝活佛等亦来所宣教。

国术馆：设于园之后门（靠半边桥街），为本市武术界组织。每年二月，在馆内开设擂台，比武竞技，并邀请蜀中各地武林高手参加，比武者用抽签方法决定排对子，较量时，一系蓝色腰带，一系白色腰带，听裁判手中铃声，开始攻击和停止攻击，然后由裁判评定胜负。最初是夺"蓝章"（初级赛阶段），进一步夺"银章"（中级赛阶段），最后是夺"金章"（高级赛阶段）。夺得"金章"的选手，常被拥上骏马并挂红放炮，甚为荣耀。

公园的雕塑：除著名的辛亥秋保路死事纪念碑外，尚有慈惠堂创始人尹仲锡的铜像一座，建于原博物馆故址。抗日战争期中，川军师长王铭章在滕县壮烈牺牲，成都人民为了纪念这位抗日名将，给他塑造了铜像，立于公园内。

公园的广场：广场上的活动颇多，形形色色。这里平时有学骑自行车的教练场，有跑江湖卖打药的，有看西湖镜拉洋片的，也有唱猴戏的，有段时间外地马戏团也在广场搭棚卖艺。经常还有在此打网球的。成都市历届大中学生运动会也在此举行。广场还具有光荣的革命历史，1923年2月成都工人声援"二七"大罢工的集会，1924年5月1日，Y·C团与社会主义青年团联合纪念列宁，庆祝"五一"劳动群众大会以及1946年成都市失业者请愿团集会都是在此广场进行的。1949年，当时的四川省主席王陵基，把广场原建的一个小型看台扩建为大型看台，并命名为"中正台"。解放前夕，他就在这台上检阅了四川全省的民众自卫总队，向共产党示威！不料星移斗转，曾几何时，他的爪牙，纷纷被捕到台前受审，"中正台"变为了公审台。

公园的茶馆：公园东部有浓荫、绿荫阁、永聚、鹤鸣、枕流等茶馆。

这些茶馆各具特色，如枕流为当时大中学生和军校学生喜进的茶舍。鹤鸣的座上客则是中上层官员及其眷属们。浓荫、绿荫阁又为文人雅士所偏顾。永聚却是国术界和射手们常去的地方。总的来说，这些茶馆共同的特点是：清洁卫生好，茶具美观，茶叶上乘，选用河水净滤后再烧沸饮用，大有"揭盖茶香飘满园"之感。茶馆中穿梭来往一些谋生计的人，有"神童子""满天飞"等相士，他们自称能知你过去未来，说得不准分文不要，很能骗得一些妇女的相信。另一种是以掷糖罗汉、掷麻花、掷芝麻糖搞赌博的，以掷骰子分胜负。一角钱一手。输了什么都不得，赢了得一根糖。又可用一根作赌注拼二根，二根拼四根，四根拼八根。有时赌头的手兴不好，会把一掌盘糖输掉，也有买主输了几元钱，连一根糖也未吃到的情况。实际这是一种赌博。再一类是卖小吃的，如瓜子、花生、麻辣豆腐干、钵钵鸡、香油卤兔……这个走了，那个来，把茶馆点缀得五光十色，尽管你坐在那里，却也应接不暇。

旧社会，教师职业无保障。每年阴历六月、腊月暑寒假期中，教师多在这些茶馆内等候聘书，名为优礼延聘，实乃价廉而购。故当时蓉人称之为"六腊战争"。

公园的饭店：公园的饭店只有两家，一是静宁饭店，一是桃花源餐馆，都是当时颇有名气的。

静宁饭店的老板黄静宁，据说曾为清廷皇家御厨，他的拿手好菜是脆皮鸭和豆腐鱼，脍炙人口，名扬蓉城，开零餐为主，兼办席桌。

桃花源排场较大，以包席为主，设有礼堂，在这里办婚事者颇多。解放前，本市各私立中学校长每周有次聚会，互通办学情况，以对付公立学校，都定期到这里聚餐。

谈天亭：在国术馆北，有二茅草小亭，人称"谈天亭"。常有一些古稀老人在亭中闲聊，谈古论今。不少年轻人围坐在旁，听得十分有味，其中不乏有趣的故事，如"枪毙玉石调羹""成都七品清官""兰大顺""廖观音"等。

图书馆：谈天亭西，即市立网书馆。馆内藏书颇多，平时每天上午开放。室内有上百个座位，供阅读者使用。寒暑假期间全天开放，便于学生们阅览。

游乐场：在广场西南，有儿童游乐场。当时只有单杠、木马、浪船、梭梭板、天桥、秋千等设备，是很简陋的。常看见秋千踏板断了，摆在地上很久，却无人修复。

《少城公园散记》

◆ 周芷颖：戏剧新发展，从时装戏到文明戏

辛亥革命后，成都出现了一个戏剧组织——川剧教育会，这是由川剧艺人王治安为首，在同盟会员、同志军头领毋剑魂的鼓励支持下，并联系同盟会员王觉吾等，以辛亥革命和讨袁为题材排演的时装戏，剧本有王觉吾写的《洪宪官场》，刘怀叙写的《光复图》《广州风潮》《川路血》以及《重庆独立》《炮打尹昌衡》《祭邹容》《黄兴挂帅》《闹广州》《徐锡麟刺恩铭》等二十多个。这些戏的上演，反映了封建专横和人民的反抗斗争。主题是新的，但形式上是新事旧唱，仍然是上场引子下场诗的旧章法，旧瓶装新酒而已。但从时代的角度上看，它的出现，在戏剧的宣传内容上突破了旧框框，赋予了新生命。可惜这个新生命，由于没有得到应有的培植，才搞一年多，因为演员分化，便告烟消云散。不过时装戏的出现，却为成都话剧的形成，起到了推动作用。

以后，曾孝谷组织"春柳剧社"，算是成都话剧萌芽时期。因为话剧是用口语代替唱词，听众容易听懂，不比旧戏除道白外重点在唱腔上表达剧情。有些演员虽然唱腔优美，但不吐词，有如嘴里衔上一枚青果，使观众对剧情无法了解，兴味索然，因此曾孝谷先生才提倡演话剧的。不过成都虽为四川省会，是全省政治文化中心，但因地处西陲，风气闭塞，文化方面守旧落后。那时能够参加剧社组织的人不多，仅成都县中学生章尔后

（戡初）、王子苑等人，一般学生尚不愿参加扮演。章、王诸君敢于冲破旧礼教的约束，登台演出，就遭到家庭的反对，尤以王子苑君演女角，更为家人不满，竟与他脱离家庭关系。继后风气稍为开化，又有钟曼秋（女）、肖汪度、张文、巫木头等人，在华兴街悦来茶园（现锦江剧场）公开演出。他们都是由演出人员口头说明剧情，并不根据脚本，人们把它称为文明戏，又叫幕表戏。

在此之前，吴先忧、沈若仙、小萨马，可能还有李芾甘（巴金）参加，组织过一个幕表剧的团体，因常在沈若仙家排戏，高恩伯曾亲见之。

《成都话剧发展的点滴》

❖ **思品端：** 扯谎坝上看杂耍

杂技古称百戏，始于秦汉。降至宋元，"有街坊桥巷呈现百戏技艺"者。20世纪40年代，到皇城扯谎坝谋生的杂技班子，表演的有弄丸（剑）、钻刀（火）圈、蹬缸、转碟、缘竿等技，尤以两幼女的表演引人入胜。其双人转碟恰如清代皖诗所叙："竿竿相衔出屋高，竿人仰面静注目。有时故作险态奇，竿似弯弯盘（碟）似覆……"皖蜀两地相距百余年之转碟，竟如此相似。而两幼女在竿高十余米之绳梯上作"倒头跟挂、顺风扯旗、翩翩腾跃"的压轴戏，更加扣人心弦。班主则持铜锣敲打助演。忽两女倒身坠落，不禁令人寒毛乍生！惊讶间，一女双膝挂梯，倒悬中四手相握，一女下悬摇曳于空，随即贴竿而下。两女退场时，眉宇间显露浪迹漂泊之苦。高竿表演既无保护措施，艺人安全又岂有保证。其余演艺平平略而不记。

《皇城扯谎坝散记》

▷ 民国时期表演杂技的小演员

❖ **思品端：**卖打药遇到练家子

三国鼎立之际，武术初具雏形套路和形成少数门派。到了宋代，出现"浪迹江湖的卖艺者和卖药的江湖术士"。皇城扯谎坝有不少卖打药的江湖术士。他们为招揽顾客，表演拳术、摔跤、飞叉、气功和吃铁吐火等技艺。也有少数流落江湖献艺谋生者，施以南拳北腿、刀枪剑棍、单练对打，且流派众多。其中，尤以查拳、三节棍、太极剑、空手夺枪博得观众好评。此外，还有滥竽充数者，如绰号"赛皮球"之人，常以骑马式立于场中，令人用"手背"横击其腹部而不倒，以此证明打药之功效。某日，一青年提出面对面的出拳。赛劝说道："这样出拳恐伤了你的手！"但在青年的坚持下，终于正面直拳将其击倒于地。赛忍痛捧腹起立连说："你哥子是操练过的，佩服"，随即收拾家什讪讪离去。卖打药的开场白大都是："卖钱不卖钱圈子要扯圆，望各位水旱两道、回汉两教（此回民区）的朋友伙多多海涵。"表演后，除所售药酒和膏药有疗效外，余皆"面面药"——假药。

《皇城扯谎坝散记》

❖ **思品端：**扯谎坝上娱乐多

"清唱洋琴赛出名，新年杂耍遍蓉城。"这是描述的清嘉庆年间成都的文娱盛况。皇城扯谎坝谋生的民间艺人，有的表演民间歌舞，有的唱清音、荷叶人们喜闻乐见的曲子，有的在击鼓、杂耍和伴舞中联唱巴蜀歌谣，十分热闹有趣。民间小调是流落里巷艺人的鄙里之唱，如"正月里来是新春，我与小妹子（儿）去踏青。踏青是假意呀，妹子（儿）'吊'（谈恋爱）你是真情哪，依子呀波（儿）哟"。民间小调中，也有少许《十八摸》之类的淫词滥词。20世纪50年代既有京戏名丑"楼外楼"与其搭档表演相声和双簧，又有蓉城艺人表演的口技和"千佥省万佥省拜访总佥省""算命""补缸""背书""五凤楼前飞来一只彩凤，预行警报挂起一个灯笼"等段子，均受欢迎。此外，还有金钱板、竹琴、莲花落、木偶戏、猴戏和耍蛇等，各施所长而吸引观众，以获得满意报酬。

受少儿欢迎的节目有扯响簧、划甘蔗、学自行车、看西湖镜（儿）、吹塑糖人、捏制彩色面人等。划甘蔗是按划得甘蔗总量的长短判定输赢。据说，技高者可将刀点定的甘蔗一刀分为两半而获全胜。在自行车场，听到的是车子震动声（均破车）和"黄的！黄的"惊叫声及"两黄"相碰而倒地的嬉笑叫骂声，煞是热闹。大型西湖镜（拉洋片）长约数米，可供多人观看。两艺人侧立两端推拉洋片，敲打鼓钹演唱"正好看啥又看完，看完警士把门拦"。一面用长竿将看完一轮的小镜孔关闭。小型西湖镜（儿）是一米多高的木柜，内挂洋片上下拉动供人观看，也可背着走街串巷。

《皇城扯谎坝散记》

❖ 唐剑青、蒋维明：打游台

在旧时代，水利设施不足，抗灾能力弱，每到春二三月，农作物急需用水时，经常出现旱灾。人们希望普降甘霖。于是民众开展各种求神祈雨的活动。

戏班也忙碌起来，要配合"全民"求雨。戏班求雨，兼有祈神和娱民两种功能，乡土色彩很浓厚。在农村乡镇，便要表演《搬东窗》之一折《捉旱魃》，由正旦或老旦扮演"旱魃女神"，被人们押解着穿街走巷。城市的情况不同，鉴于交通秩序等原因，只在剧场内于开戏之前搬演《打游台》。

《打游台》的主角不是正旦，而是戏班里德高望重的老生，或者由演配角当中的老先生担任。头戴花二生巾，拴飘带，挂麻三（花白胡须），身上内穿黄褶子，外套"斗披"，穿鳖子，手拿文帚子，在鼓乐吹打声中出场，坐上舞台正中的高台——弓马桌上搭椅子而成。

锣鼓用"清水锣鼓"，富有祭祀礼乐的特点。除乐队、管箱的以外，戏班全体在"头旗"的带领下，挨着次序出台，在队列中行进。队列按舞台调度，或走"龙摆尾"，或走"编笆笆"，走出不断变化的队形。所有演员都要参加《打游台》，都穿"小零件服装"（不按正规要求全身披挂），手里拿旗子或幡。当时有句俗语称：戏班打游台，连猫狗都要牵出来。

《打游台》是为了求雨、祈福。精明的观众也抓紧时机来"叨光"，他们把自己的幼儿连同一个包着8—20元钱的红包，一齐抱至台口边，将幼儿与红包交给游走的演员，演员抱着小孩游走两圈，据说可以消灾。游走完了，小孩奉还给家长，红包留下，台上台下，皆大欢喜。

游走完毕，头旗"挖开列队"。

老先生在高台上画龙点睛地说道："今天《搬东窗》为了求雨……"接着念了四言八句："旭日正当红，久旱甘霖终，搬演《东窗》戏，如来降天鹏。"

"远远观见，雷音寺山门已开，我佛来也！"演员们从两边分下，正戏接着便开始了。

《戏班趣闻录》

❖ **唐剑青、蒋维明：盗冠袍的绝招**

旧时戏班里有一句行话："一招鲜，吃遍天。"可是这一高招，必然来之不易。

川剧著名的"神勇武生"秦裕仁（1908—1981）于1937年秋由重庆来成都"悦来"搭班，打炮戏《盗冠袍》武功不同凡响，轰动全城。

《盗冠袍》取材于《七侠五义》，写江湖恶少白菊花入皇宫盗宝事。先是过场戏。外帮献宝，库官将宝入库后，秦裕仁扮白菊花登场亮相：头戴软罗帽，身穿"彩莲"（打衣）。腰系镖囊，脚蹬打鞋，扮相俊美，目光炯炯。

白菊花鸡公走路，脚朝上，人倒立，进入库房……

在此之前，"悦来"打杂师和几个下手，抬出三张扎实的黑漆大方桌，三张重叠在靠近下场门的部位，桌上再搁置一把椅子。椅上又摆"脚箱"，整个高度接近两丈高，距戏楼顶上的天花板只差两尺多。舞台上摆的架势，深深吸引观众的注意力，满园子人屏息静气，期待武生的"高招"。

白菊花倒立而前。脚勾住第二桌上的"桌换换"（栏杆），身一翻，上了第二张桌子，又一倒立，脚勾"桌换换"，翻身上了第三张桌子，轻捷地蹲身在"脚箱"上，矫如猿猱。为了便于表演，他将象征性的宝物（冠袍）——一段绸子往腰上一拴，欲走之顷，动了念头，道出一段铿锵的独白："冠袍玉带到手，待吾去也。且慢，某盗了皇宫冠袍玉带，犹恐连累江湖英雄，待某用了暗号。"他戴的软罗帽左边插红花绒球，右耳戴着一朵白菊花，他将白菊花插在"脚箱"上，以示明人不做暗事。然后，一个"单提"飘然而下。

这个"单提"，准确地说是一个"吊提"。因为白菊花蜷身之处，上距楼顶只有两尺多高，身体不能"弹动"，腰上的巧力用不上，只有"吊提"而下。

鼓师此时给他垫鼓扦子。秦裕仁吊落之际，身轻如燕，不摇，不晃，桩式很稳。

台下掌声雷动。上、下马门拥挤不通，同行们在这里观看啧啧称赞："这是他的独到之处！"

戏里扮演包公的是川剧名净何瑞庭，他称赞地说："台下吃得苦，台上见功夫，此言不虚啊！"

秦裕仁，原名秦心海。曾在重庆"裕民科社"学戏，得到名师傅三乾、赵瞎子、钟香玉的指教，刻苦习艺，十年磨剑，终于声誉鹊起，名满巴蜀。

《戏班趣闻录》

❖ 王正国、谢远椿：曾炳昆口技表演

曾炳昆，成都市人，生于1898年。因家境贫困，十三四岁前，以走街串巷卖油糕、蒸馍为生。因其喜爱说唱，十三四岁后，便以打肉莲花来糊口（新中国成立前有些乞丐脱光上衣用双手交互拍打两膀出声，并胡乱唱一些逗人玩乐的小调，因这些小调，末句都夹有"柳呀柳莲柳，荷花闹海棠"的唱调，故俗称肉莲花）。由于他人小聪明伶俐，经人介绍拜盲人李相成为师，学习口技。李相成死后，便与师兄邹明德一同卖艺。在成都书场同行中颇受尊重，艺人中若发生纠纷，他常与贾树三出面调解说和。川剧名丑王国仁，经常找曾学习词本和表演艺术，因此，王国仁在川剧丑角行中表演的《乞儿爱国》《车夫爱国》因唱词新颖，富有时代特色，很受欢迎。同时唱竹琴的杨庆文，也曾受到曾炳昆的技艺熏陶，演唱艺术也得到进一步的提高。

曾炳昆所用词本，除将旧本去其糟粕，取其精华，加以改撰外，常增加一些新意新词，使之更富趣味性和幽默感，再结合自己纯熟的表演技艺，自然赢得听众的好评。为了配合时代的需要，他还自编自演一些脚本。如：《打大川饭店》，反映了成都市人民高涨的抗日爱国热情；《霉登堂》，揭露了国民党统治区人民的悲惨生活；《八音车铃》，讽刺发国难财的奸商。其他如：《拜年》《数县》《成都市街名串》《电影名串》《纸烟名串》等数十种段子，其知识性和趣味性都很浓郁，而且影响后来一些相声界的说词。

为了烘托表演效果，他也使用了一些简单的道具，如：1.用高五尺四寸见方的布帐一围，以备说唱时隐蔽全身之用。2.苞谷皮做的嘴子一个。3.茶盖一个。4.木脚盆一个。5.铜茶船两个。6.铜铃两个。7.马鞭子带绳一根。8.木槌一个。他表演时，运用其口技艺术，描绘环境，陈述故事，表现人物活动，模拟男女老幼的各种声音，飞禽走兽的鸣叫，以及各种各样的声响。并能在同一时间内，发出二至三种不同的声调，各相其声，惟妙惟肖。例如：他表演《赶骡车》时，口喊赶车声，脚踏木脚盆边，更发出骡蹄声，手摇铜铃，便发出骡颈铃声，鞭子挥动打骡声。表演《幺店子喝茶》，你便会听到茶客喊堂倌倒茶声，堂倌应答声，随之铜船子扔在桌上声，冲开水声，堂倌报茶声、谢茶声，声声不漏。表演《赶雀市》时，他利用苞谷皮做的嘴子，叫出画眉声、白燕声、鸽子声、麻雀声，声声入耳，听众则恍然置身于雀市之中。表演《拉船上滩》时，在雄壮的、豪迈的川江号子声中，听众们的脑海中就会现出一群衣不蔽体，手拉缆绳，佝偻着身子吃力地艰难地在鼓点声中挣扎前进的纤夫群像，在其他表演过程中，还插入一些公鸡叫、母鸡叫、大狗叫、小狗叫、大猫叫、小猫叫、猫儿打架声、牛羊啼叫等种种叫声，如置身于鸡羊群中。

曾炳昆最后一个表演节目，大多是以《老陕推磨》打架结束。表演时他利用木盆来回推动发出推磨声，口里常发出两三人的对话声，推磨完后，喊张老二拿箩筐来装米，张老二的答应声和装米声，在装最后一筐时，张老二肩上箩筐滑倒，引起两人吵架，越吵越凶，最后利用木槌打脚盆，马铃子碰茶船子，二人大声叫骂以致造成打架声，最后一句话，"要打我们出去打"！于是，布帐一揭，曾炳昆闪身而出，幕中相声便宣告结束。

所以当时成都流行着一句歇后语，"曾炳昆的相声打架么儿台"（完结之意），他又继续表演一段明相声，讲段笑话，总是令人大笑不止。人们在跑警报时，能听到曾炳昆的口技艺术，真是既惊惶又愉快的双重感受。

《听曾炳昆表演口技——抗战时期的一段回忆》

❖ 万淑贞：摩登剧社男女大合演

　　1930年夏秋，成都摩登剧社在本市古卧龙桥街川北会馆举行第一次公演。所采用的剧目都是上海南国社在上海、南京、广州等地演过的田汉先生编写的《苏州夜话》、《南归》、《湖上悲剧》、《生之意志》、菊池宽的《父归》等。有时陈明中也参加演出，他在《父归》与《生之意志》中扮演父亲。

　　《苏州夜话》以反对军阀内战为题材，通过画家刘叔康父女的偶遇，反映了军阀内战给人民造成的灾难。提出要"复仇"就要诉之义战，即被压迫者阶级联合起来，为解放自己而战。《湖上悲剧》《南归》是表现热爱光明的小资产阶级知识分子，在探求真理路上不怕艰险、百折不挠的精神。

　　特别要提到的，这次是男女大合演，对成都来说，还是破天荒第一次，冲破了男扮女装的封建枷锁，开创了演剧的新风气。当时，男女界限很严，一般剧场、电影院的座位，都是男女有别，而这次不仅台上是男女合演，而且台下的观众也是男女混坐，这就轰动了整个蓉城，连演七八天，场场客满，观众表示满意，舆论予以赞扬。接着到本市储才中学、华西大学、成都大学等轮流演出。又在陕西街礼拜堂演出了易卜生的《娜拉》及田汉先生编写的《第五号病室》《火的跳舞》《名优之死》《梅落香》等剧，观众异常赞赏。其中《娜拉》一剧的主要内容是说妇女应冲破家庭束缚的牢笼，对成都妇女的解放运动，起到很大的激励作用。

《20世纪30年代成都的话剧运动》

❖ **万淑贞:《峨眉山下》，四川首部本土电影**

大同电影戏剧学校成立于1934—1935年，它附属于大同影片公司，在四川来说，称得上是诞生最早的电影公司与戏剧学校。它是民间自己筹办的，寿命虽短，但对成都以至全省新兴戏剧与电影艺术事业的发展，都起到了积极的促进作用。

▷ 电影《峨眉山下》宣传画

这个学校一开办，就从上海特聘早已蜚声影坛的著名导演和南国社的著名演员万籁天来校作名誉董事兼导演。万籁天与陈明中同是南国社成员，万知道陈遭到封建军阀迫害后到安县教书去了，特去函邀陈回成都担任剧校的教务主任兼教员。万籁天既有能力，又勇于负责，他从影司到学校，从校长到教员，身兼数职，备极辛劳。他为了网罗人才，提高教学质量，还从大专院校中聘请了一些对戏剧有兴味有研究的知名人士，如成都大学的戏剧指导匡直，多次应邀上演话剧的华西高中教务主任吴先忧，在大专院校讲授莎士比亚戏剧，并多次应邀上演话剧的闵震东等人。电影和戏剧共招收了学生数十名，他们多数都想当个演员，对认真钻研戏剧理论知识不太感兴趣。因而学校把重点放在电影、戏剧的表演艺术与舞台实践，但也开了电影与戏剧艺术的概论及一般中外名著欣赏的课程。陈明中曾在成都民本体专任校董和教师，万籁天也为"民本"的戏剧爱好者们编写了一部剧本，即后来请田汉先生予以修改加工的《峨眉山下》，一时曾轰动上海，这是四川第一部土产电影。其中由田汉先生加工的一场，还约了金焰参加助演。金焰为南国社著名演员，是当时的电影皇帝了，从而扩大了《峨眉山下》的影响。

《20 世纪 30 年代成都的话剧运动》

❖ 丁晨滨：九眼桥下龙舟会

九眼桥下的一段江面上，曾一度成为每年农历五月五日端午节竞赛龙舟的地方。端午这天，从新南门到望江楼的江面上忽然热闹起来，平时停泊在九眼桥下码头的筏篷小船，在舱口上挂起彩绸彩球，船舱前后扯起彩旗，舱中摆设用白布罩着的方桌，茶、烟、糖果、糕点、酒菜、粽子、雄黄酒，一应俱全。届时官僚、地主、有闲阶级和有钱阶层或携带家眷或挟妓弹唱，乘坐游江花舫往来于锦江之上，有如织锦穿梭，真是欢笑之声不断，丝竹之声盈耳。

▷　成都九眼桥（宏济桥）

　　九眼桥江面上有时还由一些民间团体组织小型龙舟竞赛。当龙船或花船竞赛结束后，仍余兴未尽，纷纷把已预备好的鸭子放入河中，参加龙舟竞赛者便纷纷跳入水中争捉鸭子，谁捉到鸭子便归谁所有，并以多捉为荣耀。这时河中、岸上鼓乐鞭炮齐鸣，笑语欢声一片。

《九眼桥杂谈》

第四辑

无茶不成都·忙里偷闲喝碗茶

❖ 王大煜：川茶小史

茶树产于四川，故有"茶乡"之称。早在四千多年前，就有野生茶树，秦汉时期即进行人工栽培。汉代《神农本草》记载："茶树是生益州川谷山陵道旁，凌冬不死。"益州即今四川。唐代陆羽等的《茶经》亦称："茶者南方之嘉禾也，一尺二尺乃至数十尺，其巴山峡川有两人合抱者。"这里的巴山和峡川，也指今日的四川。《华阳国志》记载："川茶在周武王时，已列入贡品，国有芳蒻，香茗。"西晋人张孟扬在《登成都白菟楼》诗中，有"芳茶冠六清，溢味播九区"的赞誉。唐代时，川茶已畅销全国，同时扩展到长江、珠江、闽江等流域。据《茶经》统计，唐代全国产茶区共有七区三十一州，四川即占八州，不仅产量大，且质量好，誉满全国。宋代川茶又有发展，有专业茶农种植茶园，在四川有八大名茶，即："雅州之蒙顶，蜀州之味江，邛州之火井，嘉州之中峰，彭州之堋口，汉州之扬村，绵州之兽目，利州之罗村。"八大名茶各具特色，各有风味。宋代苏轼对蒙顶山茶更是喜爱，赞蒙茶诗云："蒙茸出磨细珠落，眩转绕瓯飞雪轻，银瓶泻汤夸第二，未识古人煎水意。"孟郊也有"蒙茗玉花尽，越瓯荷叶空，锦水有鲜色，蜀山绕芳丛。云根才翦绿，印缝已霏红。"文同的"蜀土茶称圣，蒙山味独珍"等等。蒙山自汉代起种茶，此茶外形秀丽，紧卷多毫，色泽翠绿，鲜嫩油润，味醇而甘的特色。到唐代评为"天下第一茶"。过去采取佳品供帝王饮用，称为贡茶，从唐至清，相沿不变。

《川茶古今漫谈》

❖ 陈茂昭：茶馆遍成都

成都茶馆之多，向为全国之冠。据清末傅樵村所著《成都通览》载，1909年成都有茶馆454家。20多年后，成都《新新新闻》报1935年1月统计，成都的茶馆有599家。到1941年原成都市政府编制的统计表列，成都茶馆为614家，其会员人数居全市工商业第五位。截至1949年解放前夕，成都市茶社业同业公会记载，茶馆数目为598家。由此可见，从1909年到1949年的40年中，成都市茶馆少则400多家，多则600家以上，增减变化并不太大，这个行业是比较稳定的。

再以成都的街巷数字来看，据《成都通览》说，1909年成都有街巷516条。1935年9月《新新新闻》报统计，成都有街巷667条。据此，成都全市街巷约计600余条，每一条街巷，都几乎有一家茶馆，可见它和市民的生活关系相当密切。

茶馆的分布，有疏有密。就1949年来说，城内占43％，城外占57％。而城内的东城区又比西城区多，这是同市场繁荣情况和人口密度分不开的。茶馆的规模，分为大、中、小型。大型茶馆多在城内，中型茶馆多在城外，都是自然形成的。但在一定地区内，商店、游人的多少又与茶馆的多少成正比例关系。商店密集的街道或游人众多的地区，茶馆必多；反之，茶馆必少。在解放前几年一段时间内，以春熙路为中心，北有正娱、紫罗兰、新仙林、新蓉（桃园改的）、白玫瑰、品香、吉安、二泉、宜园、双龙池、三益公、漱泉、益园等十三家；南有春熙第一楼、益智、清和、都益（歇业后，其隔壁才从庆云街迁来饮涛）等四家，共有17家。少城公园（今人民公园）里有枕流、鹤鸣、绿荫阁、永聚、文化、射德会等六家。商业繁盛的东大街，从东到西，下东大街有关东、闲居、王自清；中东大街有槐园、三桃园、东篱；上东大街有沁园、刘家祠、多福尔、留芬（一般呼为包馆驿）；城守东大街有华华、掬春楼；西东大街有会友轩，共十三家。湖广馆街、棉花街、书院南街有茶馆七家。鼓楼南街、鼓楼洞街、鼓楼北一、北二、北三五条街共有茶馆七家，每条街平均有一家半。至于不热闹的街道如马镇街、小关庙、东通顺街三条街只有茶馆三家。往下，暑袜北三街、冻青树街、拐枣树街三条街有茶馆两家。再往下，几条街以上才有茶馆一两家的，不再列举。这些地方都是比较偏僻的街巷。

大、中、小型茶馆的分布，也取决于商店、游人的多少。商店、游人多的地方，没有小茶馆；商店、游人少的地方，没有大型茶馆。具体情况是：最热闹地区的茶馆，大型多，中型少，没有小型，例如春熙路的十七家茶馆中，大型十三家，中型四家，没有小型。东大街的十三家中，大型八家，中型四家，也没有小型。其次，比较热闹之区，则是中型较多，大型较少，也没有小型，例如鼓楼街的七家中，大型三家，中型四家。锦江路、粪草湖街、烟袋巷、青石桥南街、中街、北街共有茶馆五家，都是中型。其他商店很少的偏静街道和城外街道的茶馆，都只有中、小型，没有大型。

《成都的茶馆》

❖ 张恨水：成都的茶馆

北平任何一个十字街口，必有一家油盐杂货铺（兼菜摊），一家粮食店，一家煤店。而在成都不是这样，是一家很大的茶馆，代替了一切。我们可知蓉城人士之上茶馆，其需要有胜于油盐小菜与米和煤者。

茶馆是可与古董齐看的铺，不怎么高的屋檐，不怎么白的夹壁，不怎么粗的柱子，若是晚间，更加上不怎么亮的灯火（电灯与油灯同）。矮矮的黑木桌子（不是漆的），大大的黄旧竹椅，一切布置的情调是那样的古老。

在坐惯了摩登咖啡馆的人，或者会望望然后去之。可是，我们就自绝早到晚间都看到这里椅子上坐着有人，各人面前放一盖碗茶，陶然自得，毫无倦意。有时，茶馆里坐得席无余地，好像一个很大的盛会。其实，各人也不过是对着那一盖碗茶而已。

有少数茶馆里，也添有说书或弹唱之类的杂技，但那是因有茶馆而生的，并不是因演杂技而产生茶馆。由于并不奏技，茶座上依然满坐着茶客可以证明。在这里，我对于成都市上之时间充裕，我极端的敬佩与欣慕。苏州茶馆也多，似乎仍有小巫大巫之别。而况苏州人还要加上一个吃点心，与五香豆糖果之类，其情况就不同了。

一寸光阴一寸金，有时也许会作个例外。

《茶馆》

❖ 陈茂昭：茶馆，不仅仅是喝茶

茶馆，顾名思义，那是人们喝茶的地方，它和社会各方面有些什么作用，是值得一提的。

茶馆的接触面相当广泛。因为从前社会文娱活动很少，很多人受经济的限制也娱乐不起，公园也没有现在多。于是，坐茶馆谈天，代替了娱乐。所以有些茶馆取名"谈天处""各说各""可休""忙里闲"等，这都是纪实性的名称。

当时成都虽没有大工厂，但手工行业很多，服务行业、饮食行业也不少，这些行业的职工，散居在各个街道，如泥工、木工、石工、挑水的、缝纫的、做鞋帽的、推车的、搬运的，以及东门外的木船工人、北门外的挑油工人、全城的收荒担子和店员工人等，人数是不少的（单是油米业的店员，最多时有过3200多人）。所有这些人，每天晚上，很多都要进茶馆。另外还有不少闲散居民，他们当中的老年人，也是离家很近的茶馆的老主顾，难得有一天缺席，如果茶馆设有书场，那连续性的故事，会使他们神往，每晚的书茶，少不了他们。再则，成都从前没有只卖开水、热水的老虎灶，住户人家生火的燃料都是木柴，用的水基本上是井水（井水味咸不能泡茶），由于水火不便，千家万户的居民都要到茶馆里买开水、热水，甚至有的人租佃住宅，常把和茶馆靠得最近作为居住的好条件之一。可见市民吃茶、买水，都离不开茶馆，茶馆对人民生活提供了很大方便。

再从它的特殊作用来看，它同某些方面、某些行业的活动又是不可分割的。例如：

各街袍哥码头设于茶馆。1911年的保路运动，成都保路同志会，串联各家码头，各码头都在茶馆里插上保路同志会的旗子。一是因袍哥习惯于坐茶馆；二是在人来人往的茶馆里集会，不惹人注意；三是在公共场所的茶馆接待各路同志，出了事情，不致连累家庭。民国以后，茶馆里设立袍哥码头的就更多了，有的茶馆还不只是一个，而是两三个袍哥码头。因此，袍哥们三五成群，天天都在茶馆里"摆堆子"，成为家常便饭。解放前夕，有关方面作过统计，全市就有大大小小一千个以上的袍哥码头，百分之九十以上都在茶馆里"插旗子""摆堆子"。现列举几个著名的袍哥码头：

华兴街的福荫茶社，就是协进社刘嘉兴的码头；北大街的少柏茶楼，就是庆福公卢怀三的码头；草市街留春茶社，就是同声总社蒋浩澄的码头；北一茶馆，就是合叙同蓉北社孙岳军的码头；提督街大中茶社，就是大中总社刘国辉的码头；天仙桥茶社，就是群益总社黄亚光的码头；棉花街茶社，就是永安总社周国清的码头；花牌坊大茶铺，就是西城社徐子昌的码头；外南西巷子大茶社，就是崇汉社卢华廷的码头；春熙路三益公，一度成为合叙同总社彭焕章的码头……

工商业的活动场所。茶馆和工商界的业务，有不可分离的关系，很早就形成了。从前茶馆有副对联："湖海客来谈贸易，缙绅人士话唐虞"，就说明茶馆既是谈古论今的处所，也是洽谈生意的地方。因为成都有很多生意都在茶馆里成交，任何行业都脱离不了茶馆。有的干脆以茶馆为市场，还有各行各业的大小商人的聚会和活动，也都有固定的茶馆。例如：

棉织业：上东大街沁园、留芳，下东大街闲居。

丝绸缎业：上东大街留芳，城守东大街掬春楼，春熙南段清和茶楼。

丝（工）业：下北打金街香荃居。

帽业：华兴街复一茶社、可休茶楼。

布鞋业：忠烈东街妙高楼，昌福馆内宜园。

皮鞋业：提督街魏家祠茶社。

皮革业：提督东街魏家祠茶社。

国药业：椒子街天合茶园，天福街寻津茶社，义学巷茶社，昌福馆内宜园。

新药业：安乐寺茶社。

酱园业：安乐寺茶社。

干菜杂货业：东门外亚东茶社，北门大安茶社、杨清和茶社。

木材业：悦来商场内品香，北门外玉河岛。

柴业：水津街问津处。

砖瓦石灰业：悦来商场内品香，东门外迎宾茶社。

陶瓷业：交通路交通茶社、龙翔茶园。

图书文具业：安乐寺茶社。

印刷业：安乐寺对门新商场茶社，春熙东段十二楼茶社，大科甲巷观澜阁。

纸业：伴仙街茶社。

茶叶业：提督东街三义庙茶社，沟头巷中心茶社，城守东大街华华茶厅。

汽车业：交通路交通茶社，忠烈祠东街妙高楼。

液体燃料业：春熙北段三益公茶社。

肥料业：华兴正街复一茶社。

估衣旧货业：鼓楼北一、北二街各茶社。

田地房产买卖业：提督东街三义庙茶馆。

饮食业：店铺多且分散，常常是若干家会员集合在企业比较适中的茶馆。

服务各行业：情况与饮食业基本相同。

一般说，所有各行业会员集中喝茶的地方，大都是距同业公会或企业较近的茶馆。

　　米市：东门外东一茶社，南门外西巷子大茶铺、正发店，西门最初是出西门不远的茶馆，后迁花牌坊茶馆、北门大安茶社、火神庙北一茶馆。

　　油市：草市街留春、谈天处。

　　花市：东门外铁门坎一家茶馆，主要是买卖烘茶叶用的茉莉花市场。为便于茶叶铺买花回去当天熏茶，茶馆是半夜3点钟开门营业，天亮就散市了。

《成都的茶馆》

❖ 陈茂昭：喝茶，井水不犯河水

　　茶叶的种类很多，成都茶馆卖的茶，是以花茶中的茉莉花茶为主，其他珠兰花、栀子花和玉兰花茶等，则常备而未用或很少用。茉莉花产在外东的东山一带，茶叶则是邛崃、大邑、彭山等地所产。窨制花茶本是茶叶店的工作，多数茶馆无力窨制，都是买来的。但有个别资力充足的茶馆，还是自己窨制，它既可以降低成本，又可按其特殊要求而窨制出高于别家的茶叶。

　　另外，茶馆还卖有芽茶、春茶、西路茶等。至于价格昂贵的龙井、蔷薇，只有极少数的大、中型茶馆才备有这些品种。春茶是云南的沱茶，西路是灌县青城山产的茶。大体上是冬天搭卖春茶，夏天搭卖西路，花茶则是四季行销，至于芽茶，同样是用茉莉花窨制，只是选材高，全用茶叶的细芽。茉莉花也不是用整朵整朵的，而是撕成一片一片，这才分外清香可口，沁人心脾。例如华华、饮涛卖的芽茶，是从茶叶铺买不到的，因而特别吸引茶客。

　　冲茶用的水都用河水，所以一般茶馆都挂出写有"河水香茶"四个字的纱灯，以招徕顾客。而所卖的热水和洗脸水则是井水。有的用两个瓮子，一贮河水，一贮井水；有的只用一个瓮子，而用木板把瓮子隔成两半，使"井水不犯河水"。

▷　成都城外的水车

河水是指锦江里的水（府河与南河通称锦江）。成都东南西北四城门外大桥侧近都有水码头，东门在珠市街，南门在柳荫街，西门在三洞桥、饮马河，北门在下河坝，挑水工人即由此往河里取水。担一挑水进城很费力，价钱就贵。在清末时，城内每担水的水价约等于四个锅盔。到1938年，有了板车，才改用板车、扁桶运水。

因为河水价高，一般平民都吃井水。茶馆为了保证茶味清香，再贵也要用河水。只有东门外望江楼"薛涛井"的井水，是唯一比河水还要好的井水，因其位置在九眼桥下游，距锦江很近，周围尽是砂渍土，河水经过天然过滤渗入井内，很少杂质，格外清澈。有些著名茶馆，如少城公园的鹤鸣，东大街的华华，春熙路的饮涛等，都是专人拉运薛涛井水，更加受到茶客们的称赞。

《成都的茶馆》

谭明礼、朱之彦：老成都的戏（茶）园

成都是我国历史文化名城，华西重镇，土地肥沃，士民殷富，两千多年来，一直是我国西部地区的政治经济文化中心、官僚地主云集，解放前是著名的消费城市。乾、嘉以来，尽管"千余台戏一年看"，仍满足不了"有闲阶级"的戏瘾，因而出现了常年固定演出的戏园。然而，"戏"这名称，毕竟是不符合"勤有功，戏无益"这一古训的，而"可以清心"的茶，在成都人看来，则是非常正经，雅俗咸宜的。所以最初的戏园都是卖"戏茶"，并以"茶园"的面目出现于市井的。兹将昔年主要戏（茶）园简介如次：

可园。地址在忠烈祠北街。清光绪二十九年（1903）吴弼臣开设。吴弼臣将他家过去的家庭戏台加以改建扩修，辟为戏茶园，为蜀中戏园之先。

悦来茶园。地址在华兴街原老郎唐。清光绪三十一年（1905）四川巡警道周孝怀集股组织悦来公司修建。其地即今锦江剧场。

万春茶园。旧址在今人民公园内，1914年修建，后改修为大光明电影院，解放后拆除。

锦江茶园。系三圣街杨宫保府旧址，1912年杨氏改修为茶园。1916年废为住宅。

品香。地址在今上升街，1912年冬季开设，约在1918年前后停演。

大观。地址梓潼桥正街，1912年夏季开设，1915年停演。

蜀舞台。地址在下东大街安徽泾县会馆，由县会众集资改建，1913年开台，旋废。

群仙茶园。地址在总府街，系前清银元局旧址。由商界集股于1913

年改修开园。20年代末加演电影，后遂改为智育电影院。解放后为红旗剧场。

蜀剧部。地址在祠堂街关帝庙。1912年冬季改修竣工。初演出杂剧，人们叫"东洋把戏"。继由蜀剧部科生改演川剧。后来并入三庆会。

锦新舞台。地址在中新街。1915年由同心永固公司集股修建，聘请进化社在此演出。

钓乐剧院。地址在总府街原湖广会馆内，1918年夏由商股集资改建。

濯锦戏园。地址在外东中河坝的锦官驿庙内。当年太洪班邑角雷泽洪尚在此演出，时年近七十矣。该戏园开演仅约两年余，成都巷战前停演。又数年在此开办锦官驿小学。

永乐剧院。地址在棉花街。抗日战争前开院，最先演出川戏，40年代改演京戏。解放后，京戏团分为两部，一赴乐山，一赴刷经寺，剧场于此告废。

三益公。地址在春熙北段与中新街之间。由吴毅侯、徐子昌（均郫县人）和萧树仁（合川人）于30年代初合资开设。

鸣鸣剧院。地址在书院南街。抗日初期建成上演，数年后旋废。

新又新大舞台。地址在祠堂街。30年代初由重庆又新剧社分出部分人员组成，除演传统川戏外，同时上演时装川剧。40年代毁于火，重建后改名锦屏剧院。解放后修为四川电影院。

华瀛大舞台。地址在东丁字街。于40年代初开设，初演京戏，抗战胜利后改演川剧。

以上这些固定戏园都属营业性质，必须买票入场看戏。最初的票价都不甚高，还有点"与人同乐"的意味。抗战开始，东北人口流亡西迁，成都人口剧增，几处高档剧场，场场观众爆满，票价随之大大提高。同时将堂座分为甲、乙票，大致前十排为甲座，凭甲票对号入座。第十排以后为乙座，凭乙票对号入座。这时戏票也出现黑市交易。过去社会风气闭塞，许多场合，男女不同席座，剧场堂座全是男宾，剧台对楼及东西侧楼则是女宾座和家庭包厢座。中楼下是维持秩序的弹压队座席，两侧楼下是普通座，售廉价普通票。较好的戏院设有长木凳，一般是站着看，人们谐音讥为"看战（站）国戏"，或以其在女宾楼下，又谑呼为"顶观音"。戏院为防范普通看客混入堂座，还在楼柱间加设铁丝网隔栏。抗战期间，外省来川者众，社会风气有所开放，戏院也打破了男女界限。座场不再分离，营业额因之亦有提高。

《漫谈川剧的兴起与发展》

▷ 老成都的茶馆

❖ 陈茂昭：喝茶说话的讲究

成都茶馆有许多约定成俗的、别致有趣的行业语言。如茶叶叫作叶子，把茶叶放进茶碗叫作"抓"，每碗茶叶多的叫作"饱"，少的叫作"啬"，本来是饮茶或喝茶却叫作"吃茶"；把开水第一次冲进有茶叶的茶碗叫作"发叶子"或"泡茶"；开水温度不够，茶叶不沉底，一部分浮在水面上叫作"发不起"，讽为"浮舟叶子"；开水放置稍久，温度已降低，叫作"疲"，或说"水疲了"；第二次向茶碗内冲进开水，叫作"掺"或"冲"；不要茶叶，只喝白开水叫"免底"，或叫"玻璃"；顾客少的时候，叫"吊堂"，顾客多的时候叫"打拥堂"；抹桌布叫"随手"，最早还叫"探水"……

"一开""两开"，是茶馆里常用的词。如说："才喝了一开"，指喝的时间短；"喝了好几开"，指时间长。这里的"开"，是指每冲一次开水必须揭开一次茶盖的意思。

"白"，是指掺过多次开水，茶已泡到没有颜色，成了白水了。当茶客们说"茶已喝白了"，就是准备要走了。

"关"，是指配茶而言。茶馆为了调配合销的茶味，常把几种不同等级、不同价格的茶叶按一定比例配搭，行业中的术语叫作"关"，也叫作"勾"。"关法"或"勾法"是保密的。

"喊茶钱"，是茶客为朋友会（给）茶钱时向茶馆伙计打招呼。当你进茶馆时，先到的熟人就要喊"茶钱我这里会了"，这就叫"喊茶钱"。喊茶钱的人越多，这个顾客的面子就越大，表明他朋友多、交游广。

"换过"，是另换一碗新茶。当别人在"喊茶钱"时，被"喊茶钱"的人就满面春风地拱手说"换过，换过"，喊的人多了，还得说一句"一事换过"。"一事"，代表"一起"或"完全"之意。这些都是假客套，很少有真正"换过"的。

"揭盖子"，指象征性地喝茶领情。当别人给了茶钱，泡好了茶，哪怕喝不下去，或事情忙来不及喝，都要把茶盖揭起来在茶碗里荡一荡，象征性地喝一口，否则就不礼貌。

以上这些习俗和用语，现在还继续流行的已经很少。

《成都的茶馆》

❖ 陈茂昭：喝书茶，价钱高

成都的茶馆一般都开得早、关得迟，大多数是凌晨5时开门，晚上10时才关门。还有开得更早和关得更晚的，如棉花街的泰和亨，因地当菜市，清早上市的蔬菜贩子需要落脚，每天清早3点钟它就开门营业。又如湖广馆的茶馆，为了供应春熙路、东大街一带饮食业工人收堂以后来喝茶，它延长到晚上12点以后才关门。东大街的会友轩，也是为此而下午关门，到晚上12点才又开门营业。这些茶馆虽用分班办法，但每家茶馆工人有限，还是极其辛苦。

有的茶馆增辟包厢座，就是一间一间的小房间，便利一家人进去吃茶，也便利一些身穿武装的军人进茶馆，因为武装军人是不准许进茶馆的。

有一些茶馆，还设置讲评书、说相声等场所，称为书场。书场总是在茶馆生意不好卖茶收入抵不过书场收入的情况下设置的。春熙路、东大街一带的茶馆，因为卖茶收入多，就很少设置书场。书场的茶叫书茶，其茶钱比平常的茶钱高，高出部分是书场的人所得。因为利益关系，参加书场的艺人要选择茶馆，茶馆也要选择曲艺品种、艺人和节目。有些书场热闹于东门的，却被冷落于西门；有在南门很兴盛，在北门却无人欣赏，说明各个区域，群众的爱好不尽相同。设置书场的茶馆，如不研究这些，书场就注定失败。当然，其中技艺很高、蜚声书坛的艺人，在哪里都能招徕顾客，又当别论，但却不是任何茶馆书场能轻易请得来的。至于东城根街锦春茶社，则又不同。那里不仅长期有竹琴圣手贾瞎子演唱，还有司胖子和李麻子，号称"锦城三子"而闻名。贾的竹琴是成都首屈一指的；司胖子的花生米颗颗香脆，无人能比；掺开水的李麻子不仅掺茶技术高，服务周到，最突出的是，不管客人再多，收茶钱时，从不当即找补，而最后结账，竟不差分毫，其记忆力之强，令人叹服，故也算一绝。因而锦春书场生意，能长久不衰。

《成都的茶馆》

❖ 白景纯：别具一格的"新世界茶厅"

"新世界茶厅"，坐落在总府街智育电影院对面，即今红旗剧场对门。是我同徐健初（钟表业公会主席）、刘言如（眼镜业）、梅光阁（粮食业）、杨象离（陶瓷业）五人合资组成经营的。

1942年，租得王缵绪的所谓老丈母"金蝴蝶"的地皮，自己设计，建成一大敞厅，作为卖闲茶和书场相结合的茶馆。茶厅内茶具精良（茶碗是在江西景德镇定烧的"三件头"），座位舒适（桌椅是木制矮型），服务周到（有卿麻子和年轻的小陈当堂倌，态度和蔼，随叫随到，深得顾客赞扬），书场别致（汇集扬琴、竹琴、大鼓、双簧、相声各曲艺节目在场中演出），那时，成都市的茶馆中，还没有这样形式的书场。由于有了水好、茶好、座位好、地处闹市的优势条件，诱来一些过茶瘾吃闲茶的顾客，如各餐馆老板每天在此聚会，以及春熙路总府街附近一批茶客每天必来。到了书场时间（每天午、晚两场）就停止卖闲茶，专卖书茶。在书场演出时间，除了全厅座无虚席外，还挤满了"听战国"的（不出钱买茶，站着听的），尤其是晚上，大有水泄不通之势，生意十分兴隆。

当时，成都市的曲艺书场，都是"单打一"，即唱扬琴的只有扬琴，唱竹琴的只有竹琴，如竹琴泰斗贾树三（贾瞎子）在东城根街"锦春茶社"唱专场，扬琴圣手李德才（德娃子）在沟头巷侧"协记茶社"唱专场，买一碗书茶，只能听到一种曲艺。而我们就把贾树三的竹琴，李德才、郭敬之（秤砣唱老生）的扬琴，孙大王、八岁红的大鼓（李振德操琴），戴质斋、曹宝义的双簧，后来还添了曾炳昆的相声，集中在一场中演出。每场曲艺变换多样，每天节目不同，吃一碗好茶，又能听到几种曲艺，使人不感觉单调，既欣赏了名角清唱的高超艺术，又在亦庄亦谐的双簧表演中发出愉快的笑声，真是深得艺术享受，达到心情舒畅，一天疲劳，顿觉消失。这种综合性的书场，是我们首创，所以在当时所有茶馆中是别具一格的。

《别具一格的"新世界茶厅"》

❖ 杨忠义、孙恭：布局与招牌，匠心独运的成都茶馆

成都茶馆在布局上，针对人们的不同需要和情趣，展示了不同特色的格局。例如少城公园的茶馆，地处绿荫阁畔，群花径内，既可得湖光山色的情趣，又能赏心悦目，醉倒花荫，成为广大游人聚会的场所。

望江楼的茶馆，设在楠竹林中。翠竹千竿，引人入胜，置身其间，使人尘念顿消。武侯祠内的茶馆，古色古香，既具有苏州园林风貌，又能发人思古之幽情。杜甫草堂内的草馆，设在梅林旁边，参天楠木林下，别有一番韵味。

有的茶馆，设在闹市中心，便于商贾云集。如设在城守东大街的华华茶厅，春熙路南段的饮涛茶社，文化宫内的安乐寺茶社等；有的茶馆方便劳动人民憩息，设备一般，但是价格低廉，服务周到，这类茶馆在全市中占最多数。

成都茶馆的招牌，可以说是构思巧妙，独具匠心。展示布局高雅，座位静适的有芙蓉亭、槐园、竹园、掏春楼、停月居、映江亭、诗清阁、绿荫阁、青草亭等。这类茶馆依附风雅，多招徕骚人墨客、文人雅士。

有的茶馆临江带水，自成雅趣。如命名为"枕流茶社""三洞桥茶馆""攀桂楼"等。

有的茶馆方便旅客，随来随去，命名为"南北""来去""东园""西宁"，还有"各说各"等。

有的茶馆为招揽士林学子，如命名为"一品轩""凌烟阁""儒林"。

有的茶馆为宗教界人士交往服务，颇带禅味，如命名为"妙高楼""禅鸣""蓬莱""十二楼"。

还有"荣威""鸿兴""安乐寺""庆余"等，深寓商贸兴盛之意。

真是形形色色，各有千秋。对所有茶客分析，做到无所不包，应有尽有，而且名称通俗易懂，雅俗共赏。

《成都茶馆》

❖ 王世安：教师不来枕流，学生不去鹤鸣

鹤鸣的茶客大都是学校的教职员和进可为官、退可执教的公务人员。在半封建半殖民地社会，公教人员常因主官的变动而得失其职位，社会上故有"一派浑水一批鱼"的民谚。吏职并不是铁饭碗，每随主官的进退而进退；而教师却又是校长所聘任，聘期是以一学期为限度，连聘可连任，不续聘即告失业。所以教师不仅要随校长进退，还得因其与校长关系的深浅，是否受同事和学生的欢迎，以及其他因素而决定其去留。如果说，一般公职人员端的是陶瓷碗，则教师端的可谓是土坯碗了，稍不留意，即可破碎。公教人员的工作生活这么的不稳定，因此就经常聚集在一起，互通信息，辗转介绍，鹤鸣茶社于是成了公教人员谋职求生的"交易市场"。

旧社会生产疲惫，国势不振，粥少僧多，人浮于事的现象极为严重。为了互相依存，教育界也形成了森严的壁垒。当时中等学校中最具势力的要算四川高等师范和北京师范大学两大派系。四川高师校址在成都皇城，人们叫它做"皇高"，北师大则简称"北高"，皆以谐小食品黄白二糕之音而得名。到了三四十年代，川大毕业生从事教育者日益增多，这时蒋志澄、杨廉相继出长教厅，遂与"皇高""北高"鼎足而三了。北大帮的势力也是不小的。在留学生中，则分东洋和欧美两派，他们所角逐的席位，多在

各大专院校。至于小学教师则以本市文庙后街的省女师和盐道街的省男师（人们都简称之为"省成师"）同居正统地位。大约因分工的需要，他们则未分若干界限；并且小学教师女性较多，旧社会青年女子出入茶馆多为舆论评议，因此她们的活动仅限于个别串联。

教师们在每学期之末，都面临失业的危险及就业的竞争，这时正值旧历的六月与腊月，故人们幽默地以护国战争中著名的"泸纳战役"更易其字谓之"六腊战争"。这两个时期，教师们活动频繁，竞争最烈。他们常是坚持到底，无论胜败都不轻易退出火线。尚未受聘者，固须想尽一切办法谋求一席，冀免冬暖儿号，年丰妻啼之苦；即已接聘者，亦必须作狡兔三窟之谋，力争聘书多多益善。当时曾有人对他们的战术作了五点总结：

（1）水银洗地法：见缝必钻。即多方打听各校长人事关系，找门路寻钥开锁；（2）择肥而食法：尽可能多谋席位，届时就任待遇较优，条件较好的席位；（3）金蝉脱壳法：把无暇兼顾的教席转荐同学相好，既可保留根据地，又可获得被荐者异日的回报；（4）轮流缺席法：同一学期担任多校教课的钟点教员，所任教课超过规定的课时者，便在各校各班挨次轮流缺席。有的缺课过多，也在课外时间补一二次，既可显示自己的责任心及对学生的关怀，又平抑了校长和同事们的愤慨；（5）迟到早退法：钟点教员任课已经饱和，更无来往于各校的时间，便在甲校提前下课些许，在乙校迟到些许以弥补途中的时间。

枕流茶社的茶客大多数是在校学生。学生坐茶馆，既不同于公教人员的为了谋工作，也不同于其他行业接洽生意，基本上纯全是消闲玩乐，最多也不过是联络感情。当时的初中生是童子军。绝大多数不坐茶馆（个别年龄大的也化装进去）；清寒用功的学生也不坐茶馆；本市住家的学生一般不坐茶馆。排除了这些部分，坐茶馆的大都是外籍而较富有的高中生和本市少数较富有的学生了。枕流茶社基于服务对象和茶客之不同，故此开办了综合性的业务，否则是不能赢得学生们的长期光顾的。其次枕流之所以成其为学生茶社，除了与鹤鸣同样地当文化区域外，还另有一个楼堂设座卖茶的有利条件。当时师生之间礼节尚严，坐茶馆虽非卑贱之行，但也算不得高雅。学生看见老师坐茶馆，有损师道的尊严；老师见学生坐茶馆，印象亦颇不佳。再者，学生见到老师饮茶，还得行礼，敬茶钱。富有的学生对几文茶钱固不吝惜，但行礼，总觉得有些不便。而在教师方面，也是很怕学生敬上茶钱的。俗话说："吃人嘴软"，喝了学生的茶，评定成绩或讨论该生问题时持什么样的态度，即使你依然实事求是，仍不免为其他学生作为一种口实。因此在茶房酒馆之时，师生之间总是要互相回避的。于是教师不来枕流，学生不去鹤鸣，犹之伯劳东去，紫燕西投。

《漫话少城公园内几家各具特色的茶馆》

❖ 杨忠义、孙恭：好水才能泡好茶

"扬子江中水，蒙山顶上茶。"有好水才能泡出好茶来。

成都茶馆用来泡茶的水，是河水。就是"锦江春色来天地"的锦江的水。

锦江，成都人称为府河和南河。成都各城门都有水码头。现有遗址可寻的，东门有珠市街，南门有柳荫街，西门有三洞桥，饮马河，北门有万河坝，西北桥。新中国成立前，早些时候成都茶馆为了说明好水泡好茶，把"河水香茶"四个字写在纱灯上，红黑相间，颇为引人注目。

在九眼桥下游有唐代著名女诗人薛涛制作诗笺取用水的薛涛井。井水清澈，沏出的茶格外清香。有的茶馆当时都在显眼之处，标明用水是薛涛井水。清代嘉庆年间有一首竹枝词，称颂薛涛井水泡出的茶：

> 同庆阁旁薛涛水，
> 美人千古水流香。
> 茶坊酒肆事先汲，
> 翠竹清风送夕阳。

成都茶馆卖的茶，主要是茉莉花茶。

窨茶的花有珠兰、桂花、玫瑰、玉兰、栀子、蔷薇、茉莉等。成都窨茶的茉莉花产于龙泉驿一带山上。茶叶是成都之南的雅安、名山、邛崃、大邑等地所产。经过焙制后窨出的花茶，芳香浓郁，沁人肺腑，誉为名茶。

成都茶馆，一般都卖盖碗茶。茶具分茶碗、茶盖、茶船三部分，俗称"三件头"。茶泡起以后，用小于碗口的茶盖盖着。不时用茶盖舀着少许的茶向碗内搅动，使茶水浓度均匀。取开茶盖，又可使茶易凉。茶碗浅底，茶汤颜色、茶叶形状，都容易看清。茶船仰承茶碗，端茶方便，不致烫手。

"盖碗茶"相沿至今，仍不失为一种精制的而且适用的饮茶工具，也是传统茶文化的一种标志。

《成都茶馆》

❖ 杨忠义、孙恭：喝早茶

成都人有句谚语："早晨皮包水，晚上水包皮。"这句话的意思是：早晨起来就喝早茶，晚上回家洗个澡。吃早茶是多年来成都人的习惯。

天刚蒙蒙亮，起床就朝茶馆走。因此，茶馆就得在"鸡声茅店月，人迹板桥霜"的时候开门了。有家茶馆，取名晨曦，正是这个含义。经常在成都可以见到街心华灯未灭，而茶馆已经门庭若市了。

为了迎合早晨吃早茶的饮客，成都市各种名小吃，也蜂拥而来，如叶儿粑、担担素面、蛋烘糕、白糖糕、三合泥、锅魁、汤麻饼、珍珠元子……真所谓摊、担结合，在茶馆门前，摆成阵势，迎接早茶的饮客。因此，有的人索性在茶馆从早泡到晚，把茶馆作为第二家庭。

茶馆为了招徕顾客，在茶馆里设置书场。请艺人讲评书、打扬琴、敲金钱板、活叶子等。有的茶馆还专门设置京剧、川剧有锣鼓伴奏的清唱，或票友组织的专场坐唱。当时著名的曲艺艺人如李月秋（清音）、贾瞎子

（扬琴）、邹忠新（金钱板）等都在书场中献过艺。因此，茶馆也逐渐成为人们文化娱乐的阵地了。正是：

> 茶馆添雅兴，
> 书场管弦声，
> 茶馆座上客，
> 迎来八方人。

《成都茶馆》

❖ **唐思敏：**悦来茶馆，戏与茶的相遇

　　位于锦江区境内华兴正街的锦江剧场，又名悦来茶园，一直以来都是川剧的老"戏窝子"。最初这里是供奉戏神的老郎庙，据说是清乾隆末年由四川金堂县梆子腔演员魏长生等人筹资修建的。清光绪末年，四川警察总办（后继任四川劝业道）周孝怀提倡社会改良，力主兴政，从"娼厂唱场"（娼——管制娼妓，厂——兴办实业，唱——改良戏剧，场——创办劝业场）入手，在"唱"一项中组织戏曲改良公会，大力促就成都商业总会在老郎庙庙址上修建悦来茶园，以供唱戏之用。清光绪三十四年（1908）年底，经过多方努力，终于建成了悦来茶园。所谓"悦来"者，"悦而来之"之意也。悦来茶园的出现，与当时的改良之风不无关系。1912年2月，著名班社"三庆会剧社"（简称"三庆会"）在悦来茶园诞生（它是由长乐、宴乐、悦乐等戏班联合组成），成为四川戏曲的演出基地，一直延续到解放后，长达八十余年。它与同时的上海"大舞台"、西安"易俗社"、北平"正乐育化社"齐名，很有知名度，是当时川剧"跑滩"艺人的栖身之处和集散地。郭沫若先生在《反正前后》一文中曾写道："成都最首出的新式茶园，名悦来茶园，是采取官商合办的有限公司制度，那儿唱的川剧是所谓'改良'川戏，自行召集了一批孩子来教练，很有些像日本的帝国剧场"。悦来

茶园的舞台是在原老郎庙"万年台"的框架上改造修建而成，共设三百余座，舞台前面西侧有耳楼，台下有堂厢、楼厢，分设有正座、楼座和普通座，有如现在的甲票、乙票和丙票，这便产生了久远的影响，"拿不同的钱，坐不同的座"。正座每厢椅子背后安有小铁丝笼，内可放茶盅之类，观众一边看戏，一边品茗，"戏"与"茶"的结合在这里明显地相融，这也影响至今。

清末民初，男女界限十分森严，女性自然不能入园看戏。但成都女性兴趣广泛又好奇，爱看戏也成了她们的心之所向。"成都妇女有一种特别嗜好，好看戏者十分之九"（见《成都通览·成都之妇女》）。悦来茶园为了争取广大妇女观众，便想出了新招，安排了两个观众入口，男宾从华兴街出入，坐堂厢；女宾从梓潼街出入，坐楼厢。戏打伙看，门各走各。并征得军事警察厅批准："白昼专售女宾座"。三庆会管事、名丑唐广体颇会"攻关"，终于请得四川大汉军政府都督尹昌衡之母带领家人光临悦来茶园看戏，官家老夫人及其女眷当然不能去楼厢看戏，她们自然坐了堂座中的正座，有如现在的"最佳座位"。这一"开戒"，女性争先"效法"，女观众日渐踊跃，盛况空前。不仅悦来茶园创了收，更为看戏"男女混座"开了先河，这影响是不言而喻的。川剧演员能在这里登台演出，剧作家的剧目能在此上演，都认为是艺术上品位的标志之一。观众能到此一睹川剧风姿，当然是一种高档次的艺术享受，颇多荣幸之感。

《从悦来茶园到川剧艺术中心》

❖ 熊志敏：喝茶真功夫

成都多数老年人都有饮早茶的习惯。清晨早起，空气新鲜，喝碗早茶既可浣肠洗肚，而且倍增精神，所以成都的老年人早饭可以不吃，而早茶不能不喝。成都的老茶客是品茶论质的行家，茶水进口立即品出茶出何地，色泽香味，并确定耐泡次数。这些品茗技巧，乃"冰冻三尺，非一日之寒"。这些功夫独到的老茶客，授以"茶博士"称号也不为过。

在成都的茶馆中，渗茶也是一种绝妙的艺术。过去把渗茶的服务员叫"茶堂倌"。解放前的华华茶厅、正娱花园等大茶馆都有渗茶高手。他们右手提壶，左手腕端茶船、茶盖、茶碗，一只手可拿几十套，到了桌前，茶船一撒，依次放碗，同时右手渗水，左手盖茶盖，单手操作，双手配合，动作利索，一气呵成。这些渗茶高手，提壶能从两尺多高逐渐降低向茶碗里冲开水而不溢（又叫渗冒儿头），点滴不溅。这种渗茶艺术堪称一绝。

《漫谈成都茶馆》

❖ 沈风志：忙里偷闲，吃碗茶去

四川人爱吃茶。民间有句谚语："清早开门七件事，油盐柴米酱醋茶。"把茶和油盐柴米相提并论。明代顾云庆说过："除烦去腻，人固不可一日无茶。"足见茶在四川人的生活中多么重要。

四川人吃茶和种茶的历史是很悠久的。据传远在周武王时，川茶即以品种优良列为贡品。唐代，陆羽在《茶经》中，多次记述了四川产茶、制茶和饮茶的情况。宋代，四川雅州的蒙顶产著名贡茶。川南嘉州和川北利州，都盛产良茶。四川的茶在全国占有极重要的地位。

四川茶馆的店名很雅致。茶馆本来开设在闹市，店名却为"漱泉""闲居""野店"之类，没有世俗烟火气。解放前，少城公园（今人民公园）有一家临溪开设的茶馆名叫"枕流"。这个名字取意于《世说新语》。高士孙子荆欲归隐，对王武子说"当枕石漱流"，却误说为"当枕流漱石"。王反诘说："流可枕，石可漱乎？"孙子荆辩曰："所以枕流，欲洗其耳，所以漱石，欲砺其齿。"临溪开设茶馆取名"枕流"，真是既风雅，又贴切。

四川茶馆的座椅很舒适，桌子不如省外茶馆的高，座椅以四川广为出产的斑竹和"硬头黄"制作。这种竹椅轻便灵活，高矮适度。坐垫部分用蔑条编成，富有弹性，柔软舒适；而且扶手靠背都有，可正坐，可斜倚，稳定性好，闭目养神不虞摔跌。

外省茶馆的茶具多为壶和杯，四川茶馆的茶具则是传统的"三件头"，即茶碗、茶盖和茶船。茶碗和茶盖是瓷制，茶船多为金属制成。据精于吃茶的人谈，这种茶具优点有三：一、茶碗造型上大下小，冲茶时茶叶容易冲转和浸泡深透；二、茶盖既可视茶叶浸泡程度控制水温，又可用其搅和茶叶。饮茶时阻挡浮叶入口；三、茶船有端碗不烫手，茶溢不湿衣的妙处。

茶馆内专司泡茶和续水的服务员，北方称"茶博士"，四川称"堂倌"。不少"堂倌"技术高明。七八个茶客围着一张茶桌坐定之后，"堂倌"应声而至。他右手提着锃亮的紫铜长嘴壶，左手五指分开，夹着七八只茶碗、茶盖和茶船，走到桌前放下水壶一挥手，叮当连声，七八只茶船满桌开花，分别就位，然后将装好茶叶的茶碗分别放入茶船，紫铜壶如赤龙吐水，各碗一一冲满，桌上不洒一滴，再依次盖上茶盖。全部动作干净利落，真是神乎其技，令人叫绝。

到茶馆吃茶有的是约人办事，更多的则是吃闲茶，他们大半在工作之余，劳动之后，到茶馆一坐，泡上一碗"三花"（三级茉莉花茶），不慌不忙，优哉游哉，左手端茶船，右手揭茶盖，搅沉浮叶，一口一口慢慢啜吸，舌品茶味，鼻嗅茶香，暖胃涤肠，清心醒脾。有烟瘾的茶客，一支在手，吐雾吞云……于是觉得疲劳消失，烦闷解除。当时茶馆有副对联：

忙里偷闲，吃碗茶去；

闷中寻乐，拿支烟来。

吃闲茶的人，大都爱摆龙门阵，成都又叫"吹壳子"。走进茶馆，不分至亲好友，或为萍水相逢，都是"吹壳子"的伙伴。解放前，四川茶馆多悬有"休谈国事"的禁条。"国事"之外，天南地北，上下古今，都可以漫无边际，东拉西扯，彼此之间，爱吹者吹，爱听者听，你说你的，我说我的，互不干扰。当时成都西门外有家茶馆，它的招牌就叫"各说阁"。茶馆，也可以看作民间舆论与社会新闻的市场。

《四川茶馆》

❖ 熊志敏：喝茶听书，听琴听唱

成都茶馆也是劳动大众不多的娱乐消闲的地方。解放前，在多数成都茶馆中用木板搭有两公尺多长，一公尺多宽一小台子，台上放一小条桌，拴上桌围，用来讲评书或演唱曲艺。讲评书的，事前挂上所讲内容，如《三国演义》《水浒传》《济公传》《红楼梦》《西游记》《七侠五义》等等，桌上放一小木方（又名惊堂木、戒方），每到晚上，茶馆内挤满了老老少少、"三教九流"的听众。说书者戒方一拍，全堂肃静无声，只有那说书者说到精彩处，嘴里滔滔不绝，但到关键时刻突然扎板，端起盘子收钱，多少随意，钱收得多继续多讲，钱收少了，应付几句收场。有些茶馆则把说书人的钱加在茶钱内，既能保证说书人的收入，也使茶馆生意兴隆。有的茶馆内还演唱竹琴、扬琴。一般演唱小曲小调，伴奏乐器的都是三五几人。竹琴、扬琴唱出名的都设有专场。在旧社会曲艺听众也有阶层之分。如新南门大桥右侧靠河边的大茶馆，起初是当时号称"成都金嗓子周璇"的李月秋在那里演唱，听众大多是劳动人民，热天，不少人到此乘凉听曲艺，因而常常客满。后来她由新南门河边茶馆跨进了总府街"新世界茶厅"，身价倍增，听众大多为富有阶层、商店老板、"操哥"学生。李德才的扬琴专场，设在现提督街军影右侧的二楼上，场地不大，加上临时搭凳子最多坐60多人，茶钱与演唱费一次收。这里经常听众爆满，不少"知音"不得不提前占位。贾树三的竹琴专场也是同样情况。有些爱好者，坐不下就听"战国"（即站着听），既不给茶钱，也不给听钱，乐此不疲。

《漫谈成都茶馆》

❖ 沈风志：乡镇茶馆，作用不小

尽管同样都是茶馆，在四川，乡镇上的茶馆和城市中的茶馆还有所不同。解放前，越是偏僻的小镇，山高皇帝远，茶馆越具有权威性。乡镇上无官无府，袍哥大爷地头蛇就是当地土皇帝。袍哥组织的"码头"（或公口），就设在镇上热闹区的茶馆内。这些茶馆多半兼营饭馆和旅店，前店公开经营茶、酒、饭；后店暗中招纳烟、赌、娼。地头蛇们以茶馆为巢穴，摊派税款，分配壮丁，包揽诉讼，仲裁纠纷……都在茶馆内进行。茶馆，实际上成了地头蛇小小王国的权力中心。

乡民之间遇有债务或人事纷争不能解决，双方当事人各约集自己亲友到茶馆"评理"，恭请镇上龙头大爷或头面人物莅场仲裁。到场的人一人泡茶一碗，双方当事人各说各的理，有所谓"一张桌子四只脚，说得脱来走得脱"的乡谚。如果谁家的理说亏了，就负责给清全部茶钱，赔礼认错；如果双方各有不是之处，那就两家各付茶钱一半。至于究竟谁家理亏，那就全凭评理人一句话了。

乡镇上茶馆，晚上多半还有川剧"玩友"坐唱川剧，习称"摆围鼓"。这是四川乡镇茶馆中传统的文娱活动。不化装的生、旦、净、末、丑，环绕着打小鼓（场面指挥，亦称坐桶子）的人而坐，或高腔，或胡琴，有板有眼，引吭高歌。有的只唱，有的兼施器乐演奏。一时金鼓喧阗，丝竹悠扬。茶馆成了热闹的剧场。当时的乡镇还没有电影，演戏的时间也很少，茶馆里"摆围鼓"，便成了乡民欣赏川剧的难得机会，因此争相前往，门庭若市。乡镇茶馆"摆围鼓"，广泛地普及了川剧。过去不少川剧名角，都是先在茶馆唱"玩友"显露头角，后来"下海"而成为名角的。

《四川茶馆》

第五辑

文教在西南·
弦诵不辍

◆ 李定一：祠堂街上书店多

新中国成立前的祠堂街，在成都市区域内曾获得一个美好的名称，叫作"文化街"，这是由于街上开有多家书店的缘故。

那时我来成都读中学，祠堂街的书店是我常去的地方，至今我还能清晰地回忆起从街东左边数起的第一家书店，叫拨提书店，店中卖的全是正中书局出版的书。书的内容大都是《四书》《五经》《诸子集成》之类，另外就是一些什么言行录之类。

紧邻的第二家书店叫广益书局，它的门面大过拨提书店两倍。进门有一个书摊，专卖广智书局出版的历史、武侠以及言情方面的廉价小说，还有一些杂志、新书之类，如《世界知识》《笔阵》《鬼》等等，此外还有徐訏的带中西合璧风味的《塔里的女人》之类的书。我常到这家书店来看书，作为一个穷中学生买不起书只好读"站国"，一站就是半天。有时候店员见我站得太久了，就拿起鸡毛掸子到我面前来假装掸书上的灰尘，意思就是下"逐客令"。此公一来，我只好暂时"收兵"，记住页数，下次再来。

广益书局接着就是"啸天大楼"。抗战以后，大楼下面陆续开了三四家书店。店面都小，卖杂志和新出版的书。朝西面走，过了少城公园后门，快接近小南街口了，就是三联书店。这是一家进步的书店，卖的是邹韬奋等六君子的书。我用节约下来的零用钱在这里买了钱亦石著的《中国怎样沦为殖民地和半殖民地》一书。从三联书店向西过街向东走几步就到了新华书店。这是一间木结构的一楼一底房子，门面只有十多平方米。店的正中摆了一个玻璃货柜，其中陈设着杂志和书籍，书柜旁是两根长凳和门板铺开的书摊，主要卖报纸和杂志，如《重庆新华日报》《延安解放报》《观察》之类。这家书店有一个好处：任随你站多久看书，不会有人拿鸡毛掸吆你，无论顾客买不买书，都一视同仁。因此，每月我至少要逛一回这家书店。

过了新华书店向东走到牌坊巷口子，正对少城公园的对面就是开明书店。它有一个半圆形假西式的白色门面，店里出售的大都是夏丏尊、叶圣陶著的适合中学生阅读的书，如《稻草人》《文章病院》《中学生报》之类。我对这里的《活页文选》很感兴趣，其中有古文类文章，如苏轼、李白、王勃、韩愈等大家的优秀文章，还有《天方夜谭》《卖火柴的女儿》《最后一课》等英文版文章，很适合中学生阅读。另外，店中还售丰子恺的半西半中的漫画，也颇引人入胜，很适合中学生的口味。

挨近开明书店，有三四家小书店，也有出售介绍马克思主义的书，其中有两本是日本人著的翻译书，书名是《马克思主义入门》和《资本论入门》，作者是河上肇，还有一个是四个字的名字，其中第三字是叫不出汉音的日本字"畠"字。

开明书店这边最后一家，是专售有关法西斯蒂书籍的书店，其中最多的书，就是希特勒著的《我的奋斗》之类的书。富有正义感和爱国的志士仁人是不会光顾这家书店的。

《对成都祠堂街的一些回忆》

❖ **夏详烈：** 华西协和大学，传教士建立的大学

19世纪末，西方传教士大量到中国各地从事宗教、教育、医药事业的活动。到20世纪初，基督教会在四川地区，创办了小学和中学计约40所。随着清政府实行维新，"废除书院，创立新学"，进行学制改革，就给教会发展欧美式学制创造了客观有利条件。这时候成都地区，已经创办了华英女子中学、华美女子中学等几所西式学校。小学就更多了，如广益小学、

弟维小学等五六所学校。1904年，美、加、英基督教会负责人开会筹建大学。1905年，决定创办"华西协和大学"。当时计有美以美会、英美会、浸礼会、公谊会和后来参加的圣公会，校名里的"协和"，象征几个教会的合作。

▷ 20世纪20年代华西协和大学校园

1907年，建校筹备处选定成都外南锦江南岸作校址后，先办一所中学，名为华西协和高级中学，这是清宣统三年（1909）的事情。之后，这一大片荒芜的大地，填平了墓园、耕地、荒土，中国西部第一所西式高级学府，在这里诞生了。华西协和大学首届开学，是1910年的大事，是川、滇、黔省与西方文化交流的摇篮。

这所文、理、医学科的综合性高级学府，对于传播西方科学文化，培养实用人才，起了很大的作用，在众多的毕业学士当中，不少人脱颖而出，成为著名学者、专家院士，给华西坝带来光彩并提高了知名度。

《消失了的成都地名——华西坝》

❖ 黄里洲: 四川留法勤工俭学生

第一次世界大战行将结束之际，国内大小军阀，争权夺利，混战不已，国际帝国主义加紧推行侵华政策，中国人民长期处在水深火热之中，民族危亡已迫在眉睫。就在这个时候，曾经留学法国的教育家和国内名流蔡元培（孑民，北京大学校长），李煜瀛（石曾，巴黎中国豆腐公司创办人）、吴敬恒（稚晖）、张继（溥泉，国会议长）、吴玉章先生等创办留法勤工俭学会，并以"改良社会，首重教育。欲输世界文明于国内，必以留学泰西为要图。惟西国学费宿称耗大，其事至难普及。曾经同人筹思，拟兴苦学之风，广辟留欧学界。今共和初立，欲造成新社会、新国民，更非留法莫济，而尤以民气先进之国为最宜"相号召。同时设留法俭学会预备班于北京储库营民国大学内。凡年满十四岁以上，自愿赴法国留学，缴纳入会费一元，取得留法俭学会会员资格者即可入学。每满二十人即可开班学习法文。每年分两次组织赴法国留学。

在四川亦由曾经留法的革命教育家荣县人吴玉章先生倡导，同知名人士朱芾煌、沈与白、黄复生、赵铁桥、刘天佐等发起"四川留法勤工俭学"运动，并于1918年春开办"成都留法勤工俭学预备学校"，校址设在爵版（脚板）街成都志成法政专门学校内（现第三中学校校址），先后招收了两届学生。在重庆，由重庆市商会会长汪云松及教育局局长温少鹤于1919年五四运动时期开办重庆留法勤工俭学预备学校，校址设在夫子池内，只招收了一次学生。

四川是交通极其闭塞之地。处于夔门和剑门内的有志青年，眼看欧美各国的富强和我国的贫弱，尤以四川更为落后，因而早就渴望到西方国家去寻救国救民的真理。法国既是民主政治，而又是文化昌盛、科学发达的国家，正是我国效法的榜样。何况到了法国可以半工半读，或先工后读，无需家庭筹款资助。这个有益的创举，很快风靡全国，更符合我四川中、小资产阶级广大青年的心愿。因此，除了在成都及重庆两地正式开办留法预备学校招收青年学生外，而三五成群，互相约集找法国领事馆办好赴法手续，自费赴法勤工俭学者，还有不少。在北京、天津、上海等地的四川青年，亦热烈响应号召，按照规定加入留法俭学会，自筹旅费、请托华法教育会代办出国手续，购买船票就直接赴法国。所以不论是住过或没有住过留法预备学校的，由四川或由外省去的，由政府津贴或自筹旅费的，凡是在1918年至1921年这四年内四川青年赴法国留学的，都称为"四川留法勤工俭学生"。

《四川留法勤工俭学运动》

❖ 米庆云：国立成都大学与张澜校长

四川是我国西南的第一大省，人口众多，民国建立以来，各县次第兴办了若干小学、中学，但高等教育机构，截至1924年，却只有一所国立成都高等师范学校和几所规模不大、设备简陋、师资不全的专科学校（法政、外语、国学、工业、农业）。中学毕业的学生，要升大学，必须远赴北京或国外，因费用太大，只有极少数大官僚、大地主和富商的子女才有这个条件，而一般穷苦家庭，甚至中小地主的子女都没有求得高深学识的机会。

1924年四川军务督理杨森委任由北京大学毕业并曾留学美国的傅振烈继任成都高等师范学校校长。傅就职不久，即根据1919年川人任鸿隽从美国留学回国后曾向当时的四川省长杨庶堪建议，仿效美国各州立大学之例，设立四川大学，经杨咨请四川省议会通过，但以经费无着和四川政局改变未能实现的成案，具文呈请杨森督理，借沈阳高师、南京高师、武昌高师、广州高师均已改为普通大学的新潮，将国立成都高等师范学校改为国立成都大学，杨森具有沽名喜新习性，立予批准。傅即拟具将高师改办大学的理由和大学组织章程、招生计划等呈报北京政府教育部备案。当时全国处于军阀割据状态，北京政府并不能实际控制四川，故教育部对傅的请求，既未正式批准，也未表示反对，只持默认态度，未作批复。傅即着手于1924年8月开始招收大学预科学生，但由于高师师生都不同意以高师改办普通大学，要求保留高师或以高师改为师范大学，或者另办大学，不能以高师经费和校产改大，态度十分强烈，并得到高师先后毕业在四川各界任职校友的广泛声援，傅振烈虽有杨森的支持，但为避免学生闹事，遂在招生时，不用高师或成都大学之名，只笼统用招收大学预科生名义，招收旧制中学（4年制）毕业学生来校就读，规定修业期限预科两年，本科4年。高师学生以为是以高师改师大，故未继续反对。录取的新生200余人顺利入校，即被分为11个系授课，作为改大的基础。

1925年6月，杨森因发动统一之战失败，退出成都，傅失去政治靠山，自知必遭到高师学生反对，不能继续主持新办大学，决定随杨森一起下台，但在离校前日，将国立成都大学校牌悬挂校门，等于正式宣告国立成都高等师范学校已不复存在。这时高师学生始知受骗，怒火重新爆发，他们摘下校牌，集结已只剩两个年级共约200人的高师学生发起护校运动。他们发传单，贴标语，向社会各界申诉理由，要求保留高师，反对以高师改办成大；而已入校的200余名成大学生，也同样团结起来，用同样方式要求办理成大。双方对抗，日趋剧烈。这时四川善后督办刘湘已进驻成都，刘在接见向他请愿的成大学生时亲自表态，赞成办理成都大学，并说将请张表方（即张澜）先生出任成大校长。成大学生得此喜讯，十分振奋。他们知道张澜先生在保路反清运动中早具英名，民国建立后任川北宣慰使和嘉陵道尹，以后升任四川省长，是四川政界耆宿，为人刚正不阿，素重教育，交卸省长要职后，竟在家乡南充出任中学校长，把该校办得十分出名，如他来长校，成大发展前景一定十分灿烂。于是他们立即推派代表赴南充迎请张先生速到成都任职。

张先生听完他们的汇报情况之后回答说："要办大学，首先要解决经费和校舍问题，仅靠高师每年在省教育经费项下列支的四五万元，根本不够办大学之用，何况高师师生又反对以高师改大学，高师的皇城旧址破烂窄小，不够大学发展需要，必须另觅新址。现在督省两署正召开四川善后会议，你们应向刘督办、省长公署和四川将领请求，在全川所收盐税（除抵交外债外）盈余项下每年划拨几十万元款项专作新办成都大学之用，校舍问题也应一并解决。我即将赴成都参加善后会议，一定与刘督办会商，使你们的请求达到目的，待这两个问题得到解决之后，我才考虑是否就任校长的问题。"

在成大学生的积极呼吁和张先生的多方努力下，刘湘同意在四川盐税盈余项下每年拨给60万元作为成大经费，并指定原四川高等学堂旧址和原四川陆军医院房舍作为成大校舍，陆军医院附近菜地100余亩亦拨作成大作扩充校舍之用。四川省长公署和各军将领均因盐税盈余本应解缴中央财政部，但历由四川军阀截留，按势力大小摊分，现杨森败退出川，此款由刘湘以善后督办控制，刘既同意拨几十万元作成大经费，办大学又是正大题目，他们当然尊重刘湘，都表赞成。经过艰苦努力，在广大师生的支持下，1926年11月10日，国立成都大学终于获得北京教育部的批准正式成立，张澜也在这年的12月1日被委任为校长。

《先师张澜与国立成都大学》

▷ 民国时期国立四川大学校门

❖ 苏友农：张表方主持成都大学

　　张表方（张澜）先生担任成都大学校长时，对学生讲话，常自谓办大学没有经验，惟师法蔡元培办北京大学之方针，对各科学术流派，各种政治派别、人物，均兼收并蓄，使大学得以成其大。他所聘教师，如熊晓岩、张铮均为国民党熊克武系人物；黄季陆为国民党右翼西山会议派人物；李幼椿、陈启天、杨效春、刘天宇均为国家主义派人物，他们主讲社会学和教育学，宣扬其反动政治观点和主观唯心主义教育理论。进步经济学者张禹九，主持经济学系，主讲日本河上肇编的马克思关于批判资本主义经济的理论，阐明榨取剩余价值是资本主义生产的根本目的，商品生产的自由竞争，必然导致工人失业，这是资本主义制度先天性的不能克服的内在矛盾。中共地下党人杨伯恺，在预科讲授社会科学概论，揭示阶级的存在和阶级间的斗争，是私有财产社会发展的根本动力；资本主义社会，工人阶级和资产阶级之间的阶级斗争，必将埋葬资本主义制度。他指出各个社会的生产力和生产关系结合的总和是构成各个社会的经济基础，是划分社会各个历史发展阶段的根据；而各个社会的政治、法律、道德、文化、艺术等，都是各个社会经济基础的上层建筑，都是为统治阶级服务的。这些学术理论，在当时是与国民党统治者反共反马克思主义的政策唱对台戏的。当时共产党的叛徒叶青亦被收容在成大讲"科学思想"，鼓吹欧洲文艺复兴后的启蒙思想和机械唯物论，他的文章也插入了大量马克思主义的标签。准许这样的理论在成大自由传播和研究，无疑是张表方先生办学方针开明进步的具体表现。至于法学院里开设的政治学、宪法原理、民法、刑法等课程，宣传和讲授民主法治知识，使四川知识分子和各阶层人士，了解民主国家的政治体制，树立初步的法制观念，用民主法治的思想作指导，来识别当时反动军阀的违法乱政、国民党的一党专政和蒋介石的法西斯统治，动员他们起来参加民主革命的斗争。

张表方先生对各科教学人员之延揽，图书报刊之订购，均采纳教务会议之决议，只要哪个人有真才实学，就不问省界、国籍、党派、学派，一律延揽；只要哪种书刊有一定水平，有学术价值，也不问观点如何，一律订阅。因之学校教学质量逐步提高，学术研究空气极为浓厚。

张表方先生常说：大学生毕业后，均为社会上之领导骨干，不能使学生读死书，成为不知国家大事的书呆子。他提倡学生学古代太学生干预朝政的风气和精神。当1927年国民党军阀蒋介石背叛革命，成大健行社一些学生投靠国民党反共分子向育仁去做党官，社会科学研究社学生斗争剧烈时，他常勉励学生，要像孟子所说："贫贱不能移，富贵不能淫，威武不能屈。"努力于人民事业。他的教导，对斗争经验还不很丰富的革命青年来说，起了巨大的鼓舞和教育作用。

《前国立成都大学史略》

❖ **王光媛：**共渡难关，众校云集华西坝

1937年7月，抗日的民族解放战争爆发后，大批原来在战区或接近战区上大学的学生纷纷要求到华大（华西协和大学——编者注）借读或转学，教育部指令要尽力接待这些学生，华大在一个学期里便接收了30多所大学的105名借读生和10多名转学生。加以战事影响，大批省内外未能接受入学考试的学生要求学校第二次招生，经请示教育部同意，华大又续招新生40名。这一年度华大的学生骤增至618名。

"八一三"淞沪抗战开始以后，南京金陵大学、金女大、齐鲁大学医学院、东吴大学生物系等几所教会办的大学纷纷来电来函要求迁来成都，借用华大校舍和教学设备继续开课。南京的中央大学医学院派蔡翘、郑集两

位教授来校面商，希望把他们的医学院迁来成都与华大医学院合作。华大虽然感到要在短时间内解决五六百人的食宿问题并非容易的事，但认为在此非常时期，有责任为兄弟学校解决困难，使广大青年学生不致因此辍学。经校务会议决定，竭尽一切努力来接待各校。措施是一方面紧缩学校师生用房，腾出女生院部分宿舍和一幢男生宿舍（贾会督宿舍）供内迁学校的学生住宿；把明德中学宿舍全部让给中大教职工住宿；把体育馆暂时作为金大的学生食堂；把附属医院新建的洗衣房隔为几间教室。另一方面又在华大校园附近，租用小天竺街东方补习学校校舍作宿舍；在浆洗街附近购地新建简易房舍，供友校使用。经过一番紧张筹划调整，总算把几百人的吃住安排下来。

至于各校所需教室、实验室、办公室等，除以原有设备尽量提供或合用外，还充分挖掘潜力，比如把地下室经过维修、阁楼装上老虎窗作为实验室；有的教学楼的过道两头，装上隔板，即成了窗明几净的办公室。加上精心排课，最大限度地使用教室和实验室，基本上满足了各校暂时需要。

1939年春，由金大、金女大、齐大、华大四所教会大学合资，并得到美国中国基督教大学联合董事会（简称UBCCC）的资助，联合新建化学楼。当时议定，新楼建成后由四校合用，战后即归华大所有。此楼于1941年春建成，四校的化学系及金大的化工系均搬入共用。1942年春，华大生物系对生物楼的使用情况，作了统计，当时的记载说："抗战以来，各校生物系移此，则分配应用之。虽偏小，来客不以拥挤见责。本楼所有教室、办公室、实验室及储藏室计约40间，除6教室公用外，计金陵大学用20%，金女大用15%，齐鲁大学用15%，本校及生物材料所用30%左右"。从这里可以窥见各校精诚团结、共渡难关之一斑。

1941年冬，太平洋战争爆发，在北平日寇占领区的燕京大学被封闭。燕大于翌年2月，鉴于成都已有金大、金女大、齐大、华大等四所教会大学，便于合作，决定迁到成都。但华大校园已经"饱和"，无法接纳燕大师生，适成都因日机轰炸，多数中小学已疏散乡下，燕大才在陕西街觅得陕西街华美女中校址作校部及女生宿舍，另由省政府把文庙一所拨给男生住宿，所需实验室、仪器、图书等仍由华大支援，燕大才得以于1942年10月正式复校开学。这期间北平协和医学院的几个大夫率领10多个学生也来到成都，大夫参加华大的教学活动，学生则与华大学生合班上课，其护士专校则借华大医学院护校继续开学。

华大在抗战中，共接纳了处于战争威胁之下濒于关闭的六七所学校和数千名师生。当时的华西校园真是济济多士，充满了民族复兴的勃勃生气。群众自发地把这块地方，以华西协和大学的校名命名为"华西坝"，与省内另外两处大学聚居的沙坪坝、夏坝三坝齐名。华西坝与抗战紧紧地联系在一起，给人们留下了难忘的记忆。

《抗战时期的华西协和大学》

❖ **梅贻宝：**师道犹存，燕京大学在成都

有人说过，一所大学之所以为大，不在大楼而在大师。这是一句不易之论。成都燕京大学，虽然是战时的临时大学，仍旧重视这条至理，尽力而为。幸运的很，我们竟能请到若干位有名有实的大师，不嫌成都燕大简陋，惠然来临施教。笔者至今犹觉心感不胜。其中有陈寅恪（历史）、萧公权（政治）、李方桂（语言）、吴宓（文学）、徐中舒（上古史）、赵人隽（经济）、曾远荣（数学）诸位教授。陈、李、萧三位都是中央研究院的院士。这些位大师肯在燕大讲学，不但燕大学生受益，学校生辉，即是成都文风，亦且为之一振。在抗战艰苦的岁月中，弦诵不但不辍，而且高彻凌霄，言之令人兴奋。燕大教授待遇，历来月薪以360元为限。这几位特约教授，特订为450元，聊表崇敬。所可惜者，陈寅恪先生双目失明，即是在成都燕大任教时发生的。原来陈公左眼膜垂降已有数年，屡治不愈。在成都忽然右眼膜亦不幸垂降。陈公住进存仁医院，院址即在燕京对街。学生们自动组成看护队，轮班侍候替陈师母分劳。陈公感念之余，向笔者说道：

"未料你们教会学校，倒还师道犹存。"笔者至今认为能请动陈公来成都燕京大学讲学，是一杰作。而能得陈公这样一语评鉴，更是我从事大学教育五十年的最高奖饰。

《记成都燕京大学——北平私立燕京大学成都复校始末记》

▷　1942—1946 年，燕京大学成都复校，代校长梅贻宝博士

❖ **戴文鼎：**卖了皇城建商场

1933年7月18日，刘湘正式在隆昌通电宣布就任蒋介石委任的四川"剿匪"总司令，并于7月20日进入成都。嗣即召集在川各军将领，各绅耆及工商法团代表约40余人，予督署会商筹措"剿匪"军费办法。预计三个月内消灭红军，所需军费约400万元。决定全川各县分担250万元，以增税为手段。其具体分摊方案是：廿一军新防区负担五十万元，旧防区负担

一百万元；税捐增收五十万元。其余二百万元，除由各军防区负担一百万元外，还有一百万元无着。会上有人提出：将皇城拍卖，可得一百万元以凑足"剿匪"经费。为此特设"官公产清理处"，委派李春江为处长，冯均逸为副处长，负责拍卖皇城事宜。

当时皇城为川大校址。刘湘拍卖皇城之举，遭到川大师生员工的竭力反对，川大校长王兆荣电呈教育部请予制止。教育部致电刘湘，请维护教育，勿变卖川大校产皇城。刘湘复电称："拍卖皇城，建设商场，化无用为有用，再以皇城地价恤救灾黎，川大校址，另觅适当地点。"后据督署高级官员透露，拍卖皇城，势在必行，另在望江楼附近划拨川大校址，皇城拍卖之后，再拨给一笔修建费。但川大师生坚决反对，校长王兆荣举行记者招待会说："川大决不允许拍卖皇城，皇城乃川大校产，任何人无权卖它。"10月19日、20日，川大师生连续集会，声讨拍卖皇城，并由向仙樵草拟抗议变卖川大校产皇城的宣言书，发表在报端之上。10月24日，"官公产清理处"表示要与川大协商，但川大强硬表示，无商谈之余地。因而拍卖皇城之事未能实现，但川大后来迁到望江楼却实现了。

《皇城今昔观》

❖ 罗元晖、曾佩琼：任鸿隽建设川大

1935年，任鸿隽始任四川大学校长，他认为四川是自己的故乡，地理位置在西南极为重要，用文化教育来改变落后面貌造福桑梓，是他个人的夙愿。

四川省政府于1931年将成都原有三所大学（即国立成都师范大学、国立成都大学、公立四川大学）合并为国立四川大学，王兆荣任首任校长。任鸿隽接任校长时，虽经原任成大校长张澜及前任川大校长王兆荣革新整顿，初具规模。但因军阀割据，炮火摧残，学校破烂，信息闭塞，教学手

段落后，徒有国立之名。面对这样的现实，他认为正是自己施展抱负的大好时机。

任校长一上任即公开宣布改造、建设四川大学的宏伟大略，一是要把四川大学办成名副其实"国立化""现代化"第一流的高等学府，无论文理各科均以适应现代学人需要为准则，造就对国家社会有用的人才。

他认为建校的首要目标，就是要另选校址，重新布局，设备、图书、仪器等各方面都要齐全，师资也要上乘，使之成为一流的综合大学。于是便从以上各方面立即着手进行，争取尽快见成效。他按照武汉大学的办法，由中央和地方筹款另建新校舍。他曾经视察过狮子山、南台寺、白塔寺等处，最后选定锦江河畔的望江楼侧，也就是现在川大的地址，共征地2270亩，当时在国内亦属罕见。1937年开始动工，中途因避日寇空袭，学校曾迁峨眉，一直到1943年才竣工。任鸿隽应该算现在川大校舍的奠基人。

▷ 望江楼旧貌

其次，任鸿隽认为要办好大学，一定要有一支优秀的师资队伍。他到任后即解聘了40多名思想、知识、教学方法陈旧的教授。与此同时通过函电或派人四处招聘了一批优秀的名流教授，如：著名的生物学家钱崇树、董时进，理化专家江超西、张洪沅等；文学教授也是思想新颖的学者如张颐、刘大杰、丁山等。秘书长孟寿春先生和他思想一致，工作协调。为了活跃学术空气，启迪学生思想，开阔视野。学校不时延请有名的专家学者来校讲学，如晏阳初、马叙伦、马寅初、梁漱溟、顾颉刚等都是著书立论、学有专长的名流。使学生思路大开，耳目一新。

任先生认为四川大学须向全国招生，扩大招生面可以使教育取长补短，活跃思想，相互交流。1936年即在平、津、沪、两广等地招收新生，其比例是当年录取人数的三分之一，这样对四川文化经济的发展起了很大的作用。他还把学费由过去的20元降为12元。

从1935年到1936年近一年的时间，川大经任鸿隽大刀阔斧整顿，改革取得一定成绩，学校各方面都出现一些新气象，教授们都认为是川大建校以来的黄金时期。教育部曾派专员来校视察后给予很高的评价："学校精神振作，工作效率很高，学生勤奋研习，殊为可嘉。"

《前四川大学校长任鸿隽先生》

❖ 陈光复、张明：川大新校舍

抗战前，川大校本部和文、法学院在成都市中心的皇城，理学院在市内南校场（原四川高等学堂旧址），农学院在东门外望江楼附近的白塔寺。此外，在学道街、东马棚街、五世同堂街、国学巷等处都有校舍，不仅分散，而且总面积不过500多亩。经过校长任鸿隽的筹划，反复比较，并经蒋介石批准，始选定现在望江楼附近2270亩土地营造新校舍。并于1937年6月动土修建图书馆、数理馆、化学馆。

1939年底，因防空疏散，川大迁去峨眉山后，以伏虎寺（校本部和文、法、师范学院）、报国寺（教职员宿舍）、万行庄（含保宁寺、理学院）、鞠槽将军府（新生院）等四处大寺庙为校舍，在当时还是相当宽敞的。

1943年，望江楼新校舍落成，川大又迁入了这个集中安定的地址。继后，又接收了国防部兵工厂和白药厂，分别作为工学院和理学院的校舍。这样，川大横跨锦江两岸，从九眼桥沿江而下，直至桂溪场，连绵十里。建筑巍峨，当时报纸对此有生动描绘："新址濒锦江，负郭面流，土地平旷。校舍建筑样式，采用中西合璧，质料坚实，巍峨雄壮。锦江绕流于前，帆樯往来，沙鸥明灭。四周农田菜圃，花木成林，江畔垂柳，倒影水中，江天为之生色。望江楼在其附近，为蓉城首胜之区。青年学子，休息其间，对于身心上之进益，诚非浅鲜。"

《在抗战激流中前进的四川大学》

❖ 朱自清：川大的夜校

四川大学开办夜校，值得我们注意。我觉得与其匆匆忙忙新办一些大学或独立学院，不重质而重量，还不如让一些有历史的大学办办夜校的好。

眉毛高的人也许觉得夜校总不像一回事似的。但是把毕业年限定得长些，也就差不多。东吴大学夜校的成绩好像并不坏。大学教育固然注重提高，也该努力普及，普及也是大学的职分。现代大学不应该像修道院，得和一般社会打成一片才是道理。况且中国有历史的大学不多，更是义不容辞的得这么办。

现在百业发展，从业员增多，其中尽有中学毕业或具有同等学力。有志进修无门可入的人。这些人往往将有用的精力消磨在无聊的酬应和不正当的娱乐上。有了大学夜校，他们便有机会增进自己的学识技能。这也就可以增进各项事业的效率，并澄清社会的恶浊空气。

普及大学教育，有夜校，也有夜班，都得在大都市里，才能有足够的从业员来应试入学。入夜校可以得到大学毕业的资格或学位，入夜班却只能得到专科的资格或证书。学位的用处久经规定，专科资格或证书，在中国因从未办过大学夜班，还无人考虑它们的用处。现时只能办夜校；要办夜班，得先请政府规定夜班毕业的出身才成。固然有些人为学问而学问，但各项从业员中这种人大概不多，一般还是功名心切。就这一般人论，用功名来鼓励他们向学，也并不错。大学生选系，不想到功名或出路的又有多少呢？这儿我们得把眉毛放低些。

四川大学夜校分中国文学、商学、法律三组。法律组有东吴的成例，商学是当今的显学，都在意中。只有中国文学是冷货，居然三分天下有其一，好像出乎意外。不过虽是夜校，却是大学，若全无本国文化的科目，未免难乎其为大，这一组设置可以说是很得体的。这样分组的大学夜校还是初试。希望主持的人用全力来办，更希望就学的人不要三心两意的闹个半途而废才好。

《外东消夏录》

❖ 周军平：叶伯和与成都西洋乐教育

自1915年四川高等师范学校（即四川高等学堂的改称）聘请叶伯和担任音乐科主任，并第一位执教音乐专科课程，从此叶先生便正式开始了他长期的音乐教育工作。当时这所高师乃是四川一所较为新型的最高学府，老同盟会员、民主革命家吴玉章先生曾在这里担任校长。叶伯和到校后，先后在音乐课程中设置并亲自教授声乐、器乐（包括钢琴、风琴及小提琴）和中、西音乐史等课程。

1915年前后的四川乃至西南各省，由于音乐文化事业较为落后，一般人家基本上没见过甚至也没听说过钢琴、五线谱是什么。伯和先生在高师的教学中，不仅全面地介绍了中西音乐乐理，讲授各种音乐器械的演奏技能、歌唱技能以及一些声学知识，而且还注意言传身教。每当全校的纪念日或国家庆典，他都要参加并指挥全校学生高唱校歌及国歌，有时他还亲自登台演奏小提琴或风琴作为伴奏。他的女儿和女婿在回忆这段情景时说，其父"上台指挥演出，神采风度给人印象甚深"。据他们介绍，当时吴玉章校长也曾亲临听取了伯和先生的音乐教学情况，还聆听了他用小提琴即兴演奏的一首感人至深的乐曲。

在高师期间，叶伯和除授课而外，还抽出业余时间参与大量的社会音乐活动。他不仅兼任成都女师、成都县中、高师附中诸校的音乐教师，并且以饱满的热情，积极地谱写有关词曲，如《中学校校歌》《师范学校校歌》等，这些歌词都已收存在他的《诗歌集》中。通过这些具有大众意义的音乐创作活动，无疑为本市音乐文化的普及起到了积极的推动作用。

伯和先生在高师任教的10年间（1915—1924），专心致力于早期的音乐教育事业，不仅直接培养和造就了四川第一批音乐专门人才，而且也为西方音乐乐理、器乐和新音乐思想在四川的传播和流行，做出了具有开创性的贡献。他是四川最早介绍五线谱，最早教授钢琴、小提琴及中西音乐理论的教师。当年他的学生陶亮生老先生就曾讲道："我过去的音乐老师，为四川西乐第一名手叶伯和先生。"所以称他是"新音乐在四川以至西南的启蒙者和奠基人"，叶先生是当之无愧的。

《音乐教育家叶伯和》

❖ **崔谷：**卖旧书大有可为

民国十九年到抗战时期，是旧书业大发展的年代，先后开业者百余家。据四川省文化局统计，1949年成都的旧书店和旧书摊共有170家以上。

这个时期开业的旧书店有三个特点：一、本小利微，找一天吃一天的小型店多。二、以收售铅印旧书为主的多。三、失业公教人员改行卖旧书的"野仙"多。盖因旧书业本大可以大干，本小可以小干。本钱虽少只消

▷　街边的旧书摊

手勤脚勤，亦可谋生糊口，何况搞铅印旧书无需什么版本目录知识，故有的失业公教人员便加入此行，其中张贵林和赵明德后来还成了行业中的佼佼者。

张贵林原为邮递员，失业后经营旧书，在羊市街开设桂林书会。张为人精明干练，记忆力强，口才好。自知缺少版本目录学功底，乃另辟蹊径，专攻旧期刊。对"五四"以来重要刊物的创刊、改刊、停刊、纪念号、合期号及查禁号等情况，烂熟于胸，成为行业中这一方面的权威。书店搞得很有特色，业务蒸蒸日上。1958年加入西城区古旧书店并担任经理。

赵明德原为川军李家钰部下军官，后改经营旧书，在玉带桥开设明月书局。赵头脑灵活聪明，虚心向薛志泽等前辈和一些老顾主求教，刻苦钻研版本目录知识，进步很快。以外行而经营古书、碑帖、字画，居然大见成效，跻身于旧书业"五强"之列。（"五强"系抗战后期旧书业中人，对新民书局、集古书局、大雅斋和贵林书会、明月书局五家实力最强的书店的戏称。）

《成都的旧书业》

❖ 潘清雍、安德才：进步书店与进步书刊

祠堂街有十多家进步书店。特别在少城公园大门两侧和对面，几乎是店挨店，门对门，当时称为"文化街"或"书店街"。无论平时或星期天，祠堂街总是学生云集，不是买书，就是看书，有的站在书架或书摊前面一看就是一两个小时。有的同志回忆自己走向进步就是从读进步书刊开始的。成都书店多，但出版书少，大量书刊靠从外地运来，特别是进步书刊，经过万水千山辗转运来成都，一到书店即抢购一空。

抗日战争时期在祠堂街兴办起来的书店也是共产党同国民党进行公开合法斗争和秘密斗争的场所。地下党在图书业的店员中做了深入细致

的思想工作，在生活书店、三联书店、开明书店、北新书店和儿童书店都有共产党员。1938年下半年建立了党支部，战时出版社的社长杨道生任书记。随后在商务印书馆和中华书局分店等也发展了党员。生活书店与三联书店在抗战初期公开经售由延安运来的马恩列斯著作和毛泽东、刘少奇、周恩来、朱德等同志的著作，以及《联共（布）党史简明教程》《群众》和《大众哲学》等进步书刊。国民党警察曾多次借故搜查"禁书"，把门市部捣毁以后查封，买书和看书的读者也受到监视。书店的经理和店员，随时都得警惕敌人的魔掌伸进书店。为了对付敌人的搜查，经常要把可能被列为"禁书"的书刊与一般书刊"混装"，打包转移，或者千方百计通过各种关系及时送到读者手中。尽管这样，仍有一部分书刊遭到厄运。

在地下党支部领导下，组织了祠堂街店员业余歌咏队，参加的店员达100余人，早晨练唱救亡歌曲（"晨呼队"），晚上去街头宣传、讲演，曾多次与其他抗日宣传团体联合演出，有较大影响。1942年杨道生同志被捕，英勇不屈，牺牲于外东沙河堡，党的活动受到挫折。此后，祠堂街的书店只有采取更加隐蔽的形式，继续把进步书刊准确无误地送到读者手中。

《抗日时期的祠堂街》

❖ **孙少荆：煊赫一时的报界**

辛亥年争路风潮起后，成都报界虽忽然一下有了大势力，但是上面是清朝的专制官僚，究竟他不公认我们的势力。到得民国成立，从前在野的一般志士都上了台，不消说都是知道舆论的益处的，自然就仿效起文明国的优待法子，各官厅都许新闻记者访问，都督府总政处每次开政务会，也要请新闻记者列席，并令管电处，将各处去来的电报，都用顶好的格子，油印得清清楚楚的，送给各家报馆登载。报上的论说新闻，也能够准人尽情倾吐，不必忌讳。还有一件事情，就是《女界报》出版后，总政处会议，起初没请得有《女界报》记者，后来和董特生君商量，便许女界的女记者陈、卢、王三位女士列席。临时省议会要开会时，记者便首先要求筹备处邓孝然君设备女界的女记者旁听席，居然办到，在议场楼上旁听席右侧用红布围另辟一室，用来招待女记者。诸君想想，那时候公认报界势力和优待报界这两件事情，可说是算得报界的黄金时代，就是女界，也由报界的势力，发展出些新天地来。所以现在有一般朋友们，说起这个时期报界的势力来，那简直就像从前讴歌太平的人，称赞三皇五帝的圣世一样了。就是我们的公共机关，也是这个时候，樊孔周君才集起几家报馆的朋友，在卧龙桥川北会馆内组织报界公会，每星期聚议一次。当时入会的报馆，只有《四川公报》《中华国民报》《天民报》《公论日报》，《进化报》《女界报》几家。入会的记者，也就只有几家。报馆的入会金，是每家十元，记者是每人一元。过了四年，这个会经了几次的烦扰，便无形消灭了。当初创这个公会时，报界的高尚势力，也同这公会一样，不能令现在的报纸和社会受它的益处，只好想想它，或是学生意的人说法，说句"恭喜发财"了。

《一九一九年前的成都报刊》

❖ 苟仕常：华西坝上的学生运动

1937年"七七"卢沟桥事变爆发，日本帝国主义者向我国发动全面进攻。国民党军队节节败退，北方和沿海各大城市如北平、天津、上海等连同当时国民党政府的首都南京都相继沦陷，这些地方的机关、学校、厂矿、企业等纷纷内迁。这时原在南京的金陵大学、金陵女子文理学院、北平的燕京大学和山东的齐鲁大学等四所院校，都陆续迁来成都华西坝，加上原

▷ 峨眉山金顶云海

▷ 金陵女子大学学习跳舞的女生

来的华西大学，并称为华西坝五大学，致使华西坝成为抗战时期大后方的教育基地，继续培养国家所需人才。

国难深重，民族危亡，全国人民同仇敌忾，奋起抗敌。中华男儿，热血青年，纷纷奔赴前方，英勇杀敌。留在后方在校学习的青年学生，也都纷纷投入抗日救亡运动中去，挽救国家民族的危亡，已成为全民一致的目标。抗战初期，在共产党抗日民族统一战线旗帜的指引下，国共两党实现了第二次合作，这时的学生运动以宣传抗日救亡为主。华西坝五大学的学生们经常利用寒暑假、星期日和节假日，组织灵活多样的宣传队，到附近城、乡，以讲演、歌咏、舞蹈、墙报、传单、街头活报剧等形式，宣传抗日救亡的道理。同时以募捐募集寒衣、义卖、义演等实际行动支援前方将士，掀起抗日救亡运动一浪高过一浪的高潮，对提高全民爱国热情，积极行动起来投身抗日起到一定的作用。

《抗战时期成都华西坝的学生运动》

❖ 任顺枢：金顶千人大会餐

黄季陆接任川大校长时，抗战胜利已初见端倪，黄校长正为学校迁回成都而奔波。是年1月，黄校长在峨眉对同学们讲道："我一定要竭尽全力，尽快把学校迁回成都。回到成都再到峨眉山就难了。听说有许多同学身在峨眉却还没有登过峨眉山、上过金顶，这是十分遗憾的事。我提议全校师生集体登山，在金顶举行大会餐。"他当场指派战区学生联谊会主席金晔同学负责筹办工作。筹备大会餐原本小事一桩，但是在海拔3300多米的金顶举行1000多人的大会餐，就是大事了。金晔学友走访寺庙大僧侣，请求帮助，将素食部分的采购搬运事务，全部交给寺庙，荤菜部分由伙食团厨工和健壮的同学分担，沿途分站转运。浩浩荡荡的挑夫行列一批一批出动了，连山遍岭前呼后应，相当壮观。尤其是和尚挑夫行列独具特色。登山活动经费，除用原有的伙食费外，学校拨了不多的一笔辅助费。"金顶大会餐"终于成功了，对于川大可以说是空前盛举。

《抗战期间川大师生生活掠影》

❖ 肖鼎英：交际舞还是不要跳了

金陵女子大学一向重视体育，一、二年级每周有四节体育课。三、四年级每周有两节，体育不及格者不能毕业。另外还设有体育系和体育专修科。在体专毕业的同学中，后来有些已成为大学的教授和副教授。抗战时期外地来蓉的人很多，将跳交际舞的风气也传入成都，社会上都认为金陵女子大学的学生一定会跳或喜欢参加社会上的舞会，但这样的学生毕竟是个别的，而且是校长极端反对的。吴校长曾在全校大会上告诫师生，不许在外面跳交际舞。因为时间不许可，人的精力有限，晚间跳舞影响学习与健康。当时有一个驻成都的美国军人写信给吴校长，责问她为什么不让学生跳交际舞？吴校长直言不讳地给他回了一封信说：成都地处边区，不能与上海等地相比，风俗比较古板，他们认为跳交际舞的与上海的卖艺舞女相同，有损大学生的名誉和地位。所以坚决不准她们出去跳交际舞。

《抗战时期迁蓉的金陵女子文理学院》

❖ 任顺枢：愚人节的玩笑

1945年4月第一天的上午，黄季陆正在校长办公室处理校务。忽然有几位战区同学连续去报告，有位女同学突患急病，在宿舍呻吟待救，情形悲惨严重，必须请校长去处理。黄季陆立即派人通知学校医务室的医生，自己又急速前去看视病情如何。当临近学生寝室，同学们齐叫"校长来了"，生病女生正呻吟惨叫。即至黄季陆走到学生铺位附近时，女生不断地叫："救命啊！校长！"此时校医亦赶到了，立刻为她诊治，但查不出她所患究系何种病症。黄季陆一面叫人准备担架送医院，同时又请校医尽快给她打一针止痛药。医生刚装好了针药要注射时，惨痛的呻吟突然变成了全室的欢笑！患病的女生突地从床上坐起来，以得意而顽皮的神情说："校长，今天是'愚人节'啊！我不是真病，我是装病。我们觉得你老人家整天为校务太忙太辛苦了，我们要想见你都没有机会，借此机会见见你，使你休息一下。"

此时室内已挤满了同学，有的是参与预谋的，有的是关怀而来的，此时都一齐爆发出笑声和掌声，室内的紧张空气即时变成了轻松而愉快的场面。

黄季陆此时十分尴尬，笑也不是，气也不是，留也不是，走也不是。他稍稍考虑了一下，严肃地指斥他们："这成什么体统！开玩笑开到校长的头上，我决定开除你的学籍，其他的人按其过失轻重处理。"那装病的同学面色转青了，含着眼泪哀求说："校长，真的要开除我吗？今天是西俗的'愚人节'，做错了事可以作为笑谈，不负责任。你不是一向同情我们，永不开除战区学生吗？何况我们的目的是要见见你，使你心情愉快啊！"黄季陆坚决地回答她："绝对不能原谅，绝对不能原谅！"一面说一面离开宿舍，回到校长办公室。

不久，那位女生和四位男女同学去到办公室。装病的女生只是哭泣，一言不发。另外的两位男生两位女生提出恳切委婉的请求，说是他们五人的共谋，目的是使校长高兴，如果要开除，五个人一齐开除也不怨恨校长。黄季陆用手拍着那位哭泣得最伤心的装病女生说："傻孩子们，今天是四月一日'愚人节'呀，难道只许你们愚弄校长，就不许校长愚弄你们吗？"

这时大家才转忧为喜，破涕为笑，那位装病的女生高兴得比哭泣时流的泪还要多些。

《抗战期间川大师生生活掠影》

❖ 龚敬威：轰动蓉城的救亡漫画展

在群策群力的精心筹备下，四川漫画社举办的第一次"救亡漫画展览"，终于在1938年1月15日开幕了，地点在成都春熙路基督教青年会。共展出了160余幅作品，内容、形式各有特点，包括：打击日寇的，揭露汉奸的，讽刺醉生梦死的，嘲弄发"国难财"的，还有反法西斯主义的。例如：张漾兮的《世界和平的捍卫者》，画一个和平之神倚在高大的中国抗战士兵足旁，形象地说明我们进行反侵略战争的正义性，保卫了世界和平。苗勃然的《如此凯旋》，画一个日本军阀的骷髅。头顶破钢盔，身披"膏药"旗，万分沮丧地逃回他们的"本土"，预示了侵略者的可耻下场。蒋丁引的《起来，不愿做奴隶的人们！》画一只木屐，上面斜插着伪满洲国的傀儡皇帝，寓意深长，讽刺尖锐。龚敬威的《比娘子关更重要》，讽刺某些军阀不把自己的队伍开赴前线保卫祖国，却为那些大办"红白喜事"的人把守公馆，向老百姓耀武扬威。梁正宇的《大日本皇军"科学兵"造像》，画的是一个全副武装，头戴钢盔、防毒面具的日本鬼子，尽管威风凛凛，两腿却是用弹簧撑起来的，似乎还在颤抖；在这个"科学兵"的胸前，佩带了一张"南无阿弥陀佛"的护身符，暴露了日本侵略军是外强中干的"纸老虎"。冯桢画了五幅连环漫画，借用古歌谣"日出而作，日入而息，凿井而饮，耕田而食，帝力于我何有哉？！"赋予新意，歌颂了我抗日游击队。参展的还有两幅仿民歌的"诗配画"：一幅是谢趣生画的《劝夫从军》——"谁说好铁不打钉？好男就是要当兵；这回若是逃兵役，羞死你的祖先人！"另一幅是龚敬威画的《敌后游击队员》——"兄妹二人插黄秧，兄插左行妹右行；半夜无有黄秧插，钢刀插进'鬼'胸膛！"图文均通俗易懂，观众颇为喜爱。

▷　张漾兮所作抗战漫画《和平的捍卫者》

这次画展共分两部分，除前述第一部分外，第二部分包括木刻、水彩、水粉、素描等多种形式，标价义卖，收入之款，全部购买布匹，捐助抗日入川难童，直接从经济上支援了抗战。

《抗战时期的"四川漫画社"》

❖ 姜蕴刚：抚琴台原来是王建墓

辛亥革命后的民国初年，成都郊区有许多大土堆，尤以南门、北门、西门外一带为多。一般推想这些大土堆大都是明蜀王宫的妃嫔、宫女、太监之类的坟堆，历史意义不太大，因此未引起人们的特别注意。只有少数大土堆，历代相传认为不是坟墓，如老南门外的"三台山"被认为是三国时蜀汉丞相诸葛亮的点将台，在老西门外的"抚琴台"被认为是西汉时代司马相如抚琴所筑的。至于昭烈墓，关羽衣冠墓、桓侯墓（张飞衣冠墓），乃至薛涛坟是明确不过的，因此，不存在有什么异议了。

不过就文献所见到的，还有不少古人墓则无所知其处了，例如，明代几座蜀王墓及几座五代的蜀王墓，则均淹没而不可见。其中最值得注意的是王建墓。陆游《剑南诗稿》卷八中的诗注，明明记载有"后陵永庆院，存大西门外不及一里，盖王建墓也"。时不过几百年竟失其处。后人竟不晓得所谓抚琴台就是王建墓。大约正因为此处已被人毫无根据地说成是司马相如的抚琴台，就不再怀疑可能是王建墓了。

司马相如穷士，在成都居然有所谓抚琴台，本也就荒谬之至了。就是任何富贵人家也断没有特别筑一高台，特地爬上去抚琴的，于理也是不通得很。我早就对此有怀疑，这绝对不是什么人的抚琴台，可能也是一座古墓，但也不曾想到就是王建墓。

抗战初，友人冯汉骥留美归国，由湖北入川到华西大学任教，教《人类学》，被教育厅任命为四川省博物馆馆长。那时所谓博物馆，只是在皇城明远楼上，收存了些破破烂烂的所谓古物，有如清末的牛儿炮之类而已。空袭中还移到犀浦庙中一个时期。那时友人杨肃谷被我聘到华大哲学系教《考古学》，也在华大博物馆工作。华大国文系毕业的林名均也在华大博物馆工作。有次大家共同谈论到这个大可怀疑的抚琴台问题，虽然谁也没有想到这是王建墓，但大家断定这是一座古墓。1941年成都为避免空袭计，要大挖防空洞，借此机会我们与防空司令部（防空司令是邓锡侯、副司令朱汉卿、参谋长高炯）商量："抚琴台挖为防空洞最好，因其就在两门城边。"

▷　冯汉骥（1899—1977），人类学家、历史学家，
1942年主持了王建墓的发掘，被誉为西南考古学的奠基人

　　得到批准后，四川省博物馆馆长冯汉骥借此机会去发掘抚琴台，设想必有发现。既然已初步认定这是一座古墓，我们认为，古人迷信，墓门必定有一定的方向，按阴阳风水之学，假"罗盘"来寻找即可无误。倘若内中果有内容，乱挖必有破坏，假定墓门正对城墙，从墓后掘入，可保无虞。开掘洞穴时，不及两丈，果有发现。发现掘穴侧近有石像一座，内部为空处，当然是一座坟墓了。这个洞穴至今尚留有痕迹，这个初步大发现，已使人高兴已极了，尚不知此像即王建的像。继续挖下去发现了王建的谥宝、

谥册，完全证明这座误传的抚琴台正是王建墓。符合文献上所载的各节，别无可说了。不过至今的地名仍叫着"抚琴台"。

1942年发掘王建墓之初，只挖出一个洞穴，人可以蛇行而入，阴深黑暗，汉骧开着手电筒领我们进去看见了放置棺材的坟台。棺材没有了，殉葬的宝物也不见了。说明过去有过几次盗墓的事，但竟未有所风闻。发现盗墓的人较有能耐，是从顶上掘穴爬下来的。留下来的哀册、玉带，可能在盗者看来是磐土玉石，不值钱，或者容易被人发觉而未盗走。但这就给我们很快证明实是王建墓的文物了。

省博物馆据此开始大发掘。当时我再被汉骧领入时已安上电灯了。这次我才看清楚王建石像的神态及衣着，并粗览到石刻的勇士威仪，他们分列在墓台下的四方八面，共有十二个。墓台四壁刻画有乐伎，姿势各别，乐器不同，充分代表唐文化及五代的艺术的真正形象。

《王建墓发现的经过》

第六辑

做买卖·熙熙攘攘生意人

❖ 熊志敏：车码头与黄包车

少城车码头，从30年代军阀混战时期已经形成，一直到新中国成立为止。它的位置，在现在半边桥与东城根上街、西御街与祠堂街十字口交叉处，连接东城根上街口至半节巷，车码头，顾名思义，就是当时拉黄包车的苦力聚集之地，黄包车的停车场。

从军阀混战到抗日战争时期，成都的汽车和自行车数量很少，除了有钱有势的军阀、官僚、巨商富贾有自己的小汽车外，市内根本没有汽车作大众交通工具。40年代也办过从春熙路孙中山铜像背后起至东门的所谓公共汽车，正如当时人们编唱的歌谣："一去二三里，要掀五六回"，也不过是点缀市景而已，不久也就寿终正寝。所以新中国成立前的主要交通工具就是人力黄包车。

少城车码头是比较有名的黄包车码头，其他东南西北四门虽亦有停车场，但这里靠近城中心，车辆集中，顾客也多，显得非常热闹。在拉黄包车的苦力中，有的是拖妻带子日食难度为生活所迫的城里人，有的是家乡遭灾荒流落到成都的外地人。旧社会拖黄包车也不是轻而易举的，租车要找铺保或交押金，每天要给老板交租车费，损坏了车子要照修照赔，加入人力车工会要缴会费，除此以外，还有这样捐、那样税，因此他们劳累终日，所剩无几，只能苟延残喘度日。

拉黄包车挣钱也难，要受到行业规矩的限制，否则就会自讨苦吃。在少城车码头靠两边街檐依次摆满了黄包车，顾主来了，依次出来讲生意，既不能抢生意，也不能以低价夺生意，如乱了规矩，有的被臭骂一顿，有的激起公愤还要受皮肉之苦，除了顾主到任何车讲生意不受限制外，其余必须遵守无条文的约束。有不少拉车的不愿坐以待客，于是拉起车子在少

城一带街上找生意，这样收入好一点，行动也自由多了

《谈谈少城车码头》

❖ 崔显昌：开家素面馆，堂倌得机灵

一家素面馆至少要有两把强手才应付得开：一个打锅魁兼做面锅的，称为"白案"；一个机灵的招待员，旧时称"堂倌"。

对于"白案"，这里说说他的面锅活路。平常且不说了，打拥堂时才见功夫。一锅几十碗面，全凭一双手，一手长筷子，一手捞漓子，根据堂上的数量、品种、先后、各种特殊要求，准确、迅速地捞进碗里，分量要大致不差，而且先捞的不能生，后捞的不能腻：面条落碗还要耍个手风，轻轻一旋，垒个尖尖，端上桌面很好看。

堂倌的功夫在"三快"：眼快、手快、口快。顾客还在张望，他已迎上招呼："里头坐哇！几位？"手随声到，毛巾已经抹好桌子，从围腰兜里取出筷子，按来客人数摆好，同时躬身询问："吃点啥哇？"立即嗯吞都不打一个，如数家珍地把所有花色品种一气报出。待顾客确定项目、数量后，应声"要得"，挺起腰板，用应山应水的嗓子喊起堂来："中二靠上哩素面三碗，一碗免青，一碗红重，还有一碗哩，'干捞带黄'，加内三出二，外二出三，素面前后出×，还有一碗三鲜汤宽带壮要先走带利哩嘛……"这一通"喊堂"是让面锅上听到情况，其中包括好些行话："中二靠上""内三""外二"是指顾客的座位，"免青"是指面里不要加葱及菜叶，"红重"是指面的熟油海椒多放点，"干捞带黄"是指面要硬点并且不要另加面汤，"出×"指需要的碗数为"×"，"前后出×"指同一种面到喊堂时先后几批中在一起已一共需要"×"碗数，"汤宽"指多加点面汤，"带壮"指面子馅要肥点的，"带利"则由土语"利时"为"快"之意而产生，意为来快点。

在旧社会当堂倌，除了要具备热情、周到、细致的"三快"功夫，为了

应付恶势力，还要有特别的机智、敏捷和应变能力。一些地痞、烂兵不敢去招惹那些有硬后台的大饭馆，便专门来找小摊店的麻烦，提劲打靶吃魁头，首当其冲的就是堂倌。这里经常可以看见这样的场面：一个歪戴帽子斜穿衣的家伙大摇大摆地走进店来，选个上座，二郎腿一翘，气而派之地喊来两碗面，等到面吃完，装疯迷窍地惊叫一声，脸一垮，桌子一拍："堂倌，过来，你看这碗头是啥东西？"这是这些家伙的惯技：吃完的时候暗中往碗里丢两只死苍蝇，借此撒赖不给面钱不说，还要倒打一耙臊你的皮。稍有经验的堂倌立即赔笑道歉，送走瘟神了事。黄昏子堂倌不知趣上前辩解，干捡两耳光照样收不到面钱。唯有一个堂倌的做法令人叹服。既有胆识又不乏机智，他轻轻拈起苍蝇，若无其事地往嘴里一丢，咕嘟一声吞下肚去："莫来头，油渣炸糊了！"流氓滚龙也打不起架了，只好悻悻地给了面钱。

▷　老成都餐馆兼具代客冒饭的功能

　　素面馆还有个方便群众的做法：代客冒饭。顾客自带一碗冷饭，买一碗面作菜，把饭交给面锅，他自会代你用面水冒烫。以面下饭，临时的一餐之求也就解决了。

《旧蓉城的大众食品》

❖ 孙蜀江：梓潼桥有个"张鸭子"

▷ 新中国成立后的张鸭子饭店

　　1923年在成都外东天福街一带聚居着很多穷苦老百姓，他们靠出卖劳动力过着极穷苦的日子，在这批穷人中也有些做小生意的摊贩，但当时市场萧条，生意难做，所以小贩们的日子也很不好过。其中一个姓张的，带着他十二三岁的儿子在锡丰和酒店门前摆摊卖自家做的烧鸭子，由于口味还好，所以进酒店吃酒的人就常常在他的摊摊上买鸭子做下酒菜，慢慢地张家的鸭子有了点名气，加上锡丰和酒店的生意较好，所以靠了这个好口岸，张家的烧鸭子摊子能以勉强维持生计。约莫过了二三年，张父病故，儿子张忠如继续在此经营。因他年纪小，没有做生意的经验，制作鸭子的技术不如他父亲，所以拖了一段时间后，不但未赚钱，反而越做越亏，以至负债不少，终于被"锡丰和"老板赶走。迫于生活，张忠如只有在本市各街巷沿街叫卖，因无固定地点，生意仍十分清淡。后来经朋友介绍，在春熙路锦华馆内觅得一个固定摊位。为使生意起死回生，张忠如发愤地钻研烧鸭子制作技术，在配料上反复推敲、试验，力求在口味上下功夫，全家老小都在家精心制作，不久生意果然好转。1934年张忠如便把鸭子摊迁到了书院街，并兼营水盆鸡。为扩大生意，1941年他又在梓潼桥街租了一间铺面，而且也增加了品种，有烧鸭子、油烫鸭、烟熏鸭、桶鸭、卤鸭、板鸭、樟茶鸭，加上鸭足、翅、腊肝、鸭肠等等多达几十个品种。张家鸭店的生意越做越兴隆，名气越来越大，赚了钱的张忠如回想起当初"锡丰和"老板将他赶走的情景感慨万分，于是就将梓潼桥的二间铺面买了下来，自己也当起了老板，并挂起了"张鸭子"招牌。年复一年，张鸭子在成都市民中赢得了较好的口碑，远近都知道梓潼桥有个"张鸭子"，自此以后，张鸭子的生意一直做到新中国成立。

《老字号"张鸭子"》

❖ **陈治儒：烫发技术好，业务就好**

20世纪30年代理发技术从剃光头、剃平头，进步到"剪光头"、"剪平头"、"剪圆头"（学生式）、"拿破仑"，还有剪"希特勒"式的；女式有"妹妹头""齐头""齐梭""学生式"。能烫发的只有几家大店。成都的理发店开始烫发，是在1935年左右。宜宾烫发技师何经文到成都，被骡马市街"蓉都"理发店的老板万瀛洲聘请，开始烫发。万的儿子茂如跟他学烫发，把何经文奉为上宾。很多理发店老板和工人都想学"烫发"，每天晚上总是尾随着何到"归去来"茶园、青龙茶社等处，敬茶敬烟请宵夜，请他指点烫发技术。此后各店就逐步开始了烫发，样式有"烫足子""满头""学生式""凤凰式"。进一步又在烫好后开始做各种花样，如最时髦的"油条式""大花式"等。烫发普及后，价格开始在两元左右，在物价一日数变时期，就以实物两斗米折价计算。成都有名的烫发技师，他们的技术都是在实践中随着群众需要而逐步提高的。他们去看外国电影总是注意男女发式，顾客提出要做电影中的头式，一般都能达到要求。特别是在抗日时期，理发技术提高很快。在女式发型中，热天很多人就欣赏日本倒梳反卷的各种样式。有段时间又兴齐肩大花式。随着社会的发展，人们爱好的新颖发型，不断出现。那时还有一些老年妇女喜欢来理发店梳各种发髻，如"蝴蝶式""面包型"，梳好后可管三四天，这些都是掌握基本技术后不断变化发展的。男宾要求做大波浪，也是烫好后吹的，有的也用夹子夹好后再吹，用手旋捏旋吹成波纹（但不耐久）。后来男宾也有烫发的（烫好后再吹）。下江帮的几家理发店和本地的几家大型店因雇用有烫发技术好的工人，业务也好。其中"云裳"烫发业务较其他店好，也是因烫发技师多些。

《解放前成都市的理发业》

▷ 民国时期烫发成为一种流行时尚

❖ 曾广才：东城区的集贸市场

东城区地处成都市的东南角，始置唐代华阳县的辖区，城区内外是工商业、集贸市场集中的地方，是传统的"百业云集，市廛兴盛"的区域。

新中国成立前东城区的集贸市场很多。根据地理、口岸位置，人流情况，运输状况的不同，大致形成以下几类市场：一是以经营某种专门商品为主的市场。如纯阳观的鞋子，福兴街的帽子，染房街以牛角、骨物制作的小商品，东御街的小五金，春熙路南北段、商业场的绸缎呢绒、百货，油篓街的猪杂市场等都是颇有名气的专业市场。二是在室内和庙宇开店设摊经营，如顺城街的安乐寺内开店、设摊，交易金银、卷烟，外东牛市口室内开设的牛畜市场等。三是以茶社作为洽谈商品交易的场所。如东大街"闲居"茶社形成花纱布交易场所，提督街"魏家祠"茶社成为酱园业的交易市场等。四是沿街为市。这类市场比较多，分布在各主要街巷，形成牛市口、义学巷、书院街、龙王庙街、望平街、青石桥、香巷子市场等。主要经营蔬菜、肉食、禽蛋、水产、干菜杂货、牲畜等农副产品。有的市场规模较大，小有名气。如牛市口集贸市场，它地处成渝公路的咽喉，交通方便，是川西坝城乡物资集散地。该市场基本上是划行归市，商品分类，价格随行就市。分别设有牛市、猪市、棉花、海椒、水果、水产、禽蛋、粮食等市场，并有饮食服务行业配套服务。多以布棚、大伞遮阳避雨，人们称之为"坝坝会"。每旬赶三场，省内外长途贩运客商、附近郊区、县城乡商贩、农民和城乡购买者云集，市场热闹，交易活跃，群众购买方便。

《东城区的集贸市场》

❖ 张恨水：内秀川西人，精美手工艺

物产展览会的手工艺品，真是琳琅满目，美不胜收。这何用说，是好好好！

然而，我有另一个感想，觉得往年的四川保路会，实在给予四川一个莫大的损害。假使川汉铁路成在十年之前，把西洋的机器运入成都平原，

以成都工人这一双巧手，这一具灵敏的脑筋，任你飞机上的机件如何复杂，我想，他们决是目无全牛的。

▷　缝纫机前的成都男子

走过昌福馆，看到细致的银器；走过九龙巷，看到美丽的丝绣；同时发现那些工人，并不是我们所理想的纤纤玉手的女工，而是蓬头发，黄面孔，穿了破蓝布褂的壮汉。让我想到川西人是相当的"内秀"，不能教他造飞机零件，而让他织被面，实在可惜之至！

虽然经过某街，看到印书匠还在雕刻木版，舍活字版而不用，又感到好玩，手工艺，是成都一个特殊作风。

选自《蓉城杂记》，原题为《手工艺》

❖ 文琢之：消灭中医之风

民国建立之初，我国的中医，大多还过着"羲皇上人"的生活，清高自命，超然自居，不过问时事。当时成都的中医，大致可分为三类：上者，多是失意的王亲官宦，或为穷经读史的名士，都具有经籍理论知识，他们学医的目的，或求养生之术，或受"不为良相，当为名医"的影响，以此自娱，并非谋生糊口；中者多是承受祖传或拜师业医者，其中有钱的自开药铺行医，无钱的就在药铺当坐堂医生；下者，到处摆摊设点，走街串乡，用一技之长为人治病，虽然理论知识不如上等、中等，却有一两手绝招，如"金针拨翳""接骨复位"等等。这三等中医各有门户之见，互不往来。由于中医内部有这样类似等级界限的矛盾，而各行其是，对于西医情况，既少接触，也就不闻不问。

北洋政府统治时期，西医有所发展，以成都为例：法国教堂办的医馆已扩大为平安桥医院，英国教会办的男女医院也扩大为四圣祠男女医院，英美教会办的华西协和大学也增设医科，美国人毕启开办了存仁医院。据不完全统计，当时全国几大城市外国教会设立的医院达二十余所之多，甚至允许美国洛克菲勒基金委员会中国医药部也在我国办医院、办医科学校，传播西洋医学，扩展医药商品市场。不过当时四川人思想比较保守，多不相信西医，视为异端，以致多次发生围轰教堂，破坏教堂医药设施事件，所以西医药在四川的发展比较缓慢。虽然如此，当时四川中医界的唐容川，却很有远见，他从维护中医理论出发，开始探索西医传入中国后，祖国医学发展的途径，对蜀中医林影响很大。

▷ 四川某中医传习班的毕业照

　　消灭中医之风，始于民国三年。当时英、美、德、法、日各国都在我国设有医院，他们进一步要谋求扩大推销医药商品。由于中药在中国民间有广大市场，成为推销西洋医药的严重阻碍，于是，千方百计想排挤中医中药。而北洋政府又因内战需要，亟欲得到帝国主义的军火外援，为了仰承他人鼻息，不惜掀起消灭中医的浪潮，以确保帝国主义的利益。教育总长汪伯唐（大燮）公然宣称"决意消灭中医"，激起全国民众的不满，遭到中医界的坚决反对。北京中医余德勋等联合全国各地中医组成"医药救亡请愿团"，坚决要求北洋政府保存中医中药。北洋政府首脑袁世凯，正阴谋复辟帝制，深恐事态扩大，于他不利，不得不改变态度，中止实行，首次废止中医之议遂告流产。

《忆中医的存亡斗争和发展》

❖ 杨世俊：民族瑰宝、绣里乾坤——蜀绣

　　清光绪二十九年（1903），四川总督岑春煊在成都设"四川通省劝工总局"，由劝业道沈秉堃道台兼任劝工总局总办。劝工总局内设绣工、卤

漆、竹帘、雕刻等三十余科，岁拨白银三万两以资应用。光绪三十二年（1906）周孝怀继任劝业道，于绣工科内招技工30余名，学徒20多人。还聘请了不仅精通六法，还兼通绣理的张绍煦任教导。张邀请了劝工局内擅长山水画的刘子谦，擅长画荷花的杨建屏，擅长花卉翎毛画的赵鹤琴，擅长画鱼虫的张致安等与绣工技师相配合，以写生稿本为依据，改革传统装饰画案，并突破平齐掺和铺盖整齐的针法标准，创造出色调清爽、短针细致、车凝变化，有绘画色韵的绣品，使成都的刺绣欣赏艺术品在全国居于领先地位。技师张洪兴因所绣"座虎"屏，被清廷授予"五品同知"衔。劝工局内绣工所绣制的四幅花鸟条幅精品，现仍珍藏于四川联合大学历史博物馆内。清宣统元年（1909），成都市区内已有顾绣帮作坊70余家，集中在科甲巷、九龙巷、沟头巷一带，从业者千余人。同年，成都绣品参加南洋万国博览会展出，获得"国际特奖"（《成都通览》1987年版）。为祖国争得荣誉。

▷　成都一家蜀绣店铺里的女孩

辛亥革命后，由于服饰的变化，刺绣业也改以绣制民间日用的帐帘、被面、床单、枕套、桌围、彩帐和寿衣、寿裙、寿帽、寿枕、衾单以及少量绣花鞋。同时出现兼营画轴等艺术欣赏品店铺十余户，多模仿绣制赵佶的鹦鹉、郑板桥的石竹、陈老莲的人物以及佛像、观音等。1925年（民国十四年）左右，在刺绣技艺上，又出现了以明快、清晰见长的"林针"；以图案丰满、色彩均匀、明快淡雅的"镶花"，更突出了成都绣品的特色。使成都绣品在长江上游独占市场，销至陕、甘、宁、青、云、贵等省。由于销量大增，当时农村妇女不少以刺绣为副业，多刺绣低档产品供应市场。抗日战争前夕，仅郫县、新繁及郊区的圣灯寺、洞子口、天回镇等地的农村女绣工（副业）便多达万余人。

《蜀绣今昔》

❖ **万树成：纸烟宣传战**

纸烟是一种选择性很大的消耗商品，要使销路好，除了坚持保证质量外，必须做到深入人心，人人爱吸，因此商品的广告宣传就成为推销业务必不可少的一种重要手段。

1931年以来，国产纸烟与英美纸烟在市场上竞争日趋激烈，双方在广告、宣传上使用的手法花样翻新，千方百计抓住消费者。如"红锡包"纸烟的总经销商，为争取市场，在宣传广告上不惜工本，印制自吹自擂的精美彩色的招贴画，五光十色，甚至有大到48张道林纸拼凑成一幅的画面，其高度连成都的旧城墙都贴不下，真算得"洋洋大观"。特别是赠送月份牌、美人画片、彩色挂图等，深入农村，让家家户户张贴悬挂，收到很好效果；在城市各家电影院、戏院的玻窗上长期宣传，各报刊上经常登载全版广告，引诱人民吸食各种牌名的英美纸烟。国产纸烟除照样搞招贴画、广告宣传外，还可以凭纸烟空盒调换纸烟，或者凭纸烟盒内的画片，拼成连号者得各种奖，有脚踏车、玻璃器皿、热水瓶、搪瓷器具等各种奖品，以广招徕。如南洋公司的"高塔牌"香烟的最高奖，可得价值银元一二百元一部的英国台顿牌脚踏车，很有吸引力。一时，国产纸烟在成都市场上极为畅销。

《成都纸烟业》

❖ **林贵阳：** 新式冷饮，需要慢慢接受

▷ 民国时期的冷饮宣传广告

过去成都市民暑天用的冷饮，一般有酸梅汤、米凉粉、凉虾、冰粉、糖水黑豆腐以及用染料糖精兑成的凉水（或叫作荷兰水），都是小贩自制，很不注意清洁卫生，常常引起疾病。因此，许多人都宁饮茶馆所施的红白茶或六一散水，相戒不买冷饮；再由于国人民族自尊心和传统观念等关系，向来对外洋传入或新出现的事物，往往不那么容易接受。当该厂（成都青阳冰厂）产品初投入市场时，人们也曾以荷兰水之类视之，很不行销。厂方多方宣传并不恤成本地大量送人饮用，经过人们的实地验证，该厂产品

确实合乎卫生，效果良好，市民逐渐乐用后，才以低廉价格广为推销。自此销量日增，产量递升。当时该厂只在市中心的南新街开设一处门市，经营业务是批发汽水、冰糕和纸杯冰淇淋（纸杯形如农村的尖底背篼，人们多呼为纸背篼），并供应餐馆、食品店所用的冰砖。抗战胜利后，该厂产品还曾远销武汉、长沙等地。

《季叔平与青阳冰厂》

❖ 姜梦弼：成都也有个同仁堂

同仁堂的创办人陈发光，原籍江西清江府临江县，是卖膏丹丸散的挑担子药贩，自己也略识医理。清乾隆五年，江西发生旱灾，陈发光被迫抛弃家人，到外地谋求生活，跋涉数千里，辗转来到成都，终日串街走巷，卖药为生。当时街坊虽有药铺，但膏丹丸散，售价较廉，服用方便，深受劳苦大众的欢迎。因此陈发光的生意很好，慢慢积攒了一些钱，就在原湖广馆街口（现东风路二段）一片空地上搭棚摆摊卖药。他随身带有秘方，白天卖药，晚上将药材精细研末，按方配制。对于病人服药后反应，特别留心了解，发现问题，就近向老医生请教，千方百计提高药效。同时对于四季时令病症，细心掌握，配料选材，特别认真。故所售药品都能当令而且对症，营业因而兴旺起来。

封建时代做生意买卖，都要讲口岸。生意做开了，这个地点就成了口岸。陈发光就将湖广馆街口的地皮买下，修成铺房，门前挂上"同仁堂"的招牌，店内悬挂了一道"同仁老铺"的金匾，这是前清大商家的气派。乾隆四十五年（1781）四月二十八，同仁堂药铺就在此地正式开张，陈发光当了掌柜，接着又娶了一房妻室"安家立业"。以后陈发光曾三次回江西，沿途广泛征集药方。江西妻室亡故后，他将儿女都接到成都照料生意。同仁堂的药品，经陈发光一二十年的经营，膏丹丸散由二三十种增加到一百余种，销区也扩大了，药品供不应求。尤其是各州府县的农民及行旅客商对于它的药品深有信心，视若珍宝，纷纷争购。当时盛传有几句歌谣：

同仁堂，药最良，惊风丸，过山香。白痧药能开七窍，金红二丹急救方。人马平安离不得，黑白膏药治恶疮。膏丹丸散医百病，老少不欺一言堂。

陈发光的后代，继承遗愿，把祖传的遗方药本及制药的主要用具，都复制两套。并先后在提督街、湖广馆街以"厚本堂"名义花了几千两银子买下三处房产，准备万一不幸遭受意外损失时，有药方本，有生产用具，有三处房产的资本，能够东山再起，重光旧业，这些艰苦创业，长远布局的思想，深深传给了陈氏后代儿孙。

《连绵二百年的成都同仁堂》

❖ 叶若虚、姜梦弼：渴龙奔江丹，有奇效不外传

庚鼎药房生产的药品，多达六七十种，以渴龙奔江丹为其王牌产品。此药对疔疮、对嘴疮、背搭疮、胛痛、乳痛等疑难疮症有特殊疗效。丹药名"渴龙奔江"，取义于古代神话：渴龙急需喝水，奔入江中把水喝干的传说。暗喻此药用于疮口，有如渴龙奔江之势，把疮内脓淤血吸干，显示解毒提脓液，化腐生新的功力。

清末民初，成都医药事业很不发达，卫生条件也差，人民最易感染疮症，尤其农民和劳苦群众，患恶疮者不少。在国困民穷、缺医少药的年代，非常痛苦。自渴龙奔江丹问世，遂一扫阴霾，大显奇功。无论何种危险的恶疮，一经敷上此药，痛楚立减，化脓生肌，转危为安。几十年来，活人无算，家喻户晓，有口皆碑。

庚鼎药房的渴龙奔江丹扬名以后，成都中药业为之震惊。由于我国炼丹术流传甚久，历代药书，也有记载，成都一些老中药铺的药师，都懂得

一些炼丹技术。药典载明，丹药分升丹、降丹两种。升丹用火，降丹水火兼用。两者制法不同。每一类都可根据古方配不同药料炼制成医治各种病症的丹药。凡用水银、火硝、白矾三种药料升出的丹药名"三仙丹"，称为诸丹之母，亦即母丹。然后根据病症需要，照古方规定在母丹内加配药物用火或用水熔炼后，即制成所需要的丹药。所以成都一些药铺也能生产红升丹、滚脓丹、七星丹等丹药。

至于渴龙奔江丹，成都中药业也有人进行研究、分析，只能断定它是天升地降水火丹，究竟在"三仙丹"这个"丹母"基础上，加配些什么药，怎样进行第二步的熔炼加工，药料的分量比例，操作的技术方法等等，因系秘方都不得而知，也研究不出来。几十年无人能突破这个难关，此药就成为庚鼎一家专有，正因为此，独霸市场。不仅全店职工不知该药制法，即专制丹药的王朗如亦不知其全部生产制造过程。

《成都老药铺庚鼎药房》

❖ 马晓姗：马裕隆百货店

成都马裕隆百货店，从创设到结束，为时25年。1907年在青石桥北街口原西东大街开设第一个门市部；1910年，在商业场又设立一个门市部；1928年，在春熙路北段设立第三个门市部。三个门市部，都是在1932年前后结束的。

虽然马裕隆百货店存在的时间不长，但它是成都最早经销洋广杂货的百货商店。它经销的商品较多是时尚、精美、成都稀有之物，设店的三个地点，又都是商业繁华之区，因此，它在成都显赫一时，成为负有盛名的商店。

东大街门市部开业之日，街上人山人海，光是买扇子的人就一层又一层地围了几层，此去彼来，历久未减。它的门面，正中"马裕隆"三个大字，是书画家姚石倩写的，右手的一行字，写的是"各国通商货品"，左手的一行字写的是"苏杭雅扇发行"。它的铺面有三间，进深不深，但由于商品新颖，布置考究，又只有它才开始用玻璃橱窗、玻璃货架，故一入其间，即觉琳琅满目，应接不暇。晚上，只有它才开始用煤气灯，吸引了许多人来观看，使那一节街更加热闹了。

▷　成都城墙上的广告

当时总府街有一些百货店，但都小型，经销洋广货比较大一点的是正大裕（开设在暑袜街）、章洪原（开设在新街口东大街）、中西大药房（开设在青石桥街口的东大街，与马裕隆店隔街口为邻），但它们的营业额都不大，故当时有人借用《三国演义》一百零一回诸葛亮所讲的张郃与司马懿的比较观，编了一句"三猗不如一马"的口语。可见当时马裕隆销售额是突出的。

当时社会，农村办喜事的，特别是结婚的，多要备办一把扇子、一把洋伞、一张毛巾、一块香皂以及其他东西，要备办这些的人，很多都到马裕隆去买。因为马裕隆的货齐，一下子就买全了：纱罗绸缎和整套袍子、马褂等，是由外省来成都的官员或候补官员要穿的，只有马裕隆才有卖，故只有到马裕隆去买；苏州白铜水烟袋、能够折叠的苏缎瓜皮帽、深绒平顶瓜皮帽、苏缎鞋子这一类商品，是旧式老太爷用的，而以马裕隆卖的为最好；西餐餐具、外国酒、留声机、自行车、钟表、香水、化妆品，是新型的少爷小姐和后来的师长团长以及姨太太用的，也以马裕隆卖的较新较多。加上它的经营得法，接待有方，故销售额特高。

《成都马裕隆百货店的兴亡》

❖ 张恨水：夜市一瞥

无意中在两城遇到一回夜市，在一条马路的人行道上，铺了许多地摊，夹街对峙。那菜油灯光的微光，照着地摊上一些新旧杂货与书本，又恍然是北平情调。这虽然万万赶不上北平夜市的热闹，我跑了许多城市，还不见第三处有这作风，恐怕这又是驻防旗人所带来的玩意了。

夜市中最让我惊异的，就是发现有十分之三的地摊，都专卖旧式婴儿帽箍，这种帽箍，是用零碎绸片剪贴，或加以绣花，有狮子头、莲花瓣等类。不说我们的孩子，就是我的兄弟辈，也没有戴过这种帽儿，它早被时代淘汰了。今日今时，在这些地摊上，竟是每处都有千百顶，锦绣成堆，怪乎不怪？于是我料想到这是到农村去的东西，并推想到川西坝子上，农人的如何富有，又如何不改保守性。而成都的手工业，积蓄很厚，也不难于此窥见一斑。这些做帽箍的女工若能利用起来，是不难让她们做些更适用的东西吧？欧洲在闹着人力荒，我们之浪费人力，却随处皆是。

❖ 周廷富：泰三堂兴衰

民国十九年（1930），由于当时的金融市场一片混乱，张竹波负债2.8万元，泰三堂和泰安堂全部资产包括房产在内都不够抵债。祸不单行，钟子山此时又病故，企业内部人心惶惶，张竹波一急成疾也病故。张竹波去世后，全部担子落在了长子张衡之身上。当时张衡之年仅26岁，尚无社会经验，父亲一死，债主纷纷上门要债，还是得力于梁余武（泰安堂股东）的大力支持，为张衡之出谋划策，才使面临倒闭的企业逐渐走出了困境。

民国二十一年（1932），成都流行霍乱病，病重死者，日甚一日，四门城门出殡的队伍络绎不绝。泰三堂制造的白痧药治疗霍乱有效，特别行销，为了进一步提高疗效，张衡之将白痧药的原配方找名医陆景庭又加修改，增加了朱砂和雄黄，又可上色，名"加料白痧药"，印制了传单并派人四处宣传张贴，药价由原来的40元，提高到48元，利润在100％以上，赚了很大一笔钱。

民国二十二年（1933），由西藏来成都的多刦法师在文殊院大做法事，要做金刚菩提丸一万斤，与泰三堂有交往的陈养天、洪开甫及昌元法师等将这笔生意介绍给了泰三堂。一斤丸药成本八角左右，但多刦法师在大募功果时以几十元一斤出售给信徒们，获利好几万元，这次生意泰三堂也赚了五六千元还债。

民国二十三年（1934），张衡之初次到灌县赶一年一度的茸会。每年立冬之前，军阀马步芳从青海、新疆等地派人用牛驮运大批鹿茸来灌县赶会出售。这年到会的鹿茸特别多，约有2000多对，但买主却比往年少。当时到会的人有渝帮（重庆）的杨焕之、富顺帮的杨少恒、成都的张衡之，三人订盟，不到最低价不出手买货，原一对鹿茸售价380元，以泰三堂当时的财力只能买六七百斤，结果以280元一对出售，买了1200斤，张衡之将鹿茸运回成都后，便在《新新新闻》报上刊登广告宣传，于是本市的、附近县上的如井研、乐山、罗江等地顾客纷纷来泰三堂求购，又批发部分给本市同业，这一年光鹿茸张衡之就赚了八九千元。

民国二十五年（1936），泰三堂业务已呈蒸蒸日上之势，还清了所欠全部债务，张衡之又借了些钱，顶下了冻青树街上全堂药铺作为个人的私产，主营咀片。这时泰三堂的咀片丸散生意一年可达2万元营业额，加上冬季鹿茸生意，一年可达3万元以上，净得纯利1万元左右，存货保持在2万元以上。做鹿茸生意得利后，张衡之感到做外庄生意比门市赚钱快、获利大，便决定改弦更张，以外庄生意为主、门市生意为辅，于是便将泰三堂门市生意交给其弟张世祺经营，自己专营外庄生意，从开始做鹿茸发展到做麝香和其他药材生意，还帮上海、广州等地药号在成都组织货源，生意不断发展。

民国二十七年（1938）6月11日，日本飞机轰炸成都盐市口一带，在熊熊大火之中，泰安堂化为灰烬。

民国三十五年（1946），川康绥靖公署主任邓锡侯的侍从副官王锡如有各县的公粮八九千石（担）要出售，但自己不好出面，要找可靠的商人代卖，税务局长钱子益是张衡之的表弟，他便为张衡之作保，介绍他去做这笔生意。米按市场价销售得九折，余下作手续费与介绍人分享。张衡之认为有利可图，就接手推销。他找到佃客王国清在洞子口、郫县、温江一带销售，开始一帆风顺，不久，洞子口袍哥大爷曾子清以势压人，买了八九百石（担）米不给钱，王国清见势不妙，自己又亏挪了几百石（担）米款，共亏空两千石（担）米，值法币10亿多元，便干脆一走了之。王锡如知道后，便持枪要张衡之赔款，以张衡之当时的全部财产都赔不够对方损失的1/3。王锡如便将张衡之的住房、药号财产向银行抵押800石（担）米。东益店的老板陈学臬看中了张衡之抵押的40亩田产，便借了100石（担）米给张衡之。张衡之加上变卖家中金银首饰，好不容易凑足1000石（担）米赔给王锡如。余下的账，经邓锡侯同意，由张衡之写成欠款条。这样一来，泰三堂又资不抵债，濒临绝境，张衡之决定倒闭药号。这时上海的杜盛兴、协盛权、利盛德三家药号为要利用张衡之继续在成都为他们买货，便借给张几十万元。张前后为他们三家代买过500多斤麝香，获利不小。后王国清又从重庆回来，逐步归还了全部米款。不到半年功夫，张衡之不仅保住了自己全部财产，还将全部抵押款还清。三户上海药号由于靠张衡之代买药材发了财，再加上货币贬值，便将几十万元借款作为酬劳送给了张衡之。

赔米事件过后，张家兄弟见企业大势已去，便彼此钩心斗角，大闹分家。张衡之将私产"上全堂"也交出来作为公产分割，财产分为九股，每股合大米120石（担），张衡之多分一股，但一切债务归他还。上全堂分给其弟张世祺及后母。

分家后，泰三堂由张衡之继续经营，到1949年成都解放。1956年泰三堂交出13330元的财产进入公私合营，走上了社会主义道路。

《百年老药铺——泰三堂》

❖ 廖上柯：开旅馆，得有点势力

▷ 成都旅馆内景

民国二十四年前后，伪中央军入川，接着成渝公路全线通车，外省人大量涌进成都，"旅馆"就应客观需要，陆续开设起来。最初是上中东大街的长安旅馆和中华旅馆，继之而起的是提督东街的凌云饭店，南打金街的广寒宫旅馆，纯阳观的静安别墅。由于外省人特别是京沪人物质生活水平较内地高，来的人又多，少数几家新式旅馆供不应求，天天客满。引起一般人的眼红。不过虽说开设旅馆，不需要什么技术，在当时只需有大房子，有软硬设备，摆开就能赚钱，可是在那个军阀、土匪、特务、滥兵、流氓横行霸道，烟、赌、娼、抢闹得乌烟瘴气的成都，没有足够的势力，上通军界，下通特务、袍哥，能够呼风唤雨，呼得来狗腿子、枪杆子以镇得住堂子的人，是没有胆子来摸的，于是当时那些有势力、有钱、有大房子的军阀、官僚、恶霸、袍哥得以在短短的一两年间，在成都的大街小巷，开起了一家赛过一家的大、中型新式旅馆二三十家，真可算是极一时之盛。从数量上说，尽管他们只占当时五六百家各型旅馆的二十分之一，可是在设备资金和营业额上，差不多几乎要占全行业的二分之一，至于他们在当时社会上所发生的影响——好的和坏的——则是无法估计的。

《旅馆史话》

❖ 郑伯英：诗婢家装裱店

1920年左右我父亲郑次青在仁厚街开设了一个装裱店，亲自题的招牌："诗婢家裱画店在此"。格调比较清新，因他自己能书能画，又酷爱前人的古董字画，开店既可以自活，还可以结交社会上的文人，也是乐事。不过当时四川内战频仍，民不聊生，有闲情逸致讲究字画的人不多，故业务不佳，生活清苦，有时只好自己卖画卖字，或者出卖收藏的文物来维持生计。到了1933年四川军阀内战基本结束，我店乃迁到字库街继续经营，这时，诗婢家的招牌还没有出名，业务清淡，时有时无，收入仅可糊口，在同行中还受不到重视。

"诗婢"这两个字是有出典的。东汉末年的大儒郑康成，他家里使用的奴婢，皆能背诵诗、书。某次，郑康成叫一个婢女去为他办事，不如他的意，他就大发雷霆，把这个婢女罚跪在污泥中，这时另一个婢女路过看见，问道："胡为乎泥中？"被罚跪的说："薄言往愬，逢彼之怒。"两人一问一答，皆引用《诗经》句子，恰如其分，婢女如此，主人的博学就可知了。因此，"郑家诗婢"就传为千古佳话。我父亲用郑康成的典做招牌，说明他的思想高洁，不落俗套。

我早年加入中国共产党地下组织，忙于奔走革命，对于裱画业务，很少照管。1930年我参加广汉起义失败后回到成都，从我父亲手里接过诗婢家，并将店铺由字库街迁到羊市街营业，由于我正当壮年，精力充沛，善于接待顾客，因此结识文化界人士很多。同时，成都市面比较安定，讲究书画的日有增加，业务便一天一天地发展了。

记得当时社会上的名流有所谓"五老七贤"的尊称，他们中的曾奂如、方鹤斋、赵熙、尹仲锡、林山腴、刘豫波等，个个工书善画。很多爱好艺术的人，都以得其一笺一纸为荣，但又苦于不得其门而入。我通过有关渠道同这些老先生接上了头，满足了爱好艺术者的要求，从而使诗婢家的装裱业务为之一变，在同行中渐次崭露头角了。

抗日战争爆发后，南北有名的书画家避难来成都的很多，由于通货膨胀，物价扶摇直上，这些艺术大师们的生活来源，都靠鬻书卖画度日。于是办书画展览，就形成一时风气。我根据南北书画家的需要，不断改进装裱技术，提高产品质量，同时尽量解决别人的困难，争取时间。于是大批裱件源源而来，接件虽然多，从不苟且，因而树立了声誉。由于业务关系，又结识了很多书画名家，起到了爱好书画者与艺术家之间的桥梁作用。如徐悲鸿、张大千、黄君璧、董寿平、赵望云、马万里、丰子恺、郑曼陀等艺术大师，不仅装裱业务要照顾诗婢家，并且和我个人也建立了友谊。

《诗婢家》

❖ 李纯煜等：胡开文笔墨庄

1926 年后，成都市商业中心渐移新开辟的春熙路，胡开文遂在春熙路北端开设分店。不久，将青石桥老店停业，专营春熙路北段商店。

成都胡开文当时除供应各色齐全的书画用品外，为了结纳文人名士及在文化界有影响的人物，又为金石、书画家代收润例。这对爱好并需求金石书画的社会人士，也起到一些桥梁作用。当时，与该店建立了代收润例的书法、金石、国画等艺坛人士先后有谢无量、盛光伟、郑曼陀、林吾墨、施孝长、姚石倩、张铸客、周申甫、木鱼、陈亮清等。

那时成都有很多人渴求齐白石老人的书画，找上门来，要求通过胡开文店求得齐老墨迹。经该店在北京的人和白石老人反复联系沟通、书字作画，使求书画者如获至宝，不仅方便了顾客，也因此与齐白石老人结下了翰墨之缘。1932 年齐老来成都，寓居其门人王缵绪家，求齐老书画者络绎不绝。由于胡开文店的宣纸、画料、笔墨应有尽有，为齐老挥毫提供了方便，满足了需求。之后，齐老还亲临店堂和该店人员亲切交谈，给予业务指导和鼓励，并兴致勃勃地为全店人员作画留念。

《胡开文笔墨庄史略》

❖ 陈祖湘、姜梦弼：劝业场里的新气象

劝业场是当时的新兴事业，它的成败足以影响成都工商业的发展，周善培特别重视，要樊起鸿以商会的力量紧密配合，再兴办一些新的企业，

使其相辅而成，以保证它必然繁荣，现将次第举办的企业分述如下：

其一是电灯。清朝末年，我国一些大城市，如上海、汉口、重庆，均先后有电灯设备，成都却非常落后，依然使用传统的油灯、蜡烛照明。周善培、樊起鸿决定先从劝业场开办电灯，既可为省城示范，又可以吸引顾主，繁荣市场。樊即在建筑公司内增设电灯部，号召另筹股白银2万两，作为购买电机及建筑厂房之用。派人到上海购买40千瓦电机一部，在场内西北角（现大光明理发厅）建厂发电，只供全场照明。劝业场为了扩大影响，还在前后场口高悬一个圆形大电球，每天黄昏发电时，前后场口都挤满了人，观看电球来电，等灯光骤明，群众一齐欢呼，笑声雷动，犹如看花会一样，热闹非常。这一新鲜事物，不仅轰动全城，很快就传遍川西各县，外县和四乡农民有跑几十里路专门来看电灯点亮的，劝业场口和总府街的茶楼，每天午后4点钟，客人就坐满了，等看电灯点亮。

▷ 清末成都兴建的劝业场

其二是自来水。成都人民饮用的水，主要是井水。如用河水，则要用人力从城外挑来，费用既贵，又极不方便。清宣统元年（1909）在劝业道周善培倡导下，设立官商合办利民自来水公司，从万里桥下起水，管道输送到城内的蓄水池，再用人力在水池里挑水使用，俗称"人挑自来水"，比直接到城外河里去挑，却是省力而又方便得多。劝业场特别在华兴街修建一个蓄水池，专人挑水，供给全场，算是最先使用自来水的，这给场内饮食业提供了方便，茶馆也享有了"水好"的美名。

其三是戏园。以往演戏，多在寺庙、会馆举行，无固定场地。清末，会府东街吴某创办可园，是成都正式有剧院之始，营业以来，生意兴隆。周善培认为戏园对繁荣市面能起一定作用，力促樊起鸿在劝业场附近开设戏园，使劝业场一带迅速繁盛。樊氏就于1908年8月集商股白银2万两成立悦来公司，他任董事长，由公司开一个戏园、一个旅馆。在华兴街老郎庙侧购地修建悦来茶园，完全仿照可园风格，以接纳各戏班轮流演唱。1909年建竣，先后接纳复兴班、宝顺和班（京戏）、翠华班、长乐班、荣泰班（川戏）、文明班、文化班（改良川戏）等轮流上演。尤其举办过两次赈灾演出，邀请成都八大班名角串演，因此出名，成为成都川戏的一块发祥地。不过票价很昂，三楼每座三角、普通一角，特别包厢每座五角，包厢每间五元，都按大清龙版计算，基本是为达官贵人服务的。

其四是旅馆。悦来公司在场内偏东处，修建了一所豪华的悦来旅馆，于清宣统元年五月十八日开张。这个旅馆可接待旅客近百人，床位舒适整洁，布置富丽堂皇，前有舆马场地，后有专备旅客携带眷属住宿的小院平房，有浴室、电灯、冷热自来水管的最新设备。并雇请名厨，供应中西餐品，充任招待的员役，有分段伺候，有专供洒扫，有代客送信购物，各司其事，有条不紊，使客人有"宾至如归"的感觉。其正中一座三层洋楼，更为考究，似专为达官显贵所设，收费特昂，每客四枚银元一天，就非一般商旅所能问津，当时像这样排场的旅馆，确属罕见。

悦来公司修建戏园、旅馆，力求豪华舒适，原集资金白银2万两，早已用罄，负债不少。樊起鸿乃约集股东计议，决定增资，乃于清宣统二年七月增招新股白银15000两，公司股本合计白银35000两。

除了兴办这几件新事业以外，在劝业场本身还突出一个最大特点，是每家店铺必须挂出价目牌。因成都过去商家的旧习，买卖货品都是喊价还价，价格非常混乱，因时而异，因人而异，在行情疲滞时，索价稍廉，货品香俏时，就漫天叫价。故本地土著人士熟知商场弊病者，吃亏较少；而外地外乡顾客，经常受其蒙蔽，上当受骗。周善培早欲矫此颓风，但因商家分散，难于管理。而今他利用劝业场集中营贸，便于管理，特别严格规定，凡纳入劝业场的商家，不论店铺大小、不论是本地产品或外来洋广杂货，必须定价出售，各店必须将所有商品悬出价目牌，使顾客一目了然，可以参考比较，所选品种，照牌给钱，保证顾客不受欺骗。同时，由事务所组织专人严格检查执行情况，违犯者坚决处罚。这为成都工商业树立了统一定价，老少不欺的优良作风。因此本地和外县顾客都愿来劝业场买货，营业就格外繁荣起来。以后东大街、走马街、暑袜街等地商家都照样悬牌标价，其影响非常之大。这是劝业场繁荣的又一主要条件。

《成都劝业场的变迁》

第七辑

人与事·锦官城忆往

❖ 王大煜：讲义气的袍哥

袍哥以讲"五伦八德"，孝、悌、忠、信、礼、义、廉、耻等传统道德作为号召。主要的还是一个"义"字，嗨上几排的袍哥，是讲究疏财仗义，救困扶危，对兄弟伙在经济上有困难时，予以资助；遇到弟兄伙遇祸滚案，或外地袍哥跑滩避祸时，出钱出力，掩护营救；兄弟伙发生纠纷，及时出面解决。同时对拜兄如有急难，须顶头"乘"祸，敢于滚案受刑，甚至赴汤蹈火，决不拉稀摆带，喊黄掉底。这样才受人尊敬，就越嗨得开。如一次重庆川康银行一个行员，

▷ 袍哥出身的军阀范绍增（绰号范哈儿）

在该行盗出一张本票，经志诚钱庄吴某介绍，向协和银楼购买黄金十余两潜逃。按本票规定，是认银行不认人的，没有任何理由拒付。但川康银行强调被盗为理由，停止付款。当时正值银根奇紧之际，若将是非分明，对持票者损失更大。当时协和银楼经理胡鹤皋，是三省公舵把子唐绍武的亲戚，又是国华社的兄弟伙（闲三爷），他不采取诉讼的方式，而由袍哥关系出面解决。于是邀请了川康银行总经理宁芷村、协理范众渠（袍哥闲大爷）以及国华社的舵把子曾子唯、谭备三，当家三爷王大煜至康绍武家里举行便餐，在席上胡将此事刚一提出，范等一看，遇到"内排"，很"识相"，即插嘴说："今天在座的，都是自己人，此事不怪胡三哥，主要是我们平时对职工教育不严，发生此事，受笑，受笑！这张本票，应由我们负责，下午请胡三哥提出交换。"相谈不到五分钟，即将此事解决，大家欢饮而散。假使换一个"空子"（未参加袍哥的），

这场纠纷，就不知拖到何年何月。又如裕大公司老板赵琢之，见黄金有利可图，曾在关庙街裕大公司设一门面，开办银楼，聘刘云集为经理，刘在黄金市场上赌输黄金三十余两，赵说刘云集是挪用银楼黄金，利用他参议员的势力，将刘关押在重庆来龙巷侦缉大队，刘的家属即向双方袍哥组织请求解决。次日即请了国华社社长曾子唯、谭备三与正汉社社长仇秀敷等，都是双方的拜兄，在醉东风餐厅，共同研究解决，转知赵琢之与侦缉大队联系，将刘放出。双方各占袍哥势力，此事不了了之。总之袍子与空子发生纠纷，即袒护袍哥，为袍哥说话。"只能兴袍灭空，不能兴空灭袍"。对空子所谓"吃得过"，就不择手段，硬吃。如遇袍哥内部，即称"对红星"，则只顾面子，不伤和气，不能乱吃，吃了也要还出。拜弟对拜兄更要出力，一次仁字袍哥唐廉江，随带兄弟伙外出，至重庆陕西街，碰见一教会的外国人蛮横无理，殴打中国人，在旁围观者，均敢怒而不敢言，唐极为气愤，连声喊打，此洋人见势不妙，即抱头而逃。当即报知巴县县府，要捉拿袍哥归案。那时的官府，最怕外国人，只有照办。么大廖敬之，遂宁人，主动为拜兄分忧解难，敢于出来"乘"案，跑到巴县衙门自首。说：打洋人是他喊打的，被其拘留，后押回遂宁，关了三月释放。遂宁袍哥，认为廖敬之见义勇为，又为拜兄出力，"由凤尾转龙头"，一步登天提升为大爷。又如重庆仁字袍哥唐绍武为邓国璋等滚吗啡一案，在武汉受到严刑拷打，他拒不供认，后被判刑五年，关了三年后释放回川，大受欢迎，由管事提升为掌旗大爷。

《四川袍哥》

❖ **王大煜：** 袍哥排行，没有四七

袍哥是横的组织，以弟兄相称。青帮则是纵的班辈关系。袍哥内部组织，以兄弟结义形式组成。分大、二、三、五、六、八、九、十共八个排行。行一为大哥，公推德高望重者为负责人，称坐堂大哥。掌旗执事的称龙头大

哥。龙头大哥掌握全面，权力较大，其他也有仅拥虚名的闲大哥。行二，按《三国演义》，桃园结义的老二是关羽，因此，称为圣贤二哥。嗨二排的人，均是比较正派而又无职业的闲人，除僧道而外，其他很少有人嗨二哥了。管理钱粮经济及内部事务的，称为"当家"三哥。管接待南来北往的客人，搞交际应酬，并负责内部承上启下的称为管事五哥。袍哥内部有个口号："内事不明问当家，外事不明问管事"。其次是六排，又称蓝旗、巡风、掌握名册，香规、仪注事项。行八，又称纪纲，受大哥、五哥之命，执行纪律等事宜，行九，称为挂牌，是栽培新进，提调升补，登记兄弟排把位置，上四排挂金牌，下四排挂银牌，受惩罚者挂黑牌。行十，又称辕门，负责传达报告事宜，其余是大小老么，大老么随侍拜兄，做一些跑路服务工作，小老么因年龄较小，需要经过一段时间并被提升后，才能称兄弟。未提升之前，对拜兄则以伯叔相称。至于四排和七排，据说在康熙年间，袍哥在雅安时，有个胡四和李七，二人因密报官府出卖组织，被内部惩处。从此四排和七排，成为袍哥所忌讳，没有人去充当，也就不再安排了。

《四川袍哥》

❖ 雷铁崖：滑头成都佬

　　成都人素以滑头著，在四川中民气独浇薄，一似绝不足有为者，以故川中各属见成都人，则望望然去之，若将浼焉者。而以今日变局观之则大异，始而惊惶，继而痛哭，更继而罢市罢课，热潮愈高，众心愈奋，竟一举而诛锄清吏，占领全城，独立之旗飞扬锦里，自由之花开满蓉城。前之滑头者，今日竟断头而不顾，果何故耶？令我索解不得矣！

　　语曰：士别三日，便当刮目。记者别成都人八年，雄飞进步，自当别具眼光。而今犹以"滑头"目之，毋乃为成都人笑哉！

❖ 王大煜：嗨袍哥的手续

参加袍哥的条件，是要身家清、己事明，无"夹灰剪口、天穿地漏"就行。袍哥是不择"襟襟片片"的。即：不分贵贱、贫富、贤愚，均一律平等对待。不许参加袍哥的有娼妓、优人中扮演旦角及端公中的包头演师娘子的人，清朝时还包括官府衙门里的差人和曾为清政府强迫蓄辫子的人。

参加袍哥，要经过恩、承、保、引四道手续。恩拜兄要执事大哥，承拜兄要当家三哥，保拜兄要执事五哥。引进拜兄无论大、二、三、五、六、八、九、十排的袍哥均可。先由引进拜兄介绍，五排管事保举，三排当家承担，执事大哥恩准。初嗨袍哥，原则上应由么大开始，才能熟悉香规礼节。袍哥的要求："有钱出钱，有力出力。"如有钱有势的人，给公口捐献一笔款子，包一点席桌，也可"越城而过"，达到"一点登天"的"新福大哥"。无钱的"滚龙"，便在码头上跑路，或随侍拜兄做一些服务工作。

加入袍哥的仪式，大多是在每年旧历正月的迎宾会、五月十三的单刀会、七月半的中元会、腊月下旬的团年会。地点多在本堂的茶馆或寺庙、同业公会等地设立香堂，正中挂着关羽画像，两旁挂着对联，上联是"三人三姓三结义"，下联是："一龙一虎一圣贤"。点上香烛，开会时，由总舵把子向神像叩头，然后由其他大哥叩头，再依排行叩头，由执事大哥坐在当中，以后大、二、三、五哥依排行坐，以下的兄弟就立两旁。红旗管事即向执事大哥丢个"歪子"礼说："向拜兄请令"。执事大哥说："令出原堂"。红旗管事即宣布大会开始，接着做五堂法式。第一"访山"，用四言八句，介绍历代讲义气的"英雄"事迹。第二是"团江"，用袍哥术语介绍五排以上的袍哥彼此认识。第三是"过江"，宰"长冠"给新进人员滴血。

第四是宣誓，由红旗管事办理新"进步"手续。先由执事大哥丢个"歪子"礼，然后将"进步"的兄弟伙带到当中向神像下跪说："上坐关圣贤，下跪弟子×××在面前，今后如上不认兄，下不认弟，不得好死。"誓后，即向圣像及拜兄叩头，由大哥吩示新参加人的排行。第五是"出山"，就是大会结束，大家入席，尽欢而散。

袍哥组织，由秘密而转变为公开活动之后，军政界、工商界的人，大量参加。由于组织的迅速发展，其香规礼节逐渐松弛，手续仪注也逐渐简化。这些有钱有势的人参加，大都在仁、义两堂。从而滋长了等级观念，对内仍以兄弟相称，对外接受别人恭维，称哥为爷。如大哥称大爷，二哥称二爷，三哥称三爷，五哥称五爷，从六排起，即少有称爷了，以后就这样相称下去。

袍哥的组织扩大，发展的对象，也不限于上九流了；参加的人更为复杂。如惊（看相的）、培（卖打药的）、飘（求张罗要钱的）、彩（耍把戏的）、平（说评书的）、猜（摆赌摊的）、风（见风使舵行骗的）、聊（高台唱戏的生、净、末、丑）以及僧道隶卒，均有参加。这些人过去成都的多集聚在皇城坝、安乐寺等地，重庆多集聚在较场坝、朝天门一带。他们在这一些地方附近，都有公口茶馆。对身家清，己事明的解释，已着重在家庭、父母及本身未操过贱业，没有污点了。

参加袍哥之后，即申请"公式"（红片）和大、三、五哥、拜兄的名片。如到外地码头，别人盘问时，即将"红片"取出，以便查考。袍哥中常说"有宝现宝，无宝过考"。红片是与其他公、社进行联络的证件。所谓"袍哥会首，绿林拜山，只消一张红片"。如只参加袍哥未领得"红片"，算是手续还未齐备。

《四川袍哥》

❖ 王大煜：女袍哥

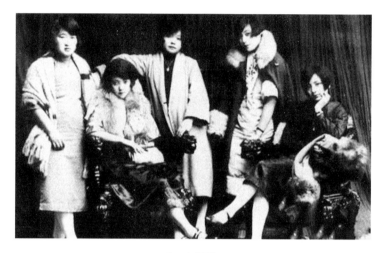

▷ 女袍哥

根据郑成功的《金台山实录》，妇女是可以嗨袍哥的。由于封建时代的妇女，一般是不外出活动的，所以嗨的人很少。在民国初期，也出现了女袍哥，但多是各堂袍哥的家属，如仁字国华社袍哥三爷李炳荣之妻，呼为李三娘，就任过执事大姐。到了30年代，一些上层妇女和军政人员的太太、小姐，与反动党团相结合，仿效男袍哥组织，拉山头，设堂口，开茶社，讲"姊妹伙"，先后成立了200多个社，成员一万余人。重庆女袍哥堂口计有"四维社""坤道社""八德社""同心社""贤良社""淑云社"等。也开有堂口茶馆，如和平路的"四维茶社"，南纪门的"淑云茶社"，江家巷的"八德茶社"等。其组织活动基本上与男袍哥相似，只是称谓上有所不同，男袍哥称大哥、二哥、三哥、五哥，女袍哥则称大姐、二姐、三姐、五姐、八妹、幺妹等。男袍哥供奉关二爷，女袍哥供奉吕四娘，她们的活动，有的为竞选"国大代表""立法委员""参议员"拉票，如比较知名的女袍哥大姐王履冰，任重庆妇女会主任后被选为国民党的立法委员。有的仗恃丈夫的权势，拉帮结社，组织姊妹伙，搞一些政治活动，如欧阳致钦，系川军师长蓝文彬的妻子，任妇女建国会头子。薛智有系国民党重庆市党部妇女主任兼社会服务队队长。也有些职业妇女，为保全职位，或为对付男人讨小老婆而嗨袍哥。

《四川袍哥》

❖ 樵绍馨：周孝怀与成都建设

清末，光绪皇帝采纳康有为、梁启超等人的建议，欲改组政体，实行君主立宪，在京开办经纬学堂。岑保送周孝怀到京入学（当时录选入学的要翰林以上资格，南通状元张謇亦在此期，周系破格入学）。毕业后，周仍被岑邀回两广总督府任幕僚长。

慈禧续办二期经纬学堂，以周孝怀青年有才，复召回京，再入二期学习，继续深造。毕业后遣他赴日本学警政。归国后，吏部问周愿在何地工作，周想到四川是旧居之地，物产丰富，民性纯朴，交通阻塞，到蜀工作易见成效，乃请分派四川，获准。他抵达成都，正值满人锡良任四川总督，先后派他任警察局总办、巡警道和劝业道等职。他任巡警道时，向锡良建议说："成都为四川首府，人口密聚，应予调查登记户口。但推行颇有困难，请求大人出示饬令巡警道，遵守办理，按期完成。"锡良称善，即布告市民，限期登记。于是周即派警察先到总督以下第一大员家中登记户口，该人员声称，"咱家既未窝娼，又未聚赌。"拒不登记。周将此事回禀锡良，锡良即召见该大员面谕："巡警到你家登记，你还拒绝，政令怎能推行？你明日自到警察局登记。"这事传出，成都户口登记极为顺利。周办此事乃成都户口登记的创始。

周在劝业道任内，为使工商繁荣，于东门大田坎开办纺纱厂，于城内开创劝业场（后改商业场），在老郎庙兴办剧场（即现锦江剧场之前身）。又将成都娼妓集中在天涯石街居住，并召集娼妓开会，说："你们愿做娼者，集居此地，不许外迁；不愿做娼者，可到大田坎纱厂做工。"后又在每家娼妓门口钉一"监视户"牌子，在天涯石街口建造一楼，派警察看守。该楼建成后，有事之徒，欲为难周，请其为楼题词。周即大书"觉我良民"四字，制一横匾，钉在楼口，周这四项措施，当时被人称为娼、厂、唱、场。

为管教在川官宦人家子弟，成都创办了客籍学校，礼聘周为监督（校长），由于周对学生管教甚严，使当时官宦的子弟（高干子弟）不敢嚣张滋事，人人一心向学。

《周孝怀自述往事记》

❖ **张达夫：**保路运动一瞥

辛亥年闰六月二十九日，假满回校。听说邮传部盛宣怀和督办大臣端方勾结铁路公司宜昌总理李稷勋，用继续使用川款修宜归段铁路的办法，将川省现存股款变相交出，实权暗移，进一步激起公愤。成都的保路运动，因而迅猛发展。各学堂都在酝酿罢课，学生都已纷纷到茶坊酒肆讲演了，情绪十分激烈。从七月初一起，全市开始罢市罢课，到初六日各条街口都搭起过街台，扎起黄布篷，台上供光绪皇帝牌位，两边写着"铁路准归商办""庶政公诸舆论"，全市人民都投入了保路运动。

七月初一，我们高等学堂和分中都选派代表参加"四川保路同志会"召开的大会，第四班选派我和王槐（号树三）二人作代表。当时学生爱国热情很高，即使不是代表，也有自动去参加的，如第三班的张怡僧等。从七月初一到十四日，成都保路同志会天天都在铁路公司开大会，照例是上午开股东代表会，下午开保路同志会。我一共去参加过八次同志会的会议，因为怕去晚了挤不进会场，我们总是中午12时过点就去了，就是股东会刚刚散会，保路同志会的人就接上了。头两天还是以学生为主，以后则是股东代表上午开股东会，下午又参加保路同志会。当时成都虽没有较大的产业工人队伍，但手工业者却不少，他们在同志会的号召下，都踊跃地参加大会，如手工业集中的染坊街，整整一条街的手工业老板和工人都全来了。会场只能容纳六七百人，可是到会的人越来越多，经常都是几千万把人，礼堂的周围和空坝都站满了人，站不下的挤到大门外街上，把岳府街都扎断了，天天都是人山人海，情况之热烈，简直难以形容。

▷ 辛亥秋保路死事纪念碑

　　每次散会后，沿途的居民群众都围着代表询问会议情形。代表们就将会上的提案、讨论、决议向大家介绍。所以每天的会议情况，还不到晚上全市都传开了；第二天，《保路同志会报告》及一些进步报纸，也及时刊登会议情况。这样，同志会得到了群众的有力支持，从罢市、罢教、罢课，发展到抗粮抗捐，没有在赵尔丰的刺刀之下屈服。

《参加保路同志会片断回忆》

❖ 李定一：大汉四川军政府

宣统三年四月（1911年5月）清政府宣布"铁路国有"的上谕，激起了湘、鄂、川、粤四省人民的愤怒，掀起了轰轰烈烈的保路运动。夏历五月二十一日（6月17日）。

四川各州县团体代表2000余人在铁路公司举行集会，成立四川保路同志会，推举立宪派人士咨议院正副议长蒲殿俊、罗纶为正副会长。

▷ 1911年11月27日，成都民众在皇城参加大汉军政府成立仪式

七月十五日（9月7日），四川总督赵尔丰诱捕蒲殿俊、罗纶、颜楷、彭兰菜、江三乘、邓孝可、王铭新、叶秉诚等9人，激起成都民众到督署请愿，赵尔丰下令枪杀请愿民众32人，伤者无数，造成震惊全国的"成都血

案"，引发四川各地保路同志军起义。是年八月十九日（10月10日）武昌新军起义成功，各省于此纷纷响应独立。

赵尔丰迫于当时形势，在蒲、罗等人全部接受他的扩充边军、供给军饷、枪械弹药种种苛刻条件后，订立"四川独立条约30条"，交出政权。是年十月初七日（11月21日）成立"大汉四川军政府"，宣告四川独立，蒲殿俊任都督，朱庆澜任副都督。赵尔丰仍盘踞督院于总督府不让，于是大汉四川军政府设在旧皇城内，迁出原有学堂。军政府暂定国旗白色；中一圆圈，内一篆书汉字，外围18个小圆圈以表示18行省，礼服用军装，下令剪发。

大汉军政府于旧历十月十八日（12月8日）在东较场阅兵时发生兵变，蒲殿俊、朱庆澜逾城而逃。乱兵到处放火打劫，这就是著名的"成都十月十八打起发"。

赵尔丰妄图乘机复辟，于兵变次日晨，通城张贴告示：不论是巡防兵或者陆军，迅速到制台衙门受抚，不咎既往，一概从宽。时间仍用宣统三年十月十九日。但在兵变当日，时任大汉军政府军政部长的尹昌衡即到外北凤凰山新军六十五标营地，向标统（相当团长）周骏借了300人入城平乱。并于十九日晚上，召集成都的绅耆及军政府原有官员在皇城军政府开会。徐子休、邵明叔、张澜等人都出席了会议，蒲殿俊未到会，以书面辞去职务。会上，经官绅商议，一致推举尹昌衡为都督，罗纶为副都督。

新军政府成立后，张澜向尹建议：要安民心首先必须除去赵尔丰。尹昌衡采纳了张澜的建议，经过周密计划，于辛亥年冬月三日（1911年12月22日）早晨，由周骏带领士兵入督院，擒拿赵尔丰，押入军政府。军政府即在至公堂前召开群众大会，尹昌衡向群众说：民贼赵尔丰捉来了，他杀了我们很多四川无辜老百姓，血债太多，现在他还敢发命令要调任驻在巴塘的傅华封带兵来杀我们四川百姓，大家说，如何办他？！堂上堂下一片高呼：杀！杀！杀！杀死赵尔丰！在群情激愤中，尹都督即命陶泽锟立即在明远楼侧执行赵尔丰的死刑，并传首示众。

辛亥年冬月十三日（1912年1月1日），成渝川蜀两军政府合并，成立四川军政府，尹昌衡仍任都督，张培爵为副都督，军政府仍设旧皇城内。

《皇城史话》

❖ 潘前春：青羊宫花会

青羊宫之有名还因为自唐代1000多年来，一年一度的成都花会都在这里举行，历史上称为花市。每年农历二月十五日（相传是李老君死后在青羊宫托生的日子）在青羊宫举行庙会，又因传说这天是"花朝"，百花同时竞放的日子，所以又称花会。是一项颇具蜀地特色的民间盛会。

锦城农历二月时已值春日，到处草长莺飞，百花盛开。由于成都土地肥沃，气候温和，雨量充沛，这里花木品种繁多、群芳吐艳，历来为骚人墨客所赞赏。宋代大诗人陆放翁诗云：

当年走马锦城西，曾为梅花醉如泥；

二十里中香不断，青羊宫到浣花溪。

这首诗酣畅淋漓地描绘了成都西郊梅花盛开的迷人景色，千百年来不知倾倒了多少名士佳人。陆游还赞美成都的海棠曰："碧鸡海棠天下绝，枝枝似染猩猩血。"

在历史上，青羊宫花会和庙会是一家，从1984年一分为二，庙会在青羊宫，花会在文化公园，会期为1月至1月半。每年农历二月十五日前后，人们都要到青羊宫逛花市、赶庙会。日久天长，逐渐形成花会这一传统的节日盛会民俗。明、清时，青羊宫花市又增加了农副产品贸易，使花会更具规模。

到清代光绪年间，官府在青羊宫花市举办劝业会，扩大场地，延长会期，让各县商家来展销商品，并正式定下"青羊宫花会"名称。民国初，花会又增加了武术擂台赛，戏剧、曲艺艺人也前来表演，使得游客倍增。川菜馆和各名小吃店在此摆摊设点，让游人既饱眼福又饱口福。新中国诞生后，在青羊宫的基础上建成了青羊宫花园。90年代初，又把它分为文化公园和青羊宫两个公园，每年的节日盛会照常举行。

《青羊宫花会》

❖ **戴文鼎：** 青羊宫里的传说

笔者童年，即随外祖母在二月十四日到青羊宫八角亭老君殿坐了一晚上的香，所谓"坐香"，即通宵祈祷也，这天晚上的八角亭挤满了善男信女，烛光闪烁，香烟迷漫，个个念念有词，阵阵锣鼓喧天，我受不了这种干扰，闹着要回家。外祖母为了使我安静下来，给我讲了个民间传说。她说："老君菩萨就是投胎在青羊宫附近一个姓李的家中，母亲怀孕十二个月才生他，而且他是从母亲的夹窝下爬出来的，生下来就是白胡子，就会讲话，就有道行，他是下凡来普度众生的神仙……"我听迷了，望着泥塑的老君菩萨出神，不久就倒在外祖母怀中睡觉了。就在我睡后，下了一场春雨，直到天亮……

1948年，友人符映乾，约我同游二仙庵，会见一个张道长。他也讲了个传奇故事，他说："清康熙年间，成都某将军路过西门外城壕畔，见二乞丐在溪中涤洗砂锅，锅似布袋，任其翻折，当时不解，走过后始悟是仙，待返回寻找时，已化清风矣。"今天想来，这些故事虽属荒诞无稽，但仍不愧是美妙传说。它为青羊宫仙家胜地，添色不少。

《青羊宫花会忆旧》

❖ 吴绍伯：少城里的旗人破落户

清朝制度规定很严，满蒙军兵包括军眷和闲散人员，一律不得擅离营地，不得务工务农、经商，不得买房置地，二百多年来生齿日繁，生活渐入困境。两万多人，处在少城这个窄小范围内，与汉人交往得也很少，四道城门，一般不要外族人进出，有时汉人误入，多遭毒打，沿城边汉人住户，随时发生纠纷，打骂斗殴时有所闻，长期以来关系恶化。

少城族人，由于种种限制，晚清时期生活相当困苦，具体的表现是在穿、吃两方面。穿的方面，除极少数有新衣外，一般都是缝缝补补，破破烂烂，好一点的衣服被盖，是当在当铺里的，有一个姓金的军官，穷得没法，把军服当了，临到会操时，没钱取当，便用枪自杀，各地因贫困自杀的，时有所闻；吃的方面，更是可怜，大部分人，每天都是吃一干一稀，很多家没钱买菜，都到空地（很多地方都是空地）寻找野菜，如地胡椒、泥鳅蒜、枸杞芽、地菠菜等，如能买得鸡、鸭坏蛋或蛤蟆，便视为上品，预卖口粮的，遇事当卖衣物的，比比皆是。

当时还传说一些笑话：一个有官位的旗人，暑天到友家作客，脱下的衣服，被主人盗去从后门送到当铺里去了，送客时不见衣服，主人打起官腔大骂妻子太不小心，被别人从后门进入房内偷去。还有一个穷官太太，拿了一个碗到酱园去叫"打一个钱的酱油醋！"店员问"一个碗怎能装两样？"太太说："你的脑筋不活动，你先倒点豆瓣隔在碗中间，不就行了吗？！"店员不肯，说："那一来成了三样了！"太太一笑，趁势把手伸向盐蒜钵内，抓了一个盐蒜，笑向店员说："你再要说，我还要尝你个盐蒜！"这些虽是当时流行的笑话，也足以反映出旗人生活窘态。

《少城逸闻集锦（二）》

✥ 廖季威、白景纯：成都的烟馆

▷ 民国时期四川的禁烟宣传画

　　1924年以前，成都开设烟馆的人，大多有点资本，并在当地的下级军官和警察的包庇下，在不引人注意的地方，也不挂招牌秘密营业，如裁缝店的楼上，茶馆饮食店的后堂。自民国十三年（1924）3月以来，四川军阀和官府发布"禁烟令"和发给瘾民"戒烟证"后，烟馆子就打出"售店"的招牌公开地营业了，吸食者更自由自在地吸食，成都城内外几乎每街都有烟馆子。据估计那年的"售店"约有2000家，只以烟灯计算就有1.8万多盏，每日可供10万人，包括达官贵人、富商巨贾、地主豪绅、平民百姓，劳苦大众吸食，约占当时成都人口1/6。

《鸦片烟在成都》

❖ **钟启明：**烟毒胜于虎毒，虎大王也受不了烟瘾

新中国成立前，成都少城公园（今人民公园）内有动物园附设在此。动物园养了一只东北虎，体态雄壮。咆哮如雷，见人龇牙咧嘴，使人望而生畏，专门负责喂养这只老虎的周矮子是一个老烟灰，每天一早到晚，都要在铺位上过瘾，由于他的床铺与关老虎的铁笼邻近，周矮子口内吐出的余烟，便为老虎所吸收，时间一久，老虎也染上了嗜好。偶尔周矮子因事耽误，没有吸烟，以致老虎烟瘾发作，呵欠不止，来回撞笼，周矮子见状，就在食物内夹两个烟泡子喂它，老虎吞了烟泡子之后，很快便安静下来。有次动物园的负责人因不明奥秘，把周矮子调去养狗熊，另外派去一个养老虎的，这个人去后，老虎终夜怒吼，拼命撞笼，来人大骇，第二天便申请另调。上面只好又把周矮子调转来养老虎，周矮子见了老虎后，这老虎抓耳挠腮，表示亲热，周矮子如法炮制，老虎亦听其摆布，人、虎之间相处甚得。后来，周矮子因屙烟痢而死，再无人能满足它的需要了。由于虎大王染毒太深，雄风尽失，在一次发瘾中不治毙命。嗣后《成都快报》发表了一则新闻，标题是：《烟毒胜于虎毒，瘾君子应引为戒》！

《漫话"六三"禁烟节》

❖ **曾遂元：**清不完的垃圾

成都的垃圾收运，过去未设专门机构管理，基本上是民间自然堆放处理。清宣统六年（1909），周孝怀在川办警政，始设力夫百名作清道夫，专

司收取渣滓。每日早晨，清道夫使用挑担或独轮车（俗称鸡公车，车上放一可容垃圾百余斤的大竹筐）沿街收集各户生活垃圾，平均每人能收五六条街巷。收垃圾时，清道夫手摇铜铃，高喊"倒渣滓喏！"居民闻声即前去倾倒，然后运往指定的地点堆放。民国初期，战乱频繁，清道夫常被拉夫，有的逃亡，以致街道垃圾经常无人收运，造成市内垃圾堆积如山。20年代，成都市市政公所初建后，开始整治省城环境卫生。民国十三年（1924）春，四川省警察厅特令市政公所所属济贫工厂抽人，与清末巡警衙门遗留的清道夫组成清洁队，共128人，清运积存垃圾，但成效不大。至民国十七年，市政府把垃圾清运工作划为东、西、南、北四块34个区125个段，每一段由一名清道夫负责。进入40年代后，清道夫达214人，每个警察局派驻所有7人。垃圾收运仍沿用鸡公车，每个清道夫负责二至四条街巷的垃圾收运。每天城区平均收运垃圾约23吨。可是因清运力量不足，运输工具落后，垃圾不能日产日清，有的街道仍随处可见垃圾堆。

《垃圾清运和清洁工》

▷ 成都街头拉垃圾车的男孩

❖ 彭元植：金章擂台赛

近代四川最早的一次擂台比武是在熊克武主持川政时，大约在民国8—9年之间。当时熊克武有一个贴身保镖叫李国超，武艺高强。熊克武要显示李国超的本领，便在成都青羊宫花会上设下擂台，由李国超坐擂主。几天之内，打翻了许多人。后来遇上了参赛的余发斋。余是四川人，功夫亦十分了得，二人势均力敌，旗鼓相当，打得难解难分。最后，余发斋以取巧的招数，险胜了李国超。余虽获胜，并未贬抑李氏，承认他实力不弱。二人比赛都很礼貌，得手为胜，赛后互致相敬之忱，杯酒言欢，一时传为武林佳话。熊克武见余发斋武艺高强，亦聘为保镖。这次打擂，便是青羊宫金章擂台赛的滥觞。随后是1924年杨森兼摄省长时期。杨森对各种体育运动都有癖好，对军队的体育训练尤其重视。他的部队举行运动会的竞赛项目中，就有射箭和比武。杨森大力赞助地方的武术活动，对青羊宫擂台赛尤感兴趣。自此相沿成风，青羊宫的擂台赛几乎年年都要举行，且逐步地改正以往"摆擂"旧习，竞技规则也日臻完善。

青羊宫擂台赛由于最后要给胜者颁发"金章"（即金牌），所以又称"金章擂台赛"。这就是成都人人熟知的"打金章"。打金章每年花会期间在青羊宫举行，于阴历二月上旬或中旬开始。选手少时，花会期间便打完了。如果选手多，花会结束尚未打完，便移至少城公园进行。记得有一年，报名人众，仅成都便逾千人，一直打了两个月之久，才见分晓。

《四川武林和我的习武生涯》

❖ **刘骞：** 赖大炮的精确打击

1915年袁世凯称帝，孙中山发表讨袁檄文。12月25日，蔡锷在云南起义，组成护国军，并急率部入川，各省先后响应起义。在四面楚歌声中，袁世凯于1916年3月22日自己宣布取消帝制。但长江诸省讨袁之声，仍经久不息，袁世凯忧愤成疾，6月6日气死于北平。

当蔡锷率护国军到达成都后，四川所屯驻之北洋军陆续退回北平。此时蔡锷患喉疾，原主张武装北伐之心，逐步转向于政治解决途径，并电唐继尧，阻止唐的滇军继续向四川进发。唐对蔡之电告，不予理睬，仍命滇军继续北进。蔡锷发出（皓）电质问唐继尧说："迩者滇军于袁氏倒毙之后，于刚出发之军不唯不予以撤回，反饬仍行前追，未出发者亦令克期出发，锷诚愚陋，未解命意所在。"唐想吞并四川之心、已昭然若揭。

蔡锷因病赴日就医，不久病故。入川的两名滇军将领分别把持四川军政。罗佩金任四川督军，戴戡任四川省长。滇军驻自贡叙泸一带，囊括盐税和商税，加之纪律败坏，四川军民颇为痛恨。川军在分散情况下，无力战胜滇军，这时川军又出现暂时团结，共同对付滇军的局面，刘存厚又率部由陕南返川，熊克武亦与之联合摒弃旧嫌。两军由川西北及川东南分别围攻滇军部队。炮兵二团团长赖心辉奉命率部攻成都。赖军勇猛，发炮击中南较场城墙上之滇军，打死打伤滇军数十人。第二次发炮又打中滇军占据之明远楼。当罗佩金、戴戡二人转入致公堂商议阻击川军时，赖心辉的炮弹又击中致公堂附近和滇军的兵工厂、火药库，罗戴不得已派人乞求和平谈判。滇军愿意由成都出南门，经石羊场、秦皇寺、仁寿、叙府，向云南回撤。滇军在回撤中沿途骚扰，群众不堪其苦。滇军退至秦皇寺时，被军民围攻，罗佩金、戴戡遭乱炮打死。赖心辉炮轰成都滇军之事，川中妇孺皆知，呼赖心辉为赖大炮。当时流传一首民歌：

> 锦城大炮日纷纷，只打滇军不打民。
> 此炮本应城外打，城中难得几回闻。

《川军军长赖心辉的起落》

❖ 邓穆卿：五老七贤，遇上杨森也难办

"五老七贤"从民国以来到新中国成立，在成都挺有名气。他们这些头衔不是官封，更不是自封，而是约定俗成社会流传。他们中间并非都是"子曰""诗云"者，其中还有讲洋务的。他们有共性亦各有个性，见解甚至相左，在成都历史风云中各有表现。记得抗战前，张澜写了篇《川人治川》的文章抵制蒋介石统治四川，但徐子休却不以张的这篇文章为然，竟写篇《异哉所谓川人治川也》，与之针锋相对。

他们对成都当年多次兵燹之灾，都曾坚决反对过。1919年熊克武督川时，与驻川滇军发生矛盾。势将动武，他们站出来，发出呼吁书"请客出境！"

1922年川军自相火并，要排挤督军刘存厚下台，刘关闭城门，固守北较场。一场巷战就要爆发。他们请刘存厚顾全市民众生命财产不要打仗，刘也自知力量不如反对他的联军，也就顺水推舟离开成都去川北。

但是，过后十多年刘（文辉）田（颂尧）两军，在成都巷战，彼此争夺皇城内的制高点煤山，硝烟弥漫，血肉横飞，"五老七贤"也无可奈何。

杨森在1924年任"督理四川军务善后事宜"时，他以"督理"把民政管完，把清代之臬台衙门开辟为春熙路，并拆宽些街道修马路，"五老七贤"也站出来反对，这位跋扈将军却我行我素，不给他们面子。

《成都的五老七贤》

❖ **刘中柱：**杨森停"五老七贤"薪俸

▷ 四川军阀杨森（1884—1977）

　　成都的"五老七贤"，泛指前清遗老、社会贤达、士绅名流及著名文人，一般都为都督、督军的顾问，享受一定的薪俸待遇。在1918年熊克武主川和1922年刘存厚担任督军时，对他们的待遇还特别优厚。但因各个时期所聘顾问不同，人们对这些顾问老人的称呼也有变化，大致是长者为老，其余称贤。就当时市民所熟知的有：方旭，字鹤斋，前清翰林，四川提学使；曾鉴，字奂如，前清拔贡；曾培，字笃斋，前清翰林；陈忠信，字孟甫，前清翰林；宋育仁，字芸子，前清翰林；赵熙，字尧生，前清翰林；颜楷，字雍者，前清翰林；尹昌龄，字仲锡，前清进士；刘咸荣，字豫波，前清拔贡；邵从恩，字明权，前清进士；徐炯，字子休，前清举人；文龙，字海云，前清举人。这些人声望较高，有一定背景和能量，遇到地方上发生重大矛盾，常常进行调解。这一次因拆房修路引起民怨，他们便到督府去为民请愿，要求停止该项工程，却惹怒了杨森说："我当初攻占成都时，放一把火将房屋烧得精光，你们又去向谁请愿！"又说："你们真是狗咬耗子——多事！"拒不听取"五老七贤"的意见，并且停止了他们的顾问聘任和薪俸。

《杨森成都轶事多》

❖ 蓝云翠：熊克武与荣乐园

民国初年，成都包席馆子很多，其中规模最大的要数五柳村的聚丰园。大宴会的生意，大部分都是它做了。其他的包席馆子，只能做点小宴会的生意，是不能与它竞争的。

1918年，四川靖国军总司令兼四川督军熊克武住成都。某次熊为庆功祝寿举行盛大宴会，经人推荐筵席由荣乐园承办，定做鱼翅席一百桌。这次是唱戏饮酒的堂会，会场设在一个大戏院里，台上唱戏，下面就设座安席。熊为了避免客人拥挤，开席有困难，就叫安"流水席"，客人坐满一桌，就开一桌，这样安座开席，就有秩序，不会嘈杂纷乱。没有开席的客人可以安心看戏，开席的可以开怀畅饮。可是馆子方面，就很不好办，大批酒席，要一桌一桌地安座开席是很吃力的。尤其是原材料准备不充分，厨师技术不过关，往往会出丑。因为一是说要就要，二是有几席就要开几席，三是临时增加席桌或减少席桌都要来得利落。这些都是很考馆子里的总调度和厨师的手艺的。记得曾经有一家大馆子闹过一场笑话：它也是承办堂会，顾客订的是四十桌海参席。在出头菜海参时，规矩是舀一份端走一份，哪知掌瓢的师傅手上功夫不到家，拿不稳，才舀到三十二三份（即上三十二三席），锅里就没有海参了。前面都端去上席了，不能匀些出来，后面差几份，怎么办？因此大大出丑。所以大宴会席桌多了，不是那么容易承办的。那天是熊督军宴客，场面很大，怕出漏洞，就由蓝光鉴亲自担任总调度。因为来的都是达官显贵，稍为怠慢就会闯祸。蓝光鉴大场面见得多，很有经验，所以安排酒席很有条理、有秩序，指挥灵活，应付自如，没有出现一点忙乱现象。来的客人吃得舒服，都很满意。席终，熊克武对蓝大为夸奖，立即叫人给蓝光鉴送了一个14色礼品的"大抬盒"（从前送礼用两人抬的工具）表示谢意。事后，熊常对人说："我指挥一个大部队作战，没有问题，要我指挥这个场面就不行了。真是行行出状元啊！"

从此，熊对蓝光鉴另眼相看，凡是督军公署的大小宴会，都叫荣乐园承办。在荣乐园经济周转有困难时，还可以在督署军需处先去借支，没有数目的限制。蓝光鉴就利用经济周转灵活的机会，把荣乐园加以扩大，从兴隆庵迁移到布后街，准备打破上门承包酒席的旧习，增加设备，辟了三个座场，接待客人在馆子里开席。但是，那时的官场中人，都习惯于在家里设宴，才显得有派头，认为馆子里俗里俗气，不愿在那里坐席。因此这段时间，荣乐园还是上门办席的多，馆子里开席的少，业务发展就有很大的局限性。不过它的包席业务，已超过其他馆子，仅次于聚丰园，在同行业中崭露头角了。荣乐园能够在短期内发展起来，是与熊克武的支持分不开的。熊蓝关系，也因之密切起来。后来，熊克武被蒋介石软禁虎门，曾来信托蓝光鉴照管他唯一的一院住房，直到新中国成立，熊返蓉后，还请蓝吃饭，表示感谢。

《成都荣乐园》

刘中柱：刘师亮讽骂杨森得津贴

刘师亮也是当时的文人，被称"四川怪才"，对杨森拆房修路也很反感，便撰写了一副对联发表在他主编的《师亮随刊》上："民房都拆尽，问督办何日才滚？马路已告竣，请将军早日开车！"杨森要召见他，他在青天白日里提着一盏马灯进督府（含义是督府黑暗），杨的一些幕僚都建议"收拾"他，而杨森这时却想起另一桩事来。早在刘存厚督川的时候，樊孔周主编《四川公报》不断揭露了刘存厚的种种罪恶。刘存厚便命部下将樊孔周乱枪打死，刘师亮在报上发表了一副挽联："樊孔周周身是孔，刘存厚厚脸犹存。"刘存厚碍于舆论指责，不愿再激民愤，就容忍了。杨森对于刘师亮的讽骂也抱宽容态度，并且每月津贴《师亮随刊》200大洋，以求相安无事。这份《师亮随刊》发行量达20000多份，超过了当时许多报纸的发行量，直到1934年刘湘担任省主席时才被查封。

《杨森成都轶事多》

刘中柱：猫猫巷改名将军巷

清时成都少城巷口有一石柱，柱顶上刻有老虎，成都人以老虎属猫科，戏称老虎为猫猫，于是便称该巷为猫猫巷。杨森督川时在猫猫巷占了一院宅自用，鉴于其名不雅，又想起算命先生所说，他系子时出生，子时生肖属鼠；星相先生也说，杨森嘴巴尖形，且又门牙微突，面相亦属鼠，更有妻妾子女成群，好事者给他取个绰号"耗子精"。猫是专逮耗子的，猫是耗子的克星，耗子窜进猫猫巷实在不祥，便下令将猫猫巷改为将军街，既雅又威，更有安全感了。无独有偶，后来刘湘督川时在刀子巷建了一座私宅，这刀子巷原是清代开炉制造刀剑而取名，刘湘害怕将来刀子丧命，又想到他长、次二子皆死，惟盼日后多子继承香火，便将刀子巷改名多子巷。这两条街巷名称一直沿用到现在。

《杨森成都轶事多》

❖ 吴晋航等：防区制，各有各的地盘

所谓"防区"，就是四川各个军阀在本省之内所割据的地盘。各个军阀在其所割据的防区之内，不仅控制财政，把持捐税，而且所有行政、司法、教育皆为所掌握，省政府不能过问。这本是在军阀割据局面之下的必然现象；但是这种"防区"正式形成制度，则始于1917年熊克武任四川靖国军总司令的时期。当熊于是年被推为四川靖国军总司令，率军进取成都后，兼摄军民政务，锐意统一川政，并为川军各部将领所拥护。第四师师长刘成勋且首先将所部旅团长名单报请总部加委，表示服从。但是熊之命令不能行之于滇黔军防区。总部通令军队不得过问地方行政财政，而滇军军长顾品珍首先撤换资阳县知事沈燕贻，并自行委任人员继任，省署亦只有听之。自此各军相率效尤，渐成尾大不掉之势。而熊克武初仅有一师实力，虽在战胜之余有所扩充，究不能控制整个川局。加之，唐继尧另有企图，滇黔军夹杂其间，情况异常复杂。同时，谢持、石青阳诸人复向南方政府攻讦熊"坐南向北"。孙中山先生闻之不满，发表杨庶堪为四川省长，实行军民分治；川军石青阳、颜德基、黄复生、卢师谛各部亦趋向拥杨。在此情况下，熊不能不考虑今后军费所从出，以免受制于人，增加本身困难，遂决定主客各军就防划饷。殊不知此法一行，就种下了防区的祸根。狡黠的军人看清有了防地便有军费，有了

军费便可扩军，军愈多便容易争防，因此便竞相扩大防区。起初各军在所辖防区内尚只是就地划饷，后来逐渐变为就地筹饷，借垫预征，苛捐杂税，层出不穷，有增无已。军费有着，就不断扩军；实力扩大，又不断争防，以致演成循环不已的内战。

《四川军阀的防区制、派系和长期混战纪略》

❖ 范裕臻：体育场成了"扯谎坝"

原人民公园内的这个体育场，其雏形系清宣统三年（1911）就形成的"公园广场"。辛亥革命后的1924年杨森任四川督理时，将公园正式命名为少城公园，并在广场上修建体育场。抗日战争中期，一些高等院校和工厂内迁，成都体育事业有了新的发展，少城公园体育场得以扩建，添置体育设施。最风光时拥有一个370公尺的田径跑道、一个足球场，成都市历届大中学生运动会多在此举行，平时练球的人也很多；其西边旷地上有一个射箭场，摆着三个木制靶牌，每天都有一些射箭手在此练习；其西南置有沙坑、单杠、木马、浪船、天桥、秋千和梭梭板等儿童游乐设施；其东边靠半边桥街的公园后门处，有一个国术（武术）馆，每年二月，在此设擂台比武竞赛。40年代后期又破落成为一个尘土飞扬的"扯谎坝"了。笔者亲眼见到的情景是：除尚有一些青年人在一些空坝上玩球、学骑自行车、扯响簧外，更多的是有人利用此空坝卖打药、放西湖镜（拉洋片）、唱猴戏，甚至有外地马戏团在此搭棚卖艺。

《青羊区体育场馆的过去和现在》

❖ 刘中柱：杨森的打狗运动

杨森在成都除了修建马路、整顿市容、提倡运动之外的另一"德政"是打狗。他说城市养狗有三大弊病：一是浪费粮食；二是狗常伤人；三是乱拉粪尿既不观瞻又影响卫生，还容易传染狂犬病。当时成都各条街巷都习于养狗；时时吠声震耳，更有成群野犬争食厮斗。这种情况呈现在省城之中很不协调，于是他便组成"打狗队"，下令不准市民养狗，"打狗队"若在街巷见到了狗，就立即打死，纵是达官贵人的宠犬逛街，也难幸免一死。虽说是"打狗如欺主"，养犬者颇有怨言，但也奈他不何！只不过在群众中另有一种传说是："杨森号名杨子惠（谐音'羊子会'），'羊子'会见了狗是要吃亏的，所以坚决要打狗。"不过成都的狗，经他这么一打，狗患倒也减少了。

《杨森成都轶事多》

❖ 崔显昌：破产大少爷——"曾烂龙"与"喂不饱"

旧时成都出过三个有名的破产大少爷，其中除冯大少爷有些艺术细胞，以"天籁"为艺名"下海"唱了川戏（后来也未逃脱贫病而终的悲惨结局）外，其余两位大少爷均先后当了"伸手大将军"，混迹乞丐群终其一生。这两位大少爷一姓曾、一姓魏，恰好同住鼓楼街，他们的大名早已被人遗忘，而却在人们口里留传下了不少"曾烂龙"和"喂不饱"的"警世恒言"式的传奇故事来。

"曾烂龙"的祖父在清朝中过武举，后来放过几任美差，大捞一票后在春熙路一带置了一大片房产，其父又跻身金融界，是赫赫有名的聚兴诚银行的大股东。曾家盛时那豪奢可从大少爷之父上京应试见其一斑。他一人赴试，随从竟达百余。课读之师自不必说了，伴读之友也不能少，还有陪他消遣，擅长琴棋书画，包括冲壳子扯安安的耍家、清客一大帮，加上京、川、苏、广各味厨师，中、西医师，以及仆妇丫头又是一大群，甚至连理发师、装烟手、挖耳朵的、修脚捶背的匠人也专门带上了。

　　有其父必有其子。家业传到了"曾烂龙"手中，没多久他就把春熙路的房产弄光整完，只留下一副随身带的大烟瘾，除了点烟盘子上的功夫，无一技之长，落得个"买家变卖家"，托情到"考尔登"大烟馆当堂倌混日子。知子莫如父，"烂龙"之父大概早就看出其子是个啥材料，因此在临终前把应给"烂龙"的那份聚兴诚的产业暗嘱由"烂龙"已出阁之姊代管，冀其能给"烂龙"留条后路。其姊见"烂龙"已沦为烟堂倌，以为时机已成熟，便把他叫到面前，如此这般苦口婆心地一番教诲，见"烂龙"受了感动，一把鼻涕一把泪地痛悔，并赌咒发愿地表示回心转意，重新做人，不辜负先人在天之灵之后，相信了他，把那份代管的产业发还给了"烂龙"。

　　然而，"烂龙"毕竟是"烂龙"，没好多久，他又故技重演，把老子给他留作后路的那份产业又戳脱个精打光，连"考尔登"也不敢再让他回去，最后只好沦入乞丐群。中山公园（今成都市劳动人民文化宫）一带的乞丐因他出身大家，关系众多，消息灵通又粗通文墨，在上下都有些烂名声，便推他做了这一带的乞丐头目。

　　魏大少爷的情况与"曾烂龙"大同小异。但他少有混迹江湖，而多作涎脸客出入于旧交人家。"冷板凳"他可以坐热，主人家的白眼他佯作不见，东拉西扯地找人说话，或者涎起脸皮在别人的交谈中去插嘴搭白。待到吃饭，他不待你招不招呼，端到就吃。最叫人头痛的是，他动不动就向你开口"借"钱，少了还不要，因此人称"喂不饱"。

《解放前四川乞丐的形形色色》

❖ 周之德：刘湘的"神仙军师"刘从云

1932年秋，川军刘文辉、田颂尧等在省垣发生巷战时，从云为刘湘策划出兵直攻成都。据他说，要将政治中心地区抓在手里，才有利于统一全川。他们称这次战争为"绥靖之役"。

当时有的信徒宣传说，从云知兵，能指挥大兵团作战，再看下述事实，就知道他是怎样一个"知兵"的角色了。彼时模范师第一旅全部驻在花乡坪一带，在阴历八月杪的一个深夜里，突然军号大奏，哨音齐鸣，官兵紧急集合待命，当由各团团长把队伍带到营房的周围绕了一个圈子。后来才知道是从云预卜的佳期，要这样做，尔后部队才能很顺利的一举而直破成都。

▷ 四川军阀刘湘（1888—1938）

到了部队正式出发，廖泽旅打先头，在江津之役，因为刘文辉部的兵力比较薄弱，很快就攻下了江津。可是到了泸县，城内仅有刘文辉的田钟毅、杨尚周两个旅，兵力不过七八团，而从云则拥有模范师全师和陈兰亭、穆瀛洲等部，兵力至少有十八团之众，还配合所谓的"海空军"。在从云的指挥下，白天打，夜里攻，齐攻，总攻，闹了好几昼夜，竟未攻进泸县，而泸城的杨尚周部倒反把模范师第一旅第三团第九营的士兵俘虏去了几十名。后来刘湘由隆昌亲赴前线指挥，乃令廖泽和陈兰亭抢渡胡市，封锁了龙透关，阻击了由况场来援的高育琼旅，田、杨等在弹尽援绝的情况下，才竖起了白旗。有人这样说："海陆空神，打不进泸城，恼了刘湘，羞煞从云。"

《记刘湘的神仙军师刘从云》

❖ 陈光藻：1932年成都巷战

1932年秋，二十九军田颂尧决定对他所招安来的寇博渊旅进行整编，其时寇旅驻在成都，仅有人枪600左右，寇因自己人数太少，怕整编后不能维持旅的名义，于是拖起队伍投到二十四军。当时驻在成都的保定系陈光藻等多劝刘文辉不要接收这个滥队伍，以免引起同学之间的隔阂，但刘文辉没有接受意见，把寇旅收编了。田颂尧下面的将领，如孙震、董宋珩等，对此很感不平，积极准备对二十四军开火。刘文辉见情势不好，答应将寇旅的枪支退还二十九军，但田颂尧坚持要人枪一起归还，以整"法纪"。寇的家属怕刘文辉将寇交还，不得活命，扭着刘文辉泣求保护，而刘本人也觉得：别人拖队伍来投是对自己拥护，如果将人交还，受到杀害，以后就无人敢再拖队伍来投效了，这对扩充实力很有影响，因此坚不退人。那时邓、田两部官兵，邓、田下面的将领也多对刘文辉不满，由于这些因素，演成了成都巷战，也即最后一场混战的开始。

成都巷战，表面是二十四、二十九两军的对战，但实际上二十八军邓锡侯是暗地里支持二十九军的。在战争正当激烈时，二十八军的江防军总司令黄隐在邓的指使下曾亲率所部对二十四军进行袭击，第一次黄部在仁寿籍田铺袭击，没有获得成功；第二次黄同二十九军的刘汉雄由郫县犀浦偷袭成都红牌楼二十四军防线，意图截断刘文辉部成都与双流间的后方交通。但事机不密，被刘文辉知悉了，预派刘元瑭截击于成都西南角之草堂寺附近，黄部全军溃退，黄本人落水而逃。刘文辉知道邓锡侯暗助田军，急调驻防资中的三个旅由王元虎率领兼程赴成都参加战斗，遂将田部城外部队击溃，城内部队被困于北较场、文殊院一隅。

当二十四、二十九两军正在激战时，二十九军驻渝办事处处长余安民向刘湘游说，劝刘乘机进攻刘文辉，首先统一四川，然后顺流东下，逐鹿中原。于是刘湘动员全军分路西进，并联合四川边防军李家钰和新二十三师罗泽洲从南充下游李渡场向二十四军开火。二十四军几年来因占有了四川的富庶之区，养成将骄卒惰，遭到刘湘进击后，节节败退。驻泸州之杨尚周旅长更率队投降。刘文辉见泸州失守，全局陷于不利，遂决心与田颂尧言和，但又怕邓、田无诚意，乃派保定同学张清平、林云根、唐英等和我到邓锡侯处接洽，要邓表明态度，并说："如果邓、田无诚意，我可一电与刘湘言和，专对邓、田。"当时二十九军正处不利形势，邓考虑如田被刘文辉消灭，自己力量薄弱，不能单独对付二十四军，即说："二刘作战，即是保定系与速成系作战。我是保定同学，最低限度也当守中立，必要时还可率三万人协助二十四军与渝刘一拼。一言为定，请转放心。"调解结果，让二十九军离开成都，退回川北，并由邓派部队，隔开二十四、二十九两军战线，以便二十九军撤退，于是成都巷战结束。

《四川军阀最后的一场混战》

❖ 李劼人：根绝巷战的办法——铲除煤山

争夺煤山第二天的上午，炮火还正厉害时，我亲眼在红照壁街口上看见属于二十四军的足有一营人之众，或者是新从城外调来的，满身尘土，像是开到旧皇城去参加前线。一到与皇城正对的韦驮堂街上，便依着军官的口令，一下散在两边有遮蔽的屋檐下，挺着枪，弓着腰，风急雨骤的直向皇城那方奔去。我是没有在阵地上观过战的，单看这一营人的声势，已觉得很是威风了，旁边有人说："这是二十四军警卫旅的队伍，很行的，也扫数加上去了，皇城里的仗火真不弱呀！"

就在中午，彼此相约停战数小时，以便把大家的伤兵抬下阵地去时，我也偕着一般大胆到街上看热闹的人们，一直步行到三桥——说来你们也不相信，成都市民真有这种本事，就在炮火连天之际，只要不打到我们这条街上来，大家的生意仍是要做的。皇城里打得那么凶法，而在皇城外的街上，只管子弹嘘儿嘘儿唱歌般在天空飞过，而我们的铺子大多数还是热热闹闹地开着，买东西的人，也充耳不闻的，依然高声朗气讲他们的价钱，说他们的俏皮话——打从韦驮堂庙宇前经过时，亲耳听见那个值卫的，也是二十四军警卫旅的兵士，各自抱怨说："他妈哟！一连人剩了五十多个，还值他妈的啥子卫！"

到底二十九军力量薄些，不是二十四军的对手。他因为二十四军的人气要胜些，"我拼着那些人来死，拼着子弹不算，我总要把煤山抢过手，就不安炮也可以！"这也与不必在城里受二十九军无益的牵制，尽可把全力拿到东道上，我把较强的一方打胜下来，然后掉过枪口，回指成都，哪怕二十九军还不让出！然而也不如此，必要在城里打一个你死我活，终不外乎粮户们拼着家当要打赢官司，只为的争这一口气。

到底二十九军力量不济，再度恶战之后，只好从后载门退出，而就在门外大街上据守着，这一场恶战，才算告了一个段落。

及至这次战争之后，一般爱好和平，憎恨战争的中年老年绅者们，忽然发生了一种大感慨。据说是看见红十字会在煤山收殓一般战士死尸的照片，以及听说四川大学、艺术学校、附设女子中学等处，和附近皇城东边的虹桥亭，附近皇城北边的好几条街，都因煤山之战，打得稀烂，一般穷人几乎上无片瓦以蔽风雨，而家具什物的损失，更无以资生，于是一面发起捐赈，一面就焦思失虑，要想出一个根绝巷战的好方法。

方法诚然不少，并且很有力，就是劝告人民一律不出钱，一个小钱也不出；其次是叫各家的父母妻室，把各人在军队中的儿子丈夫喊回去；再其次是勒令兵工厂一律关门，把机器毁了。然而这些能办得到吗？而且绅者们敢出头说半句吗？都不能，只好再思其次可以做得到而又有实效的。不知是哪位聪明人，公然就想出了，一提出来，也公然被一般爱好和平的先生们大拍其掌，认为实在是妙不可圈的办法。

是什么好办法？就是由捐赈会雇几千工人，赶紧把那可恶的煤山挖平，将已经变为泥土的煤渣，搬往别处去填低地。"将这个东西铲平，看你们下次还来拼命地争不？"这是砍断树子免得老鸦叫的哲学。

当时这铲山运动很是得劲，报纸上天天鼓吹，大多数人都附和着说是善后处置中，一个最有意思的举动。

既成了舆论，当然就见诸事实。一般人都兴兴头头的，一天到晚在那里"监工"，在那里欣赏这伟大的工作。工人们似乎也很能感觉他们这工作之不比寻常，做得很是认真。果然，在不久的时间，这伟大的工程完毕了，成都城内唯一可以登高眺望的煤山，便成了毫无痕迹的平地。爱好和平的先生们都长长地叹了一口气，颇有点生悔"何不当初"的样子。也奇怪，自从煤山铲平以后，四年了，直到于今，果然成都就没有巷战了！

《夺煤山与铲煤山》

❖ **马晓东：** 武林宗师马镇江

辛亥革命后，1912年成都成立了"四川武士会"，四川都督尹昌衡为名誉会长，马镇江被公推为会长，刘崇俊为副会长，尹昌衡的镖师铁人马宝负责会内事务。当时由武士会在青羊宫举办的花会擂台比武，成为后来每年一度的花会擂台赛的开端。到1918年，打擂得到当时四川军政府的资助，摆擂比武的规模就更大了。马镇江当时已近百岁高龄，担任总擂主，并为擂台题词"团结尚武，强国强种"，成为以后每次擂台比武的宗旨。

现今武术界流传着许多关于马镇江武德、武艺的事迹，仅举几例如下：

有年冬天，漫天大雪，天气极冷。马镇江在街上看见一位老人衣裤破烂，蜷缩一团，战栗不已，深表怜悯，便跑进厕所，将自己新做的棉裤脱下，送给了那位老人。他的侠义心肠，体现了回教教义上的仁爱之心。

一次他在安乐寺被一群人围住，定要和他较量，他回避不过，便走到大殿的一棵大柱前面，一拳击去，在柱上打出了一个拳印。众人惊惧失色，便无人出来同他交手了。

有次他在三益庙看戏，一伙从外地来的练武者，因不服马镇江的武艺，专程找上门来较量。马镇江好言相劝，这伙人还是要同他比武，只好约定次日就在此地来较量一番。次日马镇江一早便去等候，一会儿那伙人穿着全身武打服来了，一来就叫开打，气势很足。马镇江站起身来说："我先活动一下身子再比"。说着走到一根粗大的石柱旁，突然用臀部向石柱撞去，一声巨响把大柱从石础上撑离了一卡多远，整个房子晃动起来，上面的屋瓦直往下掉。这伙人被这神功所慑服，赶快离开了此地。

当时成都有一位武林高手姓马名宝，练绿林门武功，此人高大健壮，浑身筋骨钢硬，尤善头功，人称"铁人马宝"。他那时也不服马镇江的武艺，便约马镇江较量高低。在打斗中他用绝招铁头向马镇江连撞了三次，被马镇江用该派的特技——毒药铁砂掌连接了他三头，他无法取胜，深感马镇江武功高深，服输下跪拜马镇江为师。

《一代武林宗师马镇江》

❖ **潘孝文：**高级住宅，不得滋扰！

离盐市口不远，有条街叫烟袋巷。虽名为巷，其实是街，这条街的43号旁边，有一个独院。同成都众多的独院没有什么差别，但是，1942年冬，这所独院却名噪一时，成为街谈巷议的中心话题。原因就是独院的大门口，贴了一张可以说是"空前绝后"的布告。

布告是川康绥靖公署主任邓、副主任潘发布的，内容如下：此系本署高级职员住宅，无论军民人等，不得在此滋扰，切切此令。

这真是一张不伦不类的布告，什么高级职员，多大面子，需要川康靖绥公署出布告保护？一般群众当然莫明其妙，实则大有文章。

这所独院的主人叫曾兆民，是川康绥靖公署军法处干员。干员为什么变成了高级职员，为什么需要保护，说穿了也不奇怪，因为这里是一个开设高级烟馆和贩卖鸦片烟的据点。

解放前，成都的烟土业，分别由不同的势力操纵。为了获得最大的利润，各种势力之间，难免出现矛盾。也不知曾兆民得罪了哪一个，省警察局突然将他逮捕，收缴了曾家所藏的烟土烟具，扬言要严办。这真是一条大新闻。正当人们在议论纷纷的时候，曾兆民却在鞭炮声中，大摇大摆地走出了警察局。这件贩烟案也就不了了之。原因很简单，双方经过讨价还价，划分了经营范围，调整了利益，矛盾暂告解决。曾公馆依然门庭若市。为了避免以后再发生类似事件，于是，曾公馆门口就发现了那张保护高级职员住宅的堂而皇之的布告。

《旧成都二三事》

❖ 李定一、曾志成：铲煤山卖城砖

1932年，四川军阀刘文辉与田颂尧省城之战时，皇城北角的煤山，成为两军争夺的制高点，双方都组织了敢死队，你争我夺，冲冲杀杀，死了很多为现大洋卖命的士兵，附近居民也惨遭战祸之苦！战争过后，成都人迁怒于煤山，认为莫有这座高土堆，就莫有这场争夺战，莫有争夺战，成都人就要少受一些战争苦难。在省参议会的支持下成立一个铲高委员会，来铲平煤山。经费不足，就拆卖后子门的城墙砖和基足石，从此，后子门，就有"名"无"实"了！

《"皇城"遗韵》

❖ 夏详烈：古老的鸡公车

▷ 坐在鸡公车上的人

在车行如梭的今天，回忆起20世纪的一二十年代，在辛亥革命民国成立以后时代，当时称为"穿城九里三"的成都城区里，群众上街的代步工具，是坐轿子和乘鸡公车。轿子，今天只能在影视里看得见，一般是两个劳工（轿夫）抬着客人走路的运输工具，一个钟头最快也走不到十公里。还有一种代步工具，就是劳工（车夫）推着走的鸡公车，鸡公车又叫独轮车，可以坐人，也能载油盐柴米等物品。传说鸡公车是三国时代，诸葛孔明发明的木牛流马演变出来的，坐鸡公车比起步行，快不了多少。清代遗存下来的马车，到民国几年，渐渐淘汰了，原因之一，是马匹在街道上，到处拉屎尿，不卫生；二是马车奔跑，时而横冲直闯，很不安全。所以市政当局，限制在城外营业，直到抗战时期，市政府迁到茶店子时，西城门和金牛坝之间还有四人座马车行驶，后来也消失了。上述古老的交通工具，一直使用到民国十几年才有了新的变化。

《从鸡公车到公共汽车——成都公共交通变化小记》

❖ 冯水木：绝世"琴侣"

蓝桥生是20世纪40年代的一名优秀古琴师，持有唐代成都制琴名匠雷威做的一把宝琴，他爱琴如命，终日闭门于小院中弹琴自乐。成都一姓沈女子也喜琴，家有唐代琴匠雷霄（雷威的兄弟）所做的宝琴，沈父死前嘱咐她："谁能将此琴弹得婉转自如，便以琴相赠，随琴而嫁。"之后，蓝桥生为琴而访，一曲抚完，两人结成一家。

相传雷威琴声音洪大有力，雷霄琴清婉柔脆，夫妻双雷合璧，弹琴为生，被传为美谈。不料某日夜晚，夫妻双双碎琴焚琴，服毒身亡。次日早晨，旁人发现桌上有遗书和十余枚琴头金徽，遗书上写"二琴同归天上，金徽留做葬费"。众人猜测，夫妻俩过于痴迷宝琴，生怕何日突遇意外毁于他人之手，故采此下策。

《少城近现代名人故居觅踪》

❖ 胡大可：首只出国大熊猫

在20世纪30年代以前，除中国外，世界上任何国家都没有活体大熊猫，尽管外国人想方设法，不惜任何代价，但到头来弄到的只是一张皮做成的大熊猫标本。

现代第一个把大熊猫带出中国的人，既不是动物学家，也不是动物园的工作者，而是美国一位名叫露丝·哈克纳斯的女服装设计师。

既然露丝是一位服装设计师，她又怎么能将活体大熊猫带回美国呢？

在露丝之前的60多年里，即从法国戴维神甫于1869年获得第一只大熊猫模式标本算起，世界上就曾掀起过几次"熊猫热"，都想从中国把活体大熊猫弄走，但都没有成功。

1891年至1894年间，帝俄的波丹宁和贝雷佐夫斯基在我国四川西北的平武和松潘县一带收集大熊猫，只获得了一张大熊猫皮，保存于大英博物馆，现已有100多年的历史了。

1897年英国人在四川平武县获得一只大熊猫雄兽标本，仍保存于大英博物馆。

1910年德国人韦歌尔德在四川汶川捕获了一只活体大熊猫，成了西方国家亲自抚摸大熊猫的第一个外国人。很可惜这只活体大熊猫不久死去，并未带回国。以后他又获得4只大熊猫的骨架和一张大熊猫皮。这些标本带回德国后，保存在柏林博物馆。

1910年布鲁切尔夫人将自己丈夫（动物学者）在四川马边获得的大熊猫标本送给大英博物馆。

1926年到1928年，小罗斯福弟兄俩在四川宝兴捕猎了两只大熊猫，标本保存在美国芝加哥自然历史博物馆。

1931年杜伦探险队的德国人谢弗猎杀了一只幼体大熊猫标本，另外该队又获得两只大熊猫标本，均保存于费城历史博物馆。

1934年美国动物学会的萨基和赛尔登在四川汶川县开枪猎了一雄体大熊猫，标本保存于纽约博物馆。

1935年英国的伯劳克列郝斯特在四川汶川县猎杀和收购大熊猫皮两张，标本仍保存于大英博物馆。

从以上情况看来，要将活体大熊猫带出中国确非易事。

露丝的丈夫名叫威廉·哈克纳斯，他是一位动物学家和探险家。他俩于1934年结婚。威廉是一位勤学苦钻的学者，他在动物学的研究中倍感兴趣的是中国珍奇动物大熊猫。他清楚这种世界上稀有的动物"活化石"仅中国才有，他很想去中国弄到活体大熊猫。

根据法国传教士戴维神甫在中国探险并发现和介绍大熊猫的有关资料介绍，威廉弄清了中国四川西北山区的地理位置，对大熊猫的生活习性也有了初步了解。他毫不犹豫地下定决心，准备亲自去中国四川西北山区，并把这个想法告诉了结婚不久的妻子露丝。

露丝非常通情达理，当即表明极大的支持。尽管露丝这位出色的年轻服装师对动物学方面的情况知道不多，但她对丈夫的心情是很理解的，并将她的积蓄为丈夫作了去中国探险、寻找活体大熊猫的充分准备。

当威廉·哈克纳斯到了中国后，还没有进入大熊猫产区，便突然病死在上海。留在纽约的露丝听到这个不幸的消息后，心情非常沉痛，继而做出了一个惊人的决定：继承丈夫的遗愿，完成丈夫未竟的事业，到中国去寻找活的大熊猫。她雇用了两名在美国出生的华人——杨辛亭和杨帝泽作保镖和翻译。在丈夫去世两个月后，露丝和她的随行人员得到了美国纽约探险家俱乐部的积极支持，随即来到中国上海，乘船沿长江上逆而行，在四川乐山下船后，穿过岷江山谷，进入了四川的大熊猫产区。先在汶川北宝沟一带寻找未能如愿，继而来到了60多年前戴维神甫"发现"和研究大熊猫的山区宝兴东河地区一带，开始了寻找大熊猫的艰苦历程。露丝很幸运，她在四川汶川和宝兴交界的夹金山下，得到了藏族猎手昆丁的帮助。

昆丁从小生长在大熊猫经常出没的雪山脚下，不管什么稀奇古怪的动物，昆丁都非常熟悉和了解，还能从粪便中和足迹里判断出来。有一次，昆丁正和牧场上的牧民们高兴地喝酒和跳锅庄舞时，一只大云豹在畜群中扑杀一只小牦牛，待牧民们提着猎枪赶去，大云豹已将小牦牛拖到了山崖边，昆丁胸有成竹地提枪瞄准，只一枪就击中了大云豹的头部，大云豹连吼几声死去。从此，昆丁在夹金山一带牧民中成了"神枪手"。

露丝和她的保镖、翻译在昆丁的带领下，穿过青衣江河谷，寻觅在海拔2000多米以上的山林和竹丛中，连续寻找了几天，都毫无大熊猫的踪迹。机遇偏爱有心人，得来全不费周折。一天，正当他们穿越在一片箭竹丛中的时候，忽然从一根断了枝的山核桃树洞边传来一阵婴儿般的啼叫。露丝不知道是什么，没敢乱动。直到昆丁从山核桃的树洞边捧着只温乎乎、毛茸茸的小东西走过来，递到她怀里的时候，露丝简直不敢相信，这就是那个在西方国家流传了半个多世纪，许多人正在梦寐以求的神秘动物——一只大熊猫幼仔。露丝当时高兴得不得了，简直是得意忘形。还是昆丁有经验，叫大家赶快离开，否则大熊猫母兽回来找不到它的孩子是会发怒的，还会伤人啦！大家赶快高一脚低一步地迅速离开现场。

▷　露丝·哈克纳斯和大熊猫苏伶

　　露丝曾在她的日记中描述了当时的情景："它那黑白花的小圆球袋用鼻子磨蹭着我的上衣，忽然本能地就找着了我的乳房。"当时这只大熊猫幼仔还不到两磅重，出生也就个把月。

　　回到驻地昆丁家里，昆丁的母亲用玉米面熬成糊糊喂养，并像带婴孩那样细心地照料。几天后，昆丁雇了一匹壮马让露丝骑坐，并准备了一只用慈竹编成的小筐，放上松软的旧棉絮让熊猫幼仔住进去。昆丁一路照料，离开夹金山麓，经雅安时，昆丁还不大放心，又帮助找了一些供幼仔熊猫吃的嫩竹枝，一直护送到了邛崃才牵马回家，以后由露丝的保镖和翻译护送到成都，乘飞机直抵上海。

　　到了上海，由于手续不完备，引起了麻烦。露丝在上海滞留期间，用最美好的词汇给幼仔熊猫取名"苏伶"，并像育儿母亲一样照顾着"苏伶"。白天用奶瓶装牛奶喂养，生病时露丝常常在深更半夜去惊动儿科医生。记得有一天，小幼仔"苏伶"的肠胃不畅，不吃露丝喂的食物，她很着急，赶快又去找医生，医生给她说：你的小动物正是发育长大时期，要按小动物的习性去喂养，牛奶这类高级食物要喂得适当，多吃水果和小动物所需的植物养料，这样小动物才有可能吃你喂的东西。否则，麻烦事是会越来越多的。露丝非常感激医生的建议，因为她太喜欢"苏伶"了。要是有个三长两短，那实在是对不起自己死去的丈夫来中国的心愿了。

又过了几天，幼仔大熊猫"苏伶"开始动弹了，逐步恢复了健康状况。

后来在美国驻沪朋友的帮助下，露丝仅以两美元的"贿赂"，便登上了美国轮船"麦金莱总统号"。她提着藏族猎人昆丁给她编织的大竹筐，在海关登记证上写着"随身携带哈巴狗一只"的签证，就这样混出了中国。

当露丝提着这个不时传出婴儿般叫声的竹筐，登上旧金山海岸的时候，正是1936年的圣诞节前夕。纽约探险家俱乐部特为小宝贝"苏伶"举行了隆重的欢迎仪式。1937年春天，"苏伶"被送到布鲁克莫尔德动物园，立即成为芝加哥城的动物明星。参观人数最多一天达4万多人。不久，宝兴活体大熊猫幼仔"苏伶"首次出国和美国纽约服装设计师露丝·哈克纳斯的故事就广为传诵。从此，美国也就有了为孩子们设计的大熊猫玩具。

《宝兴大熊猫面世记》

❖ 邓汉祥：大川饭店事件

1936年8月发生的成都大川饭店事件，也是蒋、刘暗斗的事件之一。是年6月，南京外交部曾电刘湘说，日本拟在成都设立领事馆，刘湘复电，以成都既非商埠，又无日侨，更无条约的根据，且东北沦陷后，川人仇视日本的情形甚为激烈，请外交部慎重考虑，严词拒绝。8月20日前后，日派来设领事馆人员深川经二、渡边洮三郎、田中武夫、濑户尚四人，住骡马市大川饭店。刘湘毅然拒绝，决定办法三项：（一）派员到大川饭店向此四日人说明成都不能设领馆，劝其早日离开；如果善说不行，即由武德学友会策动成都各界示威游行，压迫他们出境；（二）为了避免中央特务捣乱，并为将来应付中央预留地步，暗中策动抗日民众团体，邀请蒋介石在成都的特务分子参加指导游行；（三）示威游行时，军警只能维持秩序，不准干涉。在示威游行的时候，特务分子不敢公然违反群众的意旨，不得已勉强参加，在进行中，刘湘叫人用手提照相机把特务沿途活动的情形完全照下来。群众经过大川饭店，竟将该日人等痛加殴击，渡边洮三郎、深川经二二人当场毙命，其余二人负伤未死。事件发生后，蒋介石想借外交问题收拾刘湘，曾电责刘湘事前既未防范，事后又不缉凶，对该事件应负完全责任。刘湘复电说，此次事件由成都中央人员领导发动，又系爱国行为，事前未便阻止，事后无法缉凶，并将当日运动中所拍各种照片函送南京。蒋介石无法嫁祸，始改由南京外交部负责交涉。

《刘湘与蒋介石的钩心斗角》

❖ 李永翘：张善子画笔写忠愤

1937年七七事变、八一三事变后，日本帝国主义发动了大规模侵华战争。之后不久，上海、南京相继失陷。日寇对中国人民进行了血腥的烧、杀、奸、抢、掠。住在苏州的张善子对敌人的侵略极其愤恨，毅然抛弃了财产和收藏，率家人冒着日机的轰炸袭击匆匆西上，先到安徽郎溪，次回四川老家，继赴云南昆明。在这次战火中，他平生所收藏的古代字画等珍贵物品，几乎丧失殆尽；甚至在网师园里精心喂养多年，与之结下了深厚感情的老虎"虎儿"，也在战火中不幸死去。在这些沉重打击面前，张善子想到的不是个人的得失，而是祖国的兴亡、民族的安危。他在郎溪时曾对友人说："丈夫值此机会，应国而忘家。此次我来郎溪，生平收藏存在苏州网师园内，皆弃之如土。以今日第一事为救国家于危亡，万一国家不保，虽富拥百城，又有何用？独恨吾非猛士，不能执干戈于疆场，今将以吾画笔写出吾之忠愤，来鼓励志士，为海内艺苑同人倡！"耿耿丹心，满腔热血，溢于言表。

▷ 张善子画《怒吼吧，中国》

张善子是这样说的，也是这样做的。在艰辛的西撤路上，他时刻不忘救国，手中的画笔一直没有停过。无论是在颠沛的旅途中，还是在昏暗的旅店里，总是手不停挥，画了许多虎画分赠给前方将士和友人，鼓励他们发扬雄风，奋勇杀敌。

到达武汉后，张善子暂住在汉口旅社内，与郭沫若等进步人士经常聚会，议论时局，商讨救国之策。此时，他得知国共第二次合作已经形成，全国一致团结起来抗日救国，感到格外兴奋，立即去商店买回一幅长二丈、宽一丈二尺的白布，张挂在旅社墙上，构思创作巨幅国画《怒吼吧，中国》。不久，日军逼近武汉，敌机空袭不断，但他沉浸于创作中，从未躲过警报。后在友人的再三劝说下，才率家人撤退到宜昌，住在其弟张丽诚的家内。

在宜昌时，张善子置辛酸的流亡生活于不顾，置敌机的狂轰滥炸于不顾，全部身心投入了这幅巨画的创作。在此画即将完成的那天傍晚，全城响起了凄厉的空袭警报声，人们纷纷进入防空洞中躲避，张善子却丝毫不为所动，继续奋笔疾挥，把自己的愤怒和希望，都融入在颜料里倾泻到画布上。当时，正有一位国民党的飞行员前来看画未走，见此情景十分激动，他热泪盈眶地向张善子敬礼说："张老，您就安心地挥毫作画吧，我立刻返机场去参加战斗！"张善子就在这远近轰鸣的爆炸声里，伴着冲天的火光，完成了这幅巨作。

这幅消耗了张善子数月心血的作品，构图雄伟，笔法谨严，感情深厚。图上是28只奔腾跳跃的猛虎，正扑向一丝昏黄暗淡的落日。28只老虎象征着中国当时的28个行省，威武勇猛，生气勃勃；落日则代表日寇，已经返照无力，一息奄奄。张善子还以他特有的刚劲笔法，在画上写下"怒吼吧，中国"几个大字，并在画角题词道："雄大王风，一致怒吼；威撼河山，势吞小丑！"当天晚上，张善子曾充满信心地对人们说："你们看，中国的28个行省都怒吼了，小日本焉有不败之理！"后来，为了纪念这幅作品的完成，张善子还站在画下请人拍了照。照片中，浓鬓长袍的张善子与这幅巨作融为一体：大义凛然，慷慨豪迈，显示了炎黄子孙不可侵犯的威严气概。

《为抗战做出重大贡献的爱国画家张善子》

❖ 张心智：张大千与青城山

四川的青城山，向有"青城天下幽"的盛名，父亲当年在北平时，曾听我的师兄肖建初详细介绍过。这次返蜀后，决定率家前往，在那里居住一段时间。

青城山坐落在成都以西约55公里的灌县境内，其主峰在灌县西南大约16公里处。山上有长生宫、建福宫、天师洞、上清宫、圆明宫和玉清宫等道教庙观。这里山清水秀、树木成林；奇花异草，遍山皆是；飞禽彩蝶，种类繁多；环境幽静，景色宜人，是写生绘画的好地方。1938年年底，父亲带领全家居住在上清宫。这里的住持马道长极为热情，为了使父亲作画有个较好的环境，专为我们一家人安排在有十余间房屋的一所独院住宿。有时候父亲应天师洞住持彭道长的邀请，带了我们去那里小住几天。在这期间，父亲先后为上清宫的麻姑池绘制了麻姑仙子像，为鸳鸯井题了字，不久便刻在石碑上，分别竖立在麻姑池和鸳鸯井的旁边。并给天师洞的彭道长，上清宫的马道长、冯道长作了画。父亲喜爱梅花，闲时亲手在上清宫院内和登主峰的石板路旁边，栽种了不少红梅和绿梅。

父亲感到他能从日军魔掌中挣脱出来，重新获得自由，真是"上天保佑"。从此，他在青城山带领学生、子侄潜心习画。幽幽青城的自然景色，为父亲提供了描绘不尽的素材，更加激发了他的艺术创作热情。记得父亲在青城山居住的两年间，画了以青城、峨眉等为题材的各种作品达1000余幅。《青城山全景》通屏是他比较集中而系统地表现青城景色的巨作。

《父亲在抗战中的旧事》

❖ 邓穆卿：齐白石成都之行

白石老人齐璜，湖南湘潭杏子坞人。当他75岁高龄时，应门人王治易的邀请，偕同夫人宝珠及一双小儿女，于1936年的初夏，离开北平西单跨车胡同的家，过武汉，经三峡入蜀。那年5月抵山城重庆，在观音岩小住后，5月下旬到成都，寓文庙后街川军将领王治易宅，8月底方回北平。

他在成都那段时间，正当榴花照眼，桂子飘香的季节。六七月间的天气，常常是一泼大雨后，又雨过天晴，空气清新，使人感觉凉爽。他对于成都的饮食，深感可口；只是不大喜欢麻辣，更不喜欢菜肴里加"味精"，他说吃菜要吃"真味"。他喜欢湖南的家乡味，可是没带来弄菜的工具。5月30日那天上午他同夫人，来到我当年工作处，要我陪他俩去买个汽油炉子。走遍了春熙路，东选西挑，都难使他满意。先到"万利长"，一只索价七元多的，他嫌价昂货差，未买。过后又走了二三家，终于在"益大"以六元八角钱，买了只他认为差强人意的汽油炉。他的夫人当时对"益大"玻璃橱里陈列的檀香木白纸折扇很中意，很想买一把。取出来一看，虽然那把檀香折扇精致芬芳，但老人却说骨架不牢，不耐用，谢绝我为他夫人买下。当离开"益大"时，他夫人还盯着那把檀香木折扇，依依不舍。

成都三个多月的作客，他对这座西南文化古城，产生了浓郁的感情。他说，若不是室家之累，倘能离开北平，很愿到成都终老。他爱成都的名胜古迹，想访杨雄故宅及洗墨池，子云亭（传说在青龙街十三中学内），想访诸葛亮"观星台"（传说在正府街当年的天府中学内），以及"赵子龙洗马池"（传说在和平街）等，以古迹茫然，未能如愿。新都杨升庵的桂湖，成都武侯祠及杜甫草堂，望江楼薛涛井等处名胜，倒常有他的游踪屐影。至于号称"天下幽"的青城山，他说山路崎岖，年迈足软，不愿前去。"天下秀"的峨眉山，听说山高路险，他更难登临。兼之那年暑天，他的左足被蚊子叮伤，一度红肿疼痛，举步艰难，以此种种，遂未成行，他认为是入蜀后的一桩憾事。

他到成都下榻王治易宅的第二天起，就每天忙于作画刻印，未尝一日间断。他不喜欢应酬，陌生人去会他，多半尝"闭门羹"，更不愿随随便便地便去赴别人的宴会。因此，当时有人说他"刁钻古怪"，其实他倒挺爽直，他说："我一生靠我一双手，养活一家大小。要我画画或是刻印，只需照润格付款就行，不必多费周折。"他的润例，当时也算很便宜，从14元起，就可为你画上一幅四尺长的单条；中堂之类的大件，也不过40元。画画的纸都是用他自己带来的，出自故宫的宣纸。在成都住了三个多月，求画者不少，也只收了4000多元的润金，大半都由胡开文笔墨店收转。

当时和他常相往还的，只有他的门人姚石倩、余兴公（中英），罗祥芷和"诗婢家"的郑伯英等。他对成都的金石家曾默公，虽未见过面，但对曾的治印甚为称赞。而对另外一位想拜在他门下的张某某，便很有反感；张去会他时，他常叫王宅守门的拒之门外，然而这位张先生还是要厚起脸皮，屡拒屡去。齐老离开成都两年多后，张某还在成都开过一次篆刻展览会，大书特书"白石老人入室弟子×庐金石"。

临他要回北平的前几天，还为我当时的工作单位《新新新闻》画了幅水墨"玉簪花"，并亲自送来。这幅"玉簪花"，当年就挂在《新新新闻》会客室壁上。

在那年8月下旬他离开成都回北平的前夜，到他寓所送别的人很多，记得有蔡佩珠、蔡淑慎等。有个朋友柯仲生，偏偏那天上午找到我，说无论如何，硬要我为他弄到一幅老人的画。我托不过人情和他的再三央求，便只有在那天老人临行的前夜，去向老人撒谎说："有位朋友，在外县工作，汇来十元钱，今天上午才收到，想请先生画张画。现在这里这么多人，你明天又要走了，你看可不可以为他画？"殊不知老人当时慨然答道："现在才8点多钟，可以，可以。"于是他照例用他自己收藏的故宫宣纸，画了幅《白菊雏鸡图》。两朵大白菊花，盛开着向下低垂，花叶浓绿泼茂，几只小鸡儿，争食一条褐色的蚯蚓，有两只小鸡各啄着蚯蚓的一头，彼此争食不放，真是生趣盎然。那张画也可以说是老人当年在成都的"封笔画"。在临行前夜那样忙迫之下，循我的请求，在灯光下为我的朋友作画，今天回想起来，我心中还深感不安。

老人在成都三个多月，求画的人很多，他为门人余兴公画的长卷《九秋图》最有名，现藏四川省博物馆。与余合画的《螳螂爬香图》——余画螳螂，老人画香，很有情趣，闻现藏上海博物馆。此外，他还画过《不倒翁》《老鼠偷油》及《小鬼搔背图》，意含讽刺，意味深长。

新中国成立后，他还为杜甫草堂画过《细雨鱼儿出》《红荔》《枯棕》等几幅杜甫诗意画。还刻过一方《梦想芙蓉路八千》的印章（此印曾载于《随笔》第三辑），寄托他对成都的怀念之情。老人对于巴山蜀水锦城风物，真是一往情深啊！

《"梦想芙蓉路八千"——白石老人在成都》

❖ **杨政和：** 四川童子军

1936年四川省童子军理事会成立，开始有计划地统一组训全省童军，指导童军各种活动，并办理建团登记。是年9月筹办"四川童子军干部训练班"，以培养各县市童军干部和教练人员，促进童军的发展。并统一全省童军的教育。童干班班址设在成都后子门今实验小学内，受训学员部分由各地学校就童体教员中保送，另部分系招考的男女高中毕业生，受训人员共120余人。课程内容可分为政治、军事和童军训练三个部分，教员分别由省教厅、省党部、国民军训会和成都军分校政训处的人员担任，该班训练时间为三个月，于是年12月初结业。受训期间学员们曾在北较场成都军分校靶场举行两次实弹射击。全体学员和官兵150人一律骑自行车旅行新都，举行野餐后仍骑车返蓉，特别是每周一次在外北昭觉寺（今动物园）的露营演习，分期进行了构筑阵地、设置障碍、测绘地形、搭瞭望台、卫兵勤务、步哨勤务等军事训练和识别方位、采集标本、侦察追踪、旗语、救护治疗、炊事烹调、洗涤缝补等童军训练，都体现了手脑并用，教学做合一的精神。每次露营结束之夜，还举行了营火晚会，进行唱歌、跳舞、京川剧清唱、讲说评书及多种杂技、曲艺的表演，并欢迎当地群众参加，联欢同乐，增进友谊。

四川童干班学员于1936年12月6日毕业。是日在南较场举行阅兵式等仪式，即行毕业典礼，然后又作了各种体育和技能表演。

学员结业后，即分别返回原校或分配到亟待组建童军的学校担任童军教练，这对当时童军训练的发展普及起到了一定的推动作用。

抗战初期，成都各地初中和完小都有童军团队的组织，各校安排的童军课时都不多，每周仅只一至二节，但课余活动则亦不少，如每天中午和下午课毕放学时，值日或值周的童军中小队均在校门附近街上站岗，维持秩序，扶送老年过街等；每年春秋两季，各校大都要组织郊外旅行或野外露营，进行结绳、旗语、追踪、搭帐篷及炊事等表演；每年旧历二三月花会期间，各初中童军均逐日轮流全体出动，去花会站岗服务；抗日战争爆发后，成都先后举行过多次警报疏散学习和灯火管制演习，许多初中童军届时亦曾组织上街站岗，监视疏散及灯火，他们都非常负责，警惕性颇高。

《旧时童军训练概况》

❖ 赵之楚：壮士出川，再见再见！

七七事变的消息传来，成都人民义愤填膺，为打倒日本帝国主义，收回失地，光复山河，同学们分赴驻蓉国军，要求出兵抗战。我们来到东城根下街王铭章师长公馆，晋见王铭章将军，当蒙接见。王将军着军装、光头，挺胸正坐，我们向其陈述来意后，王将军即说："我王铭章是军人，一经奉到上峰命令，立即率部奔赴前方，用血肉保卫我中华！"

不几日，各军已奉令分批出川抗战。一天早晨，首批出川的军队分东、西两路出发，同学们与群众一道分赴北门驷马桥、东门牛市口恭送。8时整，首批从东门出征将士在国旗、军旗前导下，身着灰布军装，背背斗笠，脚穿草鞋，肩扛兵器，踏着前进曲军号，齐步来到牛市口。此时，群众蜂拥而上，有的为战士披红绸，有的为战士戴鲜花，笑容满面，热泪横流，祝愿珍重，得胜早归。人群中彩旗与鲜花共舞，火炮偕锣鼓齐鸣，女同学们在口琴伴奏声中婉喉而歌。战士们登上军车，群众围车高呼："慢走！保重！"战士们挥手："再见！再见！"

川军出川抗战，分赴华东、华中、西北等地八九个战场，在各条战线上前仆后继，英勇杀敌，气贯长虹，血染山河，表现了广大川军将士大无畏的爱国牺牲精神。1938年3月，为解救徐州危急，王铭章将军奉令率四十一军在滕城一带阻击南下日军，使我军能在战略要地台儿庄有足够的时间完成歼敌军事部署。日军为了快速抢占台儿庄，即以重兵在空军配合下，猛攻滕城，我军在弹尽粮绝时，敌军已破城出现于阵地前，王将军即抽刀自裁为国捐躯。国民军四十一军全体将士以生命和鲜血争取了时间，终使我军取得了台儿庄战役的辉煌胜利。

《忆蓉城抗日往事》

❖ 吴嘉陵：轰炸成都

1941年内，日机八次轰炸成都。3月14日，日机31架；5月20日，日机21架；5月22日，日机54架；6月22日，日机9架；7月27日，日机108架；28日连续轰炸；8月11日，日机百余架；8月31日，日机27架，先后袭蓉。其中，尤以7月27日日机轰炸最为惨重。这天午前11时许，日机分四批，每批27架，共计108架，连续不断地对成都进行轰炸，在市区及市郊投弹320余枚，炸死市民574人，炸伤573人，损毁房屋2470余间。重灾区在城西南部，盐市口、祠堂街、少城公园内、平安桥街、青龙街等处，皇城内的清真寺被炸毁。市郊老西门三洞桥、新南门锦江河两岸、新东门猛追湾一带房屋倒塌，尸横遍野，伤者的呻吟声惨不忍闻。驻成都的中央防空总监高炮部队，对空作战，猛力还击，击中日机数架，机落郫县及仁寿一带。其中击落有日空军领队奥田大佐，从他身上搜出注有成都重要机关单位的地图，并随身带有小型银盒装的佛像，当时省防空司令部派员连同飞机运回成都，让全市人民参观。这次日机浩劫成都，受灾范围大，损失极其惨重。

因太平洋战争爆发，日军无余力顾及四川。同时，我国防空力量加强，1942及1943年两年中，仅有少数侦察机侵扰川东地区，成都没有受到空袭和轰炸。1944年10月27日及12月18日晚，日机数架侵入成都市区投弹后，迅速逃窜。从此以后，日空军再没有侵入成都上空。

▷ 四川部队推着鸡公车出川参加抗战

▷ 抗战时期四川民众以人力、石碾修筑我军空军机场

日空军轰炸成都历时五年，先后共24次，其中以1939年6月11日、1940年10月27日、1941年7月27日三次轰炸为最剧烈残酷，人民生命财产损失巨大，盐市口一带几乎变成废墟，少城公园、猛追湾一带，白骨成丘，多少人妻离子散，无家可归。

《日本帝国主义空军轰炸四川的罪行》

❖ 熊志敏：跑警报

年长的老成都人都知道，当年国民党的防空部门"成都市防空指挥部"，以在成都四城门及市中心如旧隍城（现在的省展览馆）等处竖起高杆挂上大红灯笼告知市民敌机来炸。挂灯笼分三个信号：挂一个灯笼是"预行警报"，挂两个灯笼是"空袭警报"，挂三个灯笼是"紧急警报"。到了"紧急警报"，警报器就不断拉啊，这时敌机已飞临成都上空实施狂轰滥炸了。

每当空袭警报拉响，敌机飞临，市民扶老携幼，选择近路仓皇向城外跑去。这时大街小巷人流拥挤，有小孩或老人被踩被挤倒的哭救声，有大人寻找被挤掉小孩的呼喊声，有手提箱或包袱被抢夺，失主高叫"捉贼"声，秩序极为混乱。摔伤、挤伤或被踩伤的事经常发生，遭殃的多是老弱妇孺。在通往新南门的丝绵街和通向新西门的大街都发生过踩死踩伤小孩的悲惨事件。

在通向四城门的大街上，有钱人家私人小包车和人力黄包车，在街中间排成一条长蛇阵，一辆接一辆，没有一点空隙。行进中拉车的喊一声"少来"，后面的车子必须立即刹车停步。如果不听招呼，就会立刻发生翻车伤人事故。前面车子一翻，后面的也跟着翻，坐车的人经常被摔伤叫"爹"喊"妈"。

《跑警报》

❖ 陈孔昭、吴绍伯：冯玉祥与献金运动

抗战时期，冯玉祥将军住在重庆，受到蒋介石、何应钦等人的排挤、遏制，徒拥军事委员会副委员长的虚衔，而无权无势无所作为。于是，他不得不把主要精力转向抗日救亡的宣传动员工作。冯将军眼见从沦陷区逃到大后方的难民流离失所、朝不保夕的惨况，悲愤异常，称他们是"不愿做亡国奴的义民"，"政府不管难民，难道我们也不管吗？"号称"基督将军"的冯玉祥便鼓励基督教徒募捐赈济，并于1942年12月正式成立"全国基督教节约献金总会"。其献金用途，由救济难民逐渐扩展为"慰劳抗战将士、充实国库、建军建国"。但当初献金范围仅局限于教会，地区则局限于重庆，故收获不大。

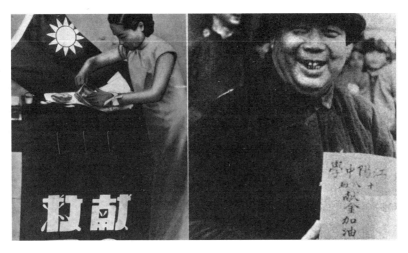

▷ 冯玉祥与抗日战争时期的献金运动

1943年10月14日，为了扩大献金活动的影响和增加捐献的数额，冯将军乃将"全国基督教节约献金总会"正式更名为"中国国民献金救国运动

会"。从1943年11月起，冯不辞辛劳先后四次到本省20多个市、县，广泛深入地宣传民众、动员民众，调动民众的爱国救亡激情。他把各地群众的爱国热情和献金详情，写成了十四封公开信，以扩大宣传。在成都以及各地区先后组成节约献金救国运动会的分会。这次运动规模之大、范围之广、献金之多、情绪之激越，实为古今所罕见。其中涌现出难以数计的可歌可泣的动人事迹。亲临目睹者，至今犹历历在目、津津乐道。正如当时《大公报》发表社论指出："他们的献金是自动的，无条件的。拿出钱来而不要任何报酬，不似纳税之出于义务，购债之多少带有投资意味。他们在无条件地出钱或变卖衣物之后，精神上引为无上安慰，深感献金报国的光荣。民心之可爱，民心之可用，在这次献金运动中，充分表现出来。"

《冯玉祥将军在成都的爱国民主活动》

❖ 梁玉文：胡宗南炮轰武侯祠

1949年12月9日刘文辉、邓锡侯、潘文华在彭县宣布起义后，蒋介石在大陆的最后一张"王牌"胡宗南，心急如焚。他认为，"我打共产党打不赢，但打你刘文辉，还可稳操胜券"。因此，12月13日晚上半夜，按刘文辉的命令坚守在成都外南武侯祠牵制敌人并掩护部分中共地下工作人员的二十四军董旭坤团，遭到胡宗南部第三军军长盛文调集指挥六个团的兵力，在坦克、大炮掩护下的疯狂进攻。当晚胡宗南的坦克开进了武侯祠。祠内所有门窗户壁、垣墙井灶，甚至很多楠木、柏树，都被打得弹痕累累（解放后武侯祠砍的楠木、柏树、青桐等，在锯、刨时，经常遇到弹头），千载古祠，成了战场，血肉横飞，惨不忍睹。激战至次日8时，董团因寡不敌众，伤亡百余人（武侯祠内死十一人，中有一人在皂角树上隐蔽都被打死），除掩护部分中共地下工作人员转移外，大部官兵被俘。

《武侯祠的几则轶闻》

❖ 周少稷：末任市长与成都解放

迄至1949年，王陵基任四川省主席时，国民党已呈全面崩溃之势，解放大军节节胜利，人心均向往解放。这年4月，市长乔诚因时局维艰而辞职。

乔诚下台，一时找不到合适人选，由谁来继任市长成了难题。因为大家都看到当时的局势已是下滩之舟，谁也不愿撑破摊子而临危受命。有的人倒想过个"市长"瘾，但资历又不够格。王陵基本想安置他的心腹，又虑刘文辉、邓锡侯出言语。王陵基深知刘、邓正在联合倒他，为缓和彼此紧张的矛盾，王决定市长一职由刘、邓推荐。刘、邓商议后认为这正中下怀，并决定由冷先生出任，因他是最佳人选：一是在国民党军政界的资历和声望够条件，二是与革命进步人士有关系，并自愿出来收拾残局迎接解放。为此，末任市长，非他莫属！最初冷先生有顾虑，经民盟中委张志和向他做工作后，始欣然受命。

冷先生接任市长后，表面敷衍国民党，暗中却按照二野刘、邓两首长向西南进军广播宣言去做工作。为迎接成都解放，他尽力保存市政府历年所存档案，保护成都这座历史名城免遭破坏，保障人民生命财产不受损失，动员各界人士坚守岗位，不许擅离职守，以便为解放军接收各个部门而做好准备工作。

成都市政府所属的唯一武装是成都市民众自卫总队，下辖14个大队约45000人，冷先生兼任总队长，乔曾希任副总队长。冷因事务纷冗，有关自卫总队事宜全部由乔曾希负责。

自卫队的人员都是由市内工商户与居民中抽调来后略施训练组成的。总队以下有大队、中队、分队，经费自筹。

9月份后，冷先生工作紧张，日夜坚守岗位，为应付时局变化，乃与自卫总队乔曾希一同搬进市政府住宿。

▷ 1949 年 11 月 30 日，重庆解放后，人民解放军继续向成都进发，
追击国民党军队，很快就解放整个四川

　　自解放军百万雄师过长江后，国民党军败逃西南各地。川西成都附近，集聚了国民党败军约数十万众，日夜不停地开进开出，真是兵荒马乱，人心惶惶。这时冷先生已与我川西地下党负责人胡春浦同志取得联系，又同刘、邓、潘三位将军互通声气，决心共同起义迎接解放。为使成都人民免遭兵革之祸，防止散兵游勇趁此机会抢劫，他根据当年川军内战昆河撤退岷江之时，他担任成都卫戌司令，负责断后，曾在市内各街口修栅子的经验，准备再修栅子。他认为这样做虽不能阻止国民党大批败军，但阻止小股散兵、盗匪，却是行之有效的办法。当由自卫总队副总队长乔曾希指挥各区自卫队员在各街口设岗守卫巡逻，冷先生即召集各区募捐、筹办木材，在各街道口兴修栅子，以防意外。但此举引起国民党胡宗南败军和防卫总司令盛文的猜疑，认为此举是"关门打狗"，冲着他们来的，于是下令命所有川军一律撤出城外，自卫总队也不例外，并叫拆除栅子，以利胡宗南部败逃。后来乔曾希以黄埔同学关系找防卫总部副参谋长何其杰向防卫总司令盛文再三解释，才同意自卫总队仍留城内，但大街的栅子要拆下来，小街的栅门要拆下，晚上7点再装上去。

这时，原国民党四川省主席王陵基图谋将自卫队编为一个军，作为最后顽抗的资本，但遭到冷先生和乔曾希的反对。他们说，全体自卫队员是由市民子弟和工人店员组成的，无供给，自带伙食，志愿参加，是一支防匪防盗、维护桑梓治安的地方武装，怎能改编为正规军呢？

1949年12月上旬，原国民党总长兼西南军政长官顾祝同召见冷先生提出要拆除栅子。冷先生说："容我找大家商量一下，再回复。"嗣后经牛范九找西南军政长官公署参谋长萧毅肃向顾祝同解释说："修栅子是为了防盗、防匪，是成都乡绅和民众自卫促进会募捐修建的，现在要拆除，老百姓会不答应。"顾祝同只好作罢。

接着，省主席王陵基又逼迫冷先生将市府随省府迁往眉山，但冷先生避而不见，王打去电话，冷亦托故不接。为了避免过境部队骚扰市民，他令自卫总队副总队长乔曾希对外联系，负责接待过境部队将领，由于他工作过细，周到热情，没有发生过境部队骚扰市民之事。

在这瞬息万变的时刻，冷先生为了迎接解放，确保历史名城的完整存在，他数次召集各区区长和自卫大队附表态，他说："我下定决心，死也要死在市政府，决不离开半步，愿与同仁共赴患难。"为防意外，他忧心如焚，彻夜难眠，直到1949年12月25日半夜4点，胡宗南败军全部撤离成都后，他才稍微安下心来。

12月26日上午8点，在总府街智育电影院召集了全市各区、保人员以及自卫总队全体官兵，其他市属单位人员开会，由市长冷薰南领衔宣布通电起义，欢迎和平解放成都，同时促请解放大军早日入城接管。在未接管之前，指定自卫副总队长乔曾希负责全市治安，关闭各街口栅子，由自卫队派员守卫。各区大队附要分段巡逻查勤，确保市民安全，不得松懈。由于自卫队和其他驻军的紧密配合，在此期间无烧、杀、抢、盗事件发生。

12月30日，在冷先生周密安排下，盛况空前，数十万众夹道欢迎解放大军入城。从北门驷马桥门起直到督院街、东胜街，到处是庆祝的欢呼声，全市人民兴奋鼓舞，互相庆祝的热烈情景，至今记忆犹新。

《原成都末任市长冷薰南领衔起义经过》

第八辑

新旧之间·
传统与现代的十字路口

❖ 陈雁翚：成渝路话旧

四川往昔称公路为马路。成都市内开风气之先。1924年即有马路出现，为杨森新政之一。后乃修建长途马路，成都至重庆一线分两段进行，即成都至简阳为一段，简阳至重庆为一段。成简段1926年开工，1927年通龙泉驿，已有载客汽车行驶，继通至鸦雀口，1931年始直通简阳。周道刚等组织的成简汽车公司独占此段。至简渝段则于重庆设渝简马路局，刘湘属下师长唐式遵兼任总办，分十小段施工，工程进度不等，有先可通行黄包车的，亦有能通汽车的，直到1933年始全线衔接贯通，费款近千万元，唐式遵却从中渔利不少。是路全长450公里，1935年四川省公路局成立后，改称成渝公路，客车两日可达，途中初于樟木镇过夜，后改在宿内江，旧东大路遂渐告废。

迨至抗日战争发生，运输频繁，而路面败坏，车辆陈旧，既行止无定，复供不应求，行路之难，与昔无殊。我亲身经历过一次东行（1940年夏），车至龙泉驿前面山腰即生故障，乘客下车推动倒转车头，顺势下滑，越滚越急，竟无可控制，殊觉惊心动魄。当夜宿龙泉驿。次晨再出发，一路修修停停，入暮勉达内江。第三日继进，司机对破车百般将就，抵来凤驿已万家灯火矣。第四日逾午始毕行程。此行系搭公路局班车。又一次自重庆西上（1942年冬），系单位包车，值下雨天，道途泥泞，第一日宿石桥铺，行不过十公里。翌日止于永川。第三日始抵隆昌。第四日宿内江。沿途时上时下，时停时修，前路如何，更难预料，第五日乃托友人另觅便车，幸而得达。就彼时情况而言，遭遇艰难甚于此者，为数更不可胜计。

其时有打油诗讽刺公路交通状况，刻画颇极尽致，诗曰："一去二三里，抛锚四五回，加油六七次，八九十人推。"更有诮讥破车为国产新型车，所谓新型，是指汽车"打雨伞（车篷漏雨）、点马灯（探照灯失明）、穿草鞋（路溜滑须于轮上捆束稻草而行）为新发明。是国外汽车闻所未闻的。

《东大路话旧》

▷　1941年5月，成渝公路途中车渡

❖　李劼人：房子只设计二十年

　　成都——也可以说四川大部分的地方——是历来没有大风大雪的，每年只阴历二月半间有一阵候风，顶多三天，并不厉害。所以成都的房子，大抵都不很矮，而屋顶也不大考校。除非是百年前的建筑，主人们还有那长治久安的心情，把个屋顶弄得结实些，厚厚的瓦桷之下，钉着木板，而又重又大的瓦片，几乎是立着堆在上面，预备百年之内，子孙三世，都无须乎叫泥水匠人来检漏。但这种建筑，已是过去了，只有民国时代，一般较笨较老实的教会中的洋鬼子，他们修起教堂、医院和学校来，才那样不惜工本的，把我们不屑于再要的老方法采了去；而且还变本加厉，模仿到北京的宫殿方式：檐角高翘，筒瓦隆起。我们近代的成都人，才不这样蠢！我们知道年荒世乱，人寿几何，我们来不及百年大计，我们只需要马马虎虎的享受，我们有经济的打算，会以少数的金钱做出一件像样的东西。所以自从光绪末年以来，我们大多数的房子，都只安排着二十年的寿命，主要柱头有品碗粗，已觉得不免奢侈，而屋顶哪能再重？所以合法的屋顶，只是在稀得不可再稀的瓦椽上，薄薄铺上一层近代化的瓦片。好在没有大风，不致把它揭走，也没有大雪，不致把它压碎，讨厌的是猫儿脚步走重了，总不免要时常招呼泥水匠人来检漏。

《危城追忆》

❖ 郑万禄：卖彩票

1923年左右，杨森任北洋军阀政府的四川军务督理，成立成都市政公所，委他的第一师师长王缵绪为市政督办，负责修建成都市区的马路，把前清的按察司衙门空地扩建成四通八达的春熙路，少城公园（今人民公园）辛亥革命保路纪念碑附近扩建为公共体育场和射箭会的场地，以供他和姨太太、师长王仲明和姨太太每天在那里打球、射箭之用。杨叫王缵绪用建设市政的名义发行一种彩票名叫成都市公益券。

成都市公益券每月发行一次称为一期，每期一万张，每张售银元5元，每张分为10条，每条售银5角。该券票面规定每期以收入的银元5万元中提取百分之七十配发中奖的奖金，其中头奖一张得银1万元，尾奖一

▷ 1929 年成都市发行的公益奖券

张得银1000元、二等奖1张得银元500元（后改为二张各得银元200元），三、四、五等奖张数较多，得的奖银较少，另外，头奖和尾奖中奖号码的最后一个数字相同的彩票各1000张，称作"兑尾""尾子"每张得银元10元（开始二等奖也有一字相同的各得10元，后因二等奖改为2张，要最后二字相同的才能得奖）。剩余的百分之三十提百分之五作为认销商人的佣金，百分之二十五由成都市公益券经理处交由市政公所。市政公所除了拨一部分作为该处处长、庶务、出纳、售券、兑奖各股职工费用和印刷等经费外，每月可净得银元1万元左右，在当时来说是一笔不少的收入。因此，1925年后，邓锡侯、田颂尧和刘文辉瓜分成都市区时，邓的第十一混成旅长（后升为第十一师师长）罗泽洲当了成都市政公所督办，立即继续发行成都市公益券，把每月的盈余1万元左右拿去修西玉龙街的公馆及扩充部队之用。

《防区制时期成都的彩票》

❖ 王大炜：邮局并不是卖油的

1896年，窃踞中国海关税务总办的英国人罗伯特·赫德奏请清廷批准，正式开办了"大清邮政"，由他任邮政总办。1901年，赫德派汉口邮局的洋文供事杨开甲等人入川开办邮务。杨到成都后，在市中心的小什字（今暑袜北一街口）租了一座房子，经过一段时间的筹划，于1901年12月24日即光绪二十七年十一月十四日正式营业。这是当时四川继重庆、万县、宜宾后开办的第四个邮局，也是成都邮局的起始。

刚开邮时，成都邮局叫作"大清邮政分局"。其时，职员不过三人，杨开甲担任供事，襄助局长工作；朱蒲生担任窗口服务，曾福担任投递。次年春天，英国人纽满奉调来蓉主持局务。

邮局开创之初，老百姓不知"邮局"为何物，邮局人员只得在门口敲锣打鼓喊话宣传业务，但交信者寥寥，有时全天只卖出一分邮票。后来人

▷ 20 世纪 40 年代四川的一家邮局

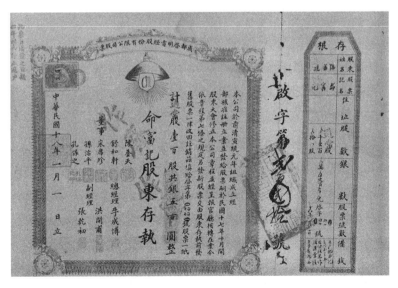

▷ 1929 年成都启明电灯公司发行的股票

们才慢慢懂得邮局和东大街的"麻乡约"差不多，都是为人寄信寄物的，业务才有所发展。当时，由于风气闭塞，有人以为邮局是卖油的，故而到邮局买清油的不在少数。在中坝（今江油）当地油行甚至以为邮局是垄断清油生意的机关，于是全行业拒绝向邮局出售清油，以示抵制。绵竹县的县太爷居然于邮局开局的第三天就派衙役将邮局查封了，邮局人员被迫迁住旅店，消息传到省会成都，时任成都邮局邮务长的纽满亲自赶赴四川总督府向总督赵尔巽交涉。赵见坐着拱竿大轿而来的洋人过问，怕惹起外交纠纷，不敢怠慢，立即下令绵竹启封。

从1901年成都开设大清邮政分局以来，其间几度易名，先称四川邮政总局、四川邮务管理局，后又分东川、西川两邮区，各设邮政管理局。成都解放后，1950年11月15日正式成立成都市邮政局。

《忆成都百年邮政二三事》

舒融笙：启明电灯公司

启明公司是在清宣统二年（1910）成立的。我父舒和轩是清末首批留日学生，在日本曾参加过同盟会，接受了一些维新思想。他从日本铁道学堂学成归国后，眼见当时清廷政治腐败，社会落后，国势日蹙的现实，再看日本明治维新后，大力发展工业、国家日趋富强的景象，萌发了创办工业，振兴祖国的意愿。当时国外一般城市都已用上电灯，而成都是四川省会，还无电气设施，市民全靠油灯照明。为了改变这种落后状况，他有意在成都创办电灯公司，即与我二叔舒品轩、三叔舒勤轩在高等学堂的同窗至好陈养天核计（陈系陕西三原人，其父曾在川做县令多年，家颇富有），拟在成都创办电灯公司，陈极表赞同，遂共同研究，拟具创业初步计划。议定集资银元10万元，由舒、陈二家各出3万元。当时我舅爷孙治平在广东做道台，原计划在老家长寿县创办一机器面粉厂，购有锅炉一台，后因条件不具备，面粉厂没有办成，锅炉遂被闲置起来。于是我父乃同他商量，将锅炉以1万元代价作为股金向电灯公司入股。其余股本多少不等，在亲友中凑齐。第一次筹备会议共有13人签名参加，陈养天、我父亲、二叔、三叔和孙治平（他们分别以陈嘉爵、舒绍芳、舒兴渭、舒兴镇、孙涛在协议书上签字）都在场，即以当时出席者作为公司发起人。所缴资金作为优先股，以后投资者，均作普通股；优先股在公司分红时较普通股稍多分一点。此项决定，一直延续到抗战胜利后，对优先股补发一部分现金，然后才无优先、普通股的区分。

股本凑齐，创办事宜由陈养天和我父兄弟3人具体负责，于宣统二年（1910）正式成立成都启明电灯公司。向清政府工商部登记注册，获得25年在成都的专利权。公司初步计划先从德国西门子洋行购买100千瓦发电机一部，在城内中新街购地，由我三叔负责修建厂房。不久机器运到，由西门子派技术人员负责安装，并代培训技术人员，工程完竣，遂即正式开机发电。供电时间，每天傍晚到午夜12点。从此，成都开始了用电灯的历史（1908年在商业场内创办的同益电灯公司只供商业场内使用）。

《成都启明电灯公司》

❖ **李劼人：** 成都夜生活，只到八点半

成都市在抗战中扩大了，人口从战前的四十几万增加到八十多万。近郊许多地方，从前是纯农村世界，但自民国二十七八年起疏散的人出去的多了，而许多新兴的有关军事机构也尽量建立在郊外，这样一来城外一些地方电灯有了，马路有了，桥梁有了，粮食店、猪肉架子、小菜摊、杂货铺也有了，连带而及的茶铺酒店饭馆旅社栈房都有了，业已把城郊四周十来里地变成了半城半乡的模样；但是一种旧习还依然存留着，便是没有夜生活。

半城半乡之处，交通到底不大方便，只有一些越来越不像样的实心胶轮的人力车；而且一到夜里，还不大找得到。得了抗战之赐，使劳作收入较优的车夫们，辛苦了半天，足以一饱了，他们第一需要休息，第二对于比较寂静的黑黢黢的乡野道路，总不免存有几分戒心，虽然近几年来已不大有什么路劫事件发生。新兴的木箱式的马车，和长途车式的公共汽车，路线既只限于四门汽车站以内的旧市区，而且一到黄昏也都要收车的。因为没有夜的交通，在近郊，遂也无夜的生活，大家仍然保存着农村的早作早歇的良好习惯，那是无怪的。

市区以内哩，则说不出什么原因，或者成都市还未进步到近代工业和近代商业的社会，好多生活方式，犹在迟缓的演变中；一般人还是喜欢的日出而作；一清早是大家工作得顶忙碌的时候，入夜也需要休息了。娱乐场所也如此，白天是准备有闲阶级的人们去消遣，夜间则只能以很短时间来供应忙人，无论是书场，是戏园，是电影院，大抵在8点钟以后不久，就收拾了，而别的许多大都市的夜生活，在8点半钟起，才开始哩。

8点半是成都人最牢记不能忘的"打更时候"。只管大家已习惯了用钟用表，而打更仍是很有效的。小铜锣沿街一敲，于是做夜生意的铺店便关了，摆地摊的便收捡了，茶馆、酒馆、消夜馆一方面准备打烊，一方面也正是生意顶兴隆的时节，行人们纷纷倦游而归，人力车是最后的努力，马路女郎也到了最后关头，再过一刻，维持治安的人们便要用着他们遇啥都感到可疑的眼光，向寥落的夜徘徊者作绵密的侦察或干涉了。

没有8点半以后的夜生活，于是从下午的5点起，就几乎成为有定例的逛街，和欣赏窗饰，和寻找娱乐，和钻茶馆会朋友谈天消遣的必要时间。而成都市区又只有这么一点大。几条中心街道，像春熙路，像总府街，像几段东大街，便成为人流的交汇地方。因此，周安拉着陈登云的车子也和适才在总府街东段时一样，不能凭着气力朝前直冲，只能随在一条长蛇似的车阵之后，而时时向后面车子打着招呼："少来！""前挡！"放缓脚步，徐徐通过了春熙路，通过了上中东大街。

《天魔舞》

❖ **孙丹木：**南虹游泳池

30年代的成都，政局动荡，民生凋敝，军阀政客忙着争权夺利，贫弱百姓晦气沉沉。一批不满现状的知识分子力求通过发展教育，开发民智，强健体魄，达到强国御侮，复兴民族之目的。

国民教育中的体育，当时亦已逐渐引起有识之士的重视。在此背景下，成都大学体育系主任向志均教授等人筹划在成都建一个游泳池，以供教学之需，但在当时的成都建池却并非易事。1933年，向教授兼任成都市通俗民众教育馆音体部主任，建议将少城公园（今人民公园）内一个荷花池改建成游泳池，市长都同意了，"五老七贤"愤愤然，说那地方是我们喝茶赏花的，改成游泳池让男女赤身裸体同池戏水，成何体统？

▷ 锦江边游泳前的热身活动

1936年，重庆西南美专教授周卜熊同向志均在华西坝创办西南美专分校，向教授将校园中一荷花池改为游泳池，供美专艺体科教学之用，但这个游泳池红火了几年后便因种种原因中途夭折了。

还在创办美专游泳池的当年，向教授又同四川大学教育学院院长邓只淳教授、成都师范大学艺术系主任赵治昌教授等，共谋筹建南虹高级艺术职业学校。他们在新南门外购得校址50余亩，靠锦江边修一正规游泳池——南虹游泳池，供艺校学生上游泳课，为开展成都市游泳运动创造条件。

当时，游泳池建筑费共计3000多块银元，其中校董事会集资1300元，其余由向志均教授承担。向教授为筹建池资金，东借西凑，预支薪俸；其妻取出私人存款，兑换金饰，全力资助，实属难能可贵。游泳池设计建设均由向志均负责，设计完全按当时游泳规则标准要求。在施工中，向教授每日亲临现场检查监督质量，一丝不苟，倾注了不少心血。

池建成后，深受周围学校学生和居民的欢迎，游泳运动的影响日益扩大。学校每年举办游泳开幕式，邀请各大学成绩优异、热爱游泳的女生剪彩，由优秀运动员作跳水和游泳表演。每年举办一次公开游泳和跳水比赛大会。后来，成都市、四川省乃至西南地区，均来"南虹"举办游泳赛事。一时间，南虹游泳池名将云集，声誉鹊起，游泳运动迅速引起蓉城人的强烈兴趣。

《"南虹"今昔》

❖ 熊志敏：大光明电影院

大光明电影院原在成都少城公园（今人民公园）内。走进少城公园大门，过桥下桥的左边是一楼一底的枕流茶社。在茶社不远的右边就是大光明电影院。电影院的大门左边是贴广告的墙，右边是售票窗口，中间是进影院的大门。电影放映前，大门口站着两排工作人员，分为左右，每排五六人不等，专门负责收票（又称为肉丁），查票相当严，有鱼目混珠，或想吃"混糖锅魁"的（不给钱白看），被抓住后将会"饱餐一顿"（就是挨打）。进得影院大门，左右两侧各有一床厚厚的黑色布帘，用于遮挡场内的光线。这家电影院为一楼一底，下面叫堂厢，安放一排排木椅，上面编了号数，对号入座。楼上叫楼厢，两侧摆的是能坐四五人的长板凳。楼厢正中是达官显要的座位，一般人是不能随便坐的。后面墙上开了几个小方孔，这就是电影放映室。放映室对面的土台则为挂银幕和打字幕的地方。银幕左侧安放一个约70公分长，30公分宽的乳白色玻璃做成的壁灯，外面要找场内观众的，由影院设置专门的人，在另外一块长条玻璃上写上姓名，然后一按电铃，把玻璃放在壁灯面上，不用喊，外会的人就自动出去了。大光明电影院的布局和概貌介绍如此。现在谈谈看电影中碰上的特殊情况：有一次我随母亲到大光明电影院去看"火烧红莲寺"。恰好刘帮办（刘文辉，相当于当时省长，一般人称他为刘帮办）携带眷属也来看电影。先是两边行道突然来了二三十个当兵的，身上挂着手枪（老百姓叫梆梆枪），腰上拴着手榴弹，大声喊叫："全体起立，军长来了"，所有男女老幼，听见喊声都莫名其妙地站起来。当兵的带头鼓掌，大家也跟着鼓掌，直到刘帮办及其家属坐下，大家才跟着坐下。这种场面真是威风凛凛，杀气腾腾。

电影开始前，热天要散发热毛巾，发毛巾的人手艺高超，他左手拿几十张叠好的热毛巾，从行道中甩一张能准确无误地飞到观众的手里。另外就是一些贫穷人家专门为靠巷道方便的地方和楼厢两侧的观众打扇，给钱多少不拘，卖花生、瓜子、糖果的捎着木箱叫卖，生意基本上可以，那时候吃纸烟的人很少，因此场内很少有人抽烟。

电影开始放映前，先打广告，接着就放动画片米老鼠，好多人没有看过，其滑稽动作，令人大笑不已。正片开始，"火烧红莲寺"的剑仙侠客先后登场，腾云驾雾，手一指一道剑光，两人剑光斗剑，打得非常热闹，人们越看越起劲，可惜就是没有声气。

《上世纪30年代成都的电影》

❖ 熊倬云：警察的枪，从无到有

成都警察从清末初办，直至1932年成立省会公安局止，都没有枪支，警士只用木棒值勤，因此有"棒棒副爷"之称。杨维任军事巡警总监和戴洪畴、余司礼等任军事巡警厅长时，担任治安警备任务，另有军队归其指挥，但这些武装部队不属警察编制，警察本身仍无枪支。1933年于渊任省会公安局长时，才呈由四川善后督办刘湘发给步枪200支，配备警察，这是成都警察武装的开始。此后警察枪支时有增加，1940年戴颂仪任局长时，省会警察局已有步枪1083支，马枪20支，手枪15支。1946年徐中齐任局长时，除将坏枪更换好枪外，长短枪数字也增为1106支。1949年临近解放前夕，何龙庆任局长时，军统特务拟用警察搞游击叛乱，抵抗解放，成都警官警士不但由蒋介石全部配备枪支，而且还是新式的卡宾枪、汤姆森和左轮手枪、可尔提等，原来陈旧的步枪、马枪，这时已弃而不用。但反动警察的历史已到了它的结束阶段，不到一月工夫，它就随反动的蒋匪政权一起全部被推翻了！

《反动统治时期的成都警察》

❖ 庞孝益、戴文鼎：警察的灰色收入

旧时成都东、西、南、北以及通惠门、新东门均设有城门分驻所。抗日战争前未拆城门，他们担负着早晚开、关城门，城门口的岗哨，维持治安等主要任务。凡进出城担粪的农民，都要交一束柏枝，名义上是用来避

秽气，否则，就不准进城。这些柏枝到了晚上便成了一大堆，遂由分驻所转卖给农民。其收入除警察们打牙祭外，剩下的就大家私分，当官的总要多分点。因此，当时老百姓骂警察是吃"尿泡饭"的，原出于此。

"花街"，即烟花之街，指妓女卖淫的集中区域。当时有福字街、新华街、天涯石北街、东顺城街等处。这几条街的住户大多数是开妓院的，即所谓"监视户"，也有做生意的，如开茶馆、酒饭店、百货生意者。这几条街口都有警察值岗，还有警备司令部派的武装士兵站岗，专管这一区域的治安。当时规定：凡穿军装、中山服、西服，甚至外穿长衫、内穿西裤的都不准进去，只许穿长衫子的进去嗨玩。

▷ 20世纪40年代成都的警察

"花街"派驻所除收"花捐"（按户收来上缴总局）外，还有大量额外收入。如敲诈嫖客、勒索妓女、加上鸨婆的笑纳，茶社、酒馆白吃白喝等等。还有每年巡官两夫妇要做几次生日，甚至巡官的父母和岳父母也要做生日，大家都要送礼。因此，"花街"以"肥缺"著称，使他们吃肥了，养胖了。

那时候的"花街"，是娼、烟、赌的窝子，是吃喝玩乐的邪恶场所，也是人间的"活地狱"。大小流氓、烂兵丘八，混杂其间，时常闹事打架，治安难管，派驻所要在那里搁平、检顺，当巡官的人还得是一个熟悉下层社会的人物。从周荃叔当局长到唐毅那段时间都是朱明高作"花街"主任巡官，此人就是一个圆滑、狡诈、八面玲珑的家伙。

　　除上面提到的特殊分驻所之外，其他的警察分驻所有无额外收入呢？同样也有，只是门道不同罢了，如查禁烟毒、取缔赌博、清查私娼，以及处理大小违警罚法案件。那些违禁者为了逍遥法外，便以当面请客，背后送礼（塞包袱）等手段贿赂警方，只要当局睁只眼、闭只眼卖个关子就行了。

《四川省会警察局始末》

❖ 刘中柱："济川轮"的府河之行

　　府河行驶轮船的策划人和投资者赵续先，1937年在汤恩伯所辖的八十八师当团长，1939年后调四川，囊中颇为饱满，决心效法以轮船起家的民生公司，为四川航业做点实事，好更使自己能够名成利就。

　　他们在成都水碾河筹组起了立达实业公司，公司之下设立达机械厂，积极研究、设计、备料，决心要制造出一艘浅水客轮，以期打破历史沉静，获得一鸣惊人的效果，航行于府河之中。

　　这艘浅水客轮的外壳，是用最薄的钢板和较坚的本质制成，座位是一条条的小板凳，马达是用汽车上的发动机，其他设备虽属低档，但都不缺。为了摆好排场，还以很大的口气为该轮起了一个名字，曰："济川轮"（其实是一艘近似轮渡的小汽船）。

　　1944年农历五月初，"济川轮"下水试航了。由望江楼去到中和场，在那里待了一会，让乡下人见识见识他们从来没有看见过的"洋船"，然后像赶场一样又回转到了望江楼河边停泊。这次试航，一是试试性能，看有无什么毛病；二是先在成都出出风头，显显洋气；三是利用轮船演示、宣传，好起轰动效果，便于以后卖票拉客。这一招确实灵验，在端阳节正式开航那天，果然把预定的100张船票销完了。票价不分下行上行，每张船票一律定价为200元，在当天就收入存2万元。赵续先他们喜欢迷了，暗自盘算，不出两个月即可再造一艘"济川轮"。

根据海报预告，轮船由成都至乐山，下水行半天，乐山至成都，上水行一天。开航那天，看客比乘客还多，其中除了少数是送行的人，绝大多数是去看稀奇赶热闹的。当那客轮在望江楼江边拉响了三声汽笛之后，该轮便起锚徐徐离去，一直到远行转弯了，两岸的大批看客才散尽。

▷ 江上行驶的轮船

那是1944年的端阳节，府河中正好发了一场"芒种水"，水位升高，且水流较急，"济川轮"也较争气，果然只航行了大半天就到达乐山了。乘客沿江饱览两岸风光，兼谈轮船如何如何，十分兴奋，感觉到乘轮船是比乘木炭汽气安逸些，都愿再次光顾。乐山县长幸蜀丰听说轮船新从成都省城来到，也率相关官员挤在人群中间一起表示欢迎，并登船与船主握手言欢示庆，鼓励"济川轮"长期定班航行府河至乐山，好为乐山带来繁荣，并表示愿为其宣传拉票，以示支持。

"济川轮"在乐山停泊一夜之后，第二天又满载乘客由乐山溯府河而上。殊逆水行舟就比较费劲了，初时，经过板桥溪、汉阳坝倒也还较为顺利，但过山峡、中岩寺时，就显得缓慢了。而行驶到青神河面时，因载重，水急，马力不足，只闻马达声嘶力竭的怒吼，不见船身在前行。最后，咆哮一阵之后竟然停止响动了。原来是该轮的"水叶子"被急扇断了，船身在江中倒退漂流，在紧急之中，轮船不断鸣笛求救，乘客十分紧张！幸好，青神的众多木船驶往营救，一面将一些乘客疏散上岸，一面用牵绳将该轮拉到岸边抛锚待修。该轮这次上行很不顺利。使乘客险境横生，既庆幸未葬身于鱼腹，又抱怨途中受阻，进退维艰，要求赔偿损失。而船主一面应付乘客退票，一面筹谋处理该轮善后，颇为懊恼。府河航行轮船，开头煞有介事，"呜喧喧"地闹了一阵子，结果仅仅航行一天半，最后是个"冷么台"。不过，这总算是府河第一次航行了轮船，也是迄今为止通行轮船的最后一次，平心而论，当时有这种开拓和敢于冒险尝试的精神仍是可取的。

《"济川轮"航行府河前前后后》

❖ 郑祖驹：老成都掀起了网球热

　　30年代的成都，已有一批官僚、豪绅、富商、社会青年以及大、中学生爱好网球运动。此次蜚声全川的范四师网球队迁到成都，深受爱好网球的群众的欢迎，尤其国手王文正精湛的底线正反拍长抽的招式，博得广大观众的好评。

　　我队来到成都，正值酷暑季节，早上练球倒还好过，可是每日下午骄阳余威未减，本有畏色，但却被这座绿树参天、荷花飘香、御河环抱、碑亭翼立的园林风光所陶醉。虽然挥汗如雨，角逐奔驰，尚无疲惫之意。

　　盛夏的少城公园，每当金乌欲坠、玉兔将升的这一短暂顷间，正是成都人信步漫游这座景色宜人的闹市园林的黄金时刻。我队的两名巾帼新秀赵蕴华与何淑兰（范绍增之二位夫人）每次登场表演，最是引人瞩目——她俩窈窕多姿，体态轻盈，身着洁白衣裙挥拍对阵，身手不凡，好似"天女散花"，宛若"嫦娥奔月"，这般婀娜多姿、旖旎健美的运动场景，可谓大开古老闭塞的蜀都新风，并给网球的艺术形象，倍添了美的色彩。

▷ 成都的网球场

由于名手荟萃的范四师网球队辗转于成渝两大城市之间，并常以高超精湛的网球技艺表演于游人如织的公共园林之所，自然引起了不少青年男女对网球的兴趣，突出地表现在这一时期的蓉城街头，经常可以见到三五成群、风流潇洒的男士和女郎，在他（她）们所蹬的自行车上多以拎挂着一支色彩鲜艳的进口网球拍为时髦，足见爱好网球已蔚然成风。

《范绍增与四川网球运动》

❖ 汪一立：智育电影院

解放前的成都是一个落后闭塞的城市，人们长期以来生活在一潭仅有着一丝微澜的死水中。20世纪20年代，从法国勤工俭学回归故里的一批留学生程子健、邹昕楷、邓典承、卢不模等人，看到故乡的落后以及人们思想的闭塞守旧，决心要在教育事业上干一番事业，改变这种状况。成都从1904年开始，便有人进行电影放映的活动，但由于没有正规的电影院，只得租用戏园、茶园以及庙宇、庵堂演出。1924年，张镜清（罗元俊的亲戚）廖立夫、彭世达等人租用青年会地址，发起修建了新明电影院（现青年宫电影院），成都才算有了第一家，也是唯一的一家专业电影院。在这批留法归来的学生中，程子健是学电影机械的，懂得电影放映技术，于是大家便决定创办一所电影院，利用电影去打开人们的眼界，启迪人们的智慧，对国民进行教育，以唤起大众的觉醒。但是，创办电影院需要投入大笔资金，钱从何而来？于是通过友人的介绍，几位留学生结识了成都市的知名人士罗仲麒先生。罗仲麒先生世代寓居成都，家资富有，又喜好结友，与成都市的中上层人士都有密切的交往，因此，社会关系很广。程子健、邹昕楷等人便向罗仲麒先生谈了大家的打算，并恳请罗仲麒先生出面组织筹建电影院。罗仲麒先生一口承诺，表示愿大力支持，并立即积极着手进行招募股东的工作。当时规定每股股金大洋一百元，凡参加入股的人，除了享受分红利外，平时还可持股东铜牌免费到电影院看电影。在罗仲麒先生的主持下，不少人纷纷入股。因大多数人是抱着免费看电影的目的来入股的，所以很多人只入了一股。在收到的一百多股股金中，罗仲麒先生就占了30多股，成了最大的股东。资金筹齐后，便开始选择地址修建电影院。大家看中了总府街的群仙茶园，茶园位于成都市最繁华的商业区，紧邻春熙路、商业场、昌福馆（商场），人流量大，在此修建电影院，是不可多得的黄金口岸。通过关系终于租到了这块地盘，经过精心设计建造，1926年4月15日，一座中西式结合有着古典建筑风格的电影院终于落成。影院以"启迪民智，促进教育"为宗旨，因而取名为智育电影院。电影院包括庭院以及电影院后门的旅馆，建筑面积共为4000多平方米。庭院中用小石子镶嵌成各种花形图案的地面，成荫的绿树，四季的花草，两座手擎火炬的女神石雕塑像，圆形大喷水池中高高喷发出晶莹的水柱，墙面各式浮雕和正墙上醒目的大钟以及电影院内洁白高大的银幕，闪闪生辉的纱罩外幕，极有气势的侧楼，楼厢堂厢中的1400多个干净整齐的观众座席，无不显示着"智育"的与众不同和别具一格。罗仲麒先生是主要筹建者，又是电影院最大的股东，因此，全体股东推举罗仲麒先生为电影院的经理。智育电影是继新明电影院后，成都市修建的第二家专业电影院，它以其高雅华丽的建筑在成都名声大振，再加上罗仲麒先生经营有方，使电影院业务蒸蒸日上，在当时成都的影剧界同业中堪称首屈一指的大影院，大有独领风骚之势。

《罗元俊与成都的影剧院》

❖ 吴剑洲：落后的成都交通

民国十三年杨森督理四川，为了战略需要，感觉蜀道维艰困难，就提出要开发四川，发展文化，必须先从交通入手的倡议。当时全川反对，认为马路一修则挖断四川龙脉，从此刀兵瘟疫必接踵而来。杨森认为这些愚蠢的反对，不置一顾，完全是五老七贤在作作祟，立即抓了几个有名的五老七贤来关起，很快在市郊建筑马路。既没柏油沥青水泥，仅用黄泥和碎石铺成路面，只留很小的水沟来排水，到了雨季，水沟承受不了，很多街道都被水淹，尤以祠堂街积水盈尺，少城公园一片汪洋，黄包车不能通过，街民自己用木板扎成筏子在街划行。当时《新新新闻》有一版刻画四个人抬着一块匾，匾上有四个大字："泽惠市民"，边的上款题有××市长德政，下款成都市民敬献。抬匾人及吹号打鼓的人膝盖以下都淹在水中。

正府街也被水淹，每家厕所粪便和烂布烂纸裹成一团浮在水面漂漂荡荡，各家都用扫帚荡水把粪团荡在街上，靠法院的一边全是法院的砖墙没有居民荡水，两天后积水才消失，但法院墙上糊了大量粪便，当时报上报导了一则消息，标题是："四川高院，粪发涂墙"。几天后全部积水消失了，但马路上的泥土被冲走只剩些碎石东一堆西一堆的。报上对此事也有报导，标题是："某某市长，马路建设，水落石出，也算功德"。

由这些报导，可见当时的交通落后。

1924年没有路面的马路已大体修好，但天晴可以行走，如果下雨黄包车没法通行。经杨森找来一位外国留学生张仲华，他很有远见。主张要发展实业，必须先从交通入手，自行投资赴上海，在美国洋行订购了五部福特四缸汽车和一部奥斯丁小汽车。车买到手但没人驾驶，更不会修理。又由张仲华亲到上海，经人介绍又专程到北京特聘来郑月庭技师，既懂修理又能驾驶，他又训练了几个徒弟，自己只驾驶小汽车，把福特小汽车交徒弟驾驶。郑月庭曾在茶店子碾死了一个人，因为他是特种技术，仅由官方给点安埋费，本人不受法律制裁。

1933年蒋介石集团进入成都市后，迄至1949年16年的岁月中，旧政权对成都交通设施虽有微小的改善，但大街仍破烂不平，小街小巷道路泥泞，黄包车吆喝，铃声惊人，汽车过后则滚滚黄尘，混乱现象依然存在。

《成都交通今昔观》

❖ 夏详烈：坐公共汽车"不吉利"

成都的华达公共汽车的路线，按照东门至老西门，往返来回为一路，其中从东门城门洞开始，途经东大街、盐市口、上西顺城街，再从西玉龙街、骡马市转青龙街、西大街直抵老西门城门口。这条行车路线最热闹，当年从城守东大街经春熙路东口到上东大街，晚上还有夜市。另一路是从老南门城门洞到北门城门洞，途经南大街转红照壁，再经三桥南街、东御街、盐市口、皮房街、玉带桥、锣锅巷、草市街，北大街直抵北门城门洞。这两条路线，各备汽车两辆，来回行驶，盐市口是各路车转站的中心。

▷　围观汽车的民众

乘客坐车收费标准每两条街设一站，每站车票铜元一百文，坐全程收厂版银元五角，比起黄包车略贵一些。乘坐公共汽车的客人很多，不少市民是第一次坐汽车的，都从始发站坐到终点站，既观赏了市容，又体验了坐汽车的趣味。一年一度的青羊宫春节庙会，紧接着又是二月的成都花会，为方便赶会市民，华达公司特备一辆公共汽车，从老南门沿城墙边开往百花潭，每票两百文，由于人多车少，乘客只能排队上车。

从每天客运的收入来看，创办公共汽车这项新鲜事物是成功的，广大市民是欢迎和拥护的。但是反对公共汽车的也不少，而且也有一定的势力，以至华达公司处境困难直至夭折。

首先极力反对的是古板的所谓"五老七贤"，这些老古董们向政府当局请命，说"汽车猛于虎也""隆隆响声震耳欲聋"许多歪理，请严禁汽车在城内行驶。还有一批黄包车的租车行老板们，都联名请愿制止城内公共汽车营业，而且四处造谣说，"坐公共汽车不吉利，很像一口棺材在街上抬着走"等等。实际上公共汽车的确影响黄包车的生意。当时川康边务督办公署刘湘，也不调查研究，就下令华达汽车公司停业。公司的客车只好改在新津到成都作短途运客，每天仅往返一趟，亏损严重，不久汽油售价高涨一倍之多，华达公司无法维持，只好亏本倒闭了。

华达汽车公司，从筹备开始，到歇业倒闭，仅仅三年时间。从此成都城内，再没有公共汽车出现，一直到新中国成立，才开始有公共汽车在城内行驶。

《从鸡公车到公共汽车——成都公共交通变化小记》

❖ 潘前春：满城腔与儿化音

顺治元年，清军入关，推行民族统一政策，即派八旗军到全国各军事重镇和交通要塞。为控驭西陲，成都更是重兵防守。八旗官吏、军队及其家属（八旗官兵均可携带家属）均集中于少城遗址"草建城楼以居"。康熙五十七年动工修建大街8条、胡同32条，八旗重要官署，均安置城中，并边修官、义学校20来所等。幽静的胡同，深宅大院，碧阁朱楼，旗人居住其中，悠闲自乐。清统治者实行"汉旗分治"，出入满城，极为严格，由于天长日久，人际交往、生活之需求，汉旗接触日趋频繁。旗人大多来自满蒙，语言有其独特的风韵，其自称为"满城腔（儿）"。如说今天，明天，后天为"今（儿）个，明（儿）个，后（儿）个"；说"喉咙"为"嗓缸眼（儿）"。民国初，满城城墙被拆毁，旗人与汉人互通婚姻，满城腔逐渐消失，但儿化音的特点却保留下来，成为现代成都方言的一大特色。民国初傅樵村所辑的成都土语词汇，已记载了个别儿化音节，如："在这哒（儿）""说刺（儿）话"（指讥诮话）。30年代车耀先主编的成都注音符号分韵读本，汇辑了更多的儿化音韵，如："这（儿）对哪（儿）。哪（儿）对那（儿）。哦嗬，对些会（儿）。油糕对米粉（儿）。豌豆（儿）对菜头（儿）。糖豆腐（儿），肉焦耙（儿）。汤豌（儿）对酒杯（儿）。砂锅炒葫豆（儿）。豆豉煮醪糟（儿）。东大街挨盐市口（儿），韦驮堂对地藏庵（儿）。曲薄老头（儿），长行说话总爱刺（儿），张巴小伙（儿），只要见面寡散心（儿）。"凡此种种，都可看出少城满人对成都方言的影响。

《古少城与丰富多彩的成都方言》

❖ 潘前春：成都方言里的新词儿

随着时代的变迁，成都方言也在不断地丰富和发展，在儿化音韵方面增加了不少词汇。如：称高大壮实的人为"莽大汉（儿）"；刚踏入社会不懂人情世故、工作无经验的年轻人为"毛头（儿）"；扒手为"摸哥（儿）"，"文化大革命"中更称小偷为"撬杆（儿）"；从小在街上游逛受教育不多的青少年被称呼为"街娃（儿）"；说"鬼"为"骆猴（儿）"；爱好表现自己，爱出风头的人被称为"颤花（儿）"；女孩子披在前额的刘海喊为"披毛（儿）"；背地里称父亲为"老汉（儿）"。类似的词例在成都人的日常生活中还随时可遇到，可以说举不胜举。

在其他方面，成都方言也绚丽多姿，就拿吃文化方面来说，捡便宜、享受现成、白吃被称为"吃福喜"，混在里头占便宜称为"吃裹搅"，白吃、白占便宜为"吃豁皮"，混水摸鱼为"吃混堂锅魁"，吃肉或赴宴叫作"吃油大"，喊不要脸为"吃宽面"，吃东西不付代价为"吃抹合"，称几头捞取好处的人为"吃两头望"，控制或驾驭得住为"吃得焦干"，坐享其成为"吃安胎"，占便宜叫"吃炮和"，各种形式的占便宜又叫"吃欺头"，白吃称"吃洗洗洒"，替别人捎带钱物时，偷拿部分或全部据为己有为"吃雷"，吃或买便宜东西为"吃相因"。

除了吃的词汇外，成都人形容傻的词汇也是十分有趣。在生活中，我们常听称傻子为"哈巴（儿）"，傻里傻气的人为"莽礅（儿）"，形容傻状为"吞（儿）"，有时为图痛快更形容为"宝筛筛"。这些词汇常令外地人捧腹不已，显示出了成都方言的丰富多姿。

《古少城与丰富多彩的成都方言》

第九辑

蓉城印象·
带不走的成都

❖ **张恨水：** 成都之北平味是"貌似"而微

不才随重庆新闻界参观团往成都，《上下古今谈》须停笔若干天，以代其缺。自然卖担担儿面的也不会做出鱼翅席，还是古今谈解数。

到过成都的人，都有这样一句话：成都是小北平。的确，匆匆在外表上一看，真是具体而微。但仔细观察一下，究竟有许多差别。凭我走马看洛阳之花的看法说，有一个统括的分析，那就是北平是壮丽，成都是纤丽；北平是端重，成都是静穆；北平是潇洒，成都是飘逸。自然这类形容词，有些空洞，然而除了这空洞的形容，也难于用少数的字去判断。若一定要切实的说一句，应当说是成都之北平味是"貌似"而微，而不能说是具体而微。

虽然成都这个城市，决不同于黄河以南任何都市。就是六朝烟水的南京，历代屡遭劫火，除了地势伟大而外，一切对成都都有愧色，苏杭二州更是绝不同调。由江南来的人，看到了这个都市，自然觉得这是别一世界。就是由北方来的人，也会一望而知这不是江南，成都之处就在此。

原载 1943 年 4 月 19 日重庆《新民报》，原题《北平情调（上）》

❖ **薛绍铭：** 成都的印象

民国以来，成都一向是四川的省会，不过这二十多年来省政府的政令从未及于全省。在防区制时，一个四川是有七八个省会，成都仅算其中的一个，后来重庆的省政府职权扩大了，成都的省政府被它们吞并，这时重

▷ 俯瞰成都市区（局部）

庆成了全省的政治中心地，成都是有了一度的荒凉。

近来因省政府由重庆移来，以及川西"剿共"军事的紧张，成都遂成为中国西部的军事政治重地，使这个疲惫了的都市，现出了暂时畸形的繁荣，二年前的南昌好运，现在转移到锦官城来。

全城无论哪一家旅馆，客都是住得满满的，房价是五倍的高涨。饭馆、澡堂，营业是获利倍蓰。其他如纸店、布店、洋货店，最近生意也都不坏。共产党的西进，虽使一部分人遭了殃，但却暂时给成都市面一个大大的好处。

成都还是一个古色古香的中国城市，它所受到资本主义渲染的色彩很少。在成都街市上见不到两层以上的洋式商店，就是在最繁盛的春熙路上，所有商店仍多是矮矮的房屋。如果在建筑上比较，那么成都是要比重庆落后二十年。

成都是一个人口稠密的都市，在二十余里大的城圈里，到处人都是住得密密的。正因为人口稠密，在刘田两军成都巷战时，两军的炮火是成了弹不虚发，不打着房屋，便打着人，房屋被毁于炮火的固不少，老百姓所死于炮火的更多。

成都的地皮及房屋，半数以上是被有钱而又有枪阶级人所垄断。这些地皮房屋的收买和出租，是用各种堂号名义，但它的总老板谁都知道不外几个军政要人。四川军人，总是带着一点土气，刮老百姓几个钱，多是置房买地。固然他们也知道往外国银行存款，但总以为存款在外国银行，还没有置买些不动产妥当些，因为就是自己打败仗退走，或是下了台，但那些打胜仗而上台的人，也都是同族和同学，大家争的是地盘，私人的财产，彼此谁都是念旧谊而要保护的。

环绕在成都周围的几百里平原，土地是特殊的肥美，是中国农产物出产最丰盛的地方。成都有这样的好环境，生活程度又较低于其他都市。大洋一元可购二十七八斤的白米，这是其他都市很少有的，但这还是大军云集的时候，若是在平时，粮价当然是要更低落。

成都和重庆相距是一千多里的陆路，两千多里的水路。由外来的一切货物，都是经重庆转运，按理说，成都的物价应该高过重庆许多，但因成都的生活程度较重庆低得多，使一切物价反较重庆稍低一点。

住在成都的人家，有很多是终日不举火，他们的饮食问题，是靠饭馆、茶馆来解决。在饭馆吃罢饭，必再到茶馆去喝茶，这是成都每一个人的生活程序。饭吃得还快一点，喝茶是一坐三四个钟点。成都饭馆、茶馆之多，是中国任何城市都比不上，而且每个饭馆、茶馆，迟早都是挤得满满的。

成都曾作过历史上几次偏安的国都，名胜古迹，如城东之望江楼，城南之武侯祠、工部草堂，城北之昭觉寺，城内之文殊院，都很有游览的价值。不过近来因前方"剿共"军事的紧张，这些名胜古迹，都成了兵营和军医院，门前的站岗兵士，是一个显著的"游人止步"的招牌。

"谁坐成都都不久。"成都人常说这句话。按历史上看来，这话确实不错。刘备父子，邓艾，王建，孟知祥，张献忠等在成都都是坐半截。就是民国以来，成都的大椅，谁也没有坐长久。成都不能久坐的缘故，不是地方不吉利，乃是成都及其周围都太好，谁到都视为乐土，不愿再抖擞精神干了。刘邦进了阿房宫就忘掉了争江山，人的性情大约都差不多。不过希望现在坐成都大椅的人，能以前车为鉴而警惕，而长久下去，来打破这"谁坐成都都不久"的俗语才是。

❖ **老舍：** 可爱的成都

到成都来，这是第四次。第一次是在四年前，住了五六天，参观全城的大概。第二次是在三年前，我随同西北慰劳团北征，路过此处，故仅留一日。第三次是慰劳归来，在此小住，留四日，见到不少的老朋友。这次——第四次——是受冯焕璋先生之约，去游灌县与青城山，由山上下来，顺便在成都玩几天。

成都是个可爱的地方。对于我，它特别的可爱，因为：

（一）我是北平人，而成都有许多与北平相似之处，稍稍使我减去些乡思。到抗战胜利后，我想，我总会再来一次，多住些时候，写一部以成都为背景的小说。在我的心中，此地方好像也都像人似的，有个性格。我不喜上海，因为我抓不住它的性格，说不清它到底是怎么一回事。我不能与我所不明白的人交朋友，也不能描写我所不明白的地方。对成都，真的，我知道的事情太少了；但是，我相信会借它的光儿写出一点东西来。我似乎已看到了它的灵魂，因为它与北平相似。

（二）我有许多老友在成都。有朋友的地方就是好地方。这诚然是个人的偏见，可是恐怕谁也免不了这样去想吧。况且成都的本身已经是可爱的呢。八年前，我曾在齐鲁大学教过书。七七抗战后，我由青岛移回济南，仍住齐大。我由济南流亡出来，我的妻小还留在齐大，住了一年多。齐大在济南的校舍现在已被敌人完全占据，我的朋友们的一切书籍器物已被劫一空，那么，今天又能在成都会见其患难的老友，是何等的快乐呢！衣物，器具，书籍，丢失了有什么关系！我们还有命，还能各守岗位的去忍苦抗敌，这就值得共进一杯酒了！抗战前，我在山东大学也教过书。这次，在华西坝，无意中的也遇到几位山大的老友，"惊喜欲狂"一点也不是过火的形容。一个人的生命，我以为，是一半儿活在朋友中的。假若这句话没有什么错误，我便不能不"因人及地"的喜爱成都了。啊，这里还有几十位文艺界的友人呢！与我的年纪差不多的，如郭子杰、叶圣陶、陈翔鹤，诸先生，握手的时节，不知为何，不由的就彼此先看看头发——都有不少根白的了，比我年纪轻一点的呢，虽然头发不露痕迹，可是也都显着削瘦，霜鬓瘦脸本是应该引起悲愁的事，但是，为了抗战而受苦，为了气节而不肯折腰，瘦弱衰老不是很自然的结果么？这真是悲喜俱来，另有一番滋味了！

（三）我爱成都，因为它有手有口。先说手，我不爱古玩，第一因为不懂，第二因为没有钱。我不爱洋玩艺，第一因为它们洋气十足，第二因为没有美金。虽不爱古玩与洋东西，但是我喜爱现代的手造的相当美好的小东西。假若我们今天还能制造一些美好的物件，便是表示了我们民族的爱美性与创造力仍然存在，并不逊于古人。中华民族在雕刻，图画，建筑，制铜，造瓷……上都有特殊的天才。这种天才在造几张纸，制两块墨砚，打一张桌子，漆一两个小盒上都随时的表现出来。美的心灵使他们的手巧。我们不应随便丢失了这颗心。

因此，我爱现代的手造的美好的东西。北平有许多这样的好东西，如地毯，珐琅，玩具……但是北平还没有成都这样多。成都还存着我们民族的巧手。我绝对不是反对机械，而只是说，我们在大的工业上必须采取西洋方法，在小工业上则须保存我们的手。谁知道这二者有无调谐的可能呢？不过，我想，人类文化的明日，恐怕不是家家造大炮，户户有坦克车，而是要以真理代替武力，以善美代替横暴。果然如此，我们便应想一想是否该把我们的心灵也机械化了吧？次说口：成都人多数健谈。文化高的地方都如此，因为"有"话可讲。但是，这且不在话下。

这次，我听到了川剧、洋琴与竹琴。川剧的复杂与细腻，在重庆时我已领略了一点。到成都，我才听到真好的川剧。很佩服贾佩之，萧楷成，周企何诸先生的口。我的耳朵不十分笨，连昆曲——听过几次之后——都能哼出一句半句来。可是，已经听过许多次川剧，我依然一句也哼不出。它太复杂，在牌子上，在音域上，恐怕它比任何中国的歌剧都复杂的好多。我希望能用心的去学几句。假若我能哼上几句川剧来，我想，大概就可以不怕学不会任何别的歌唱了。竹琴本很简单，但在贾树三的口中，它变成极难唱的东西。他不轻易放过一个字去，他用气控制着情，他用"抑"逼出"放"，他由细嗓转到粗嗓而没有痕迹。我很希望成都的口，也和它的手一样，能保存下来。我们不应拒绝新的音乐，可也不应把旧的扫灭。恐怕新旧相通，才能产生新的而又是民族的东西来吧。

还有许多话要说，但是很怕越说越没有道理，前边所说的那一点恐怕已经是糊涂话啊！且就这机会谢谢侯宝璋先生给我在他的客室里安了行军床，吴先忧先生领我去看戏与洋琴，文协分会会员的招待，与朋友们的赏酒饭吃！

原载 1942 年 9 月 23 日《中央日报》

❖ 徵言：成都仿佛是北京

"蜀道难，蜀道难于上青天。"这是自古以来对于四川地形和交通的素描。的确，它的四周都是崇山峻岭，成为四川盆地，内部也是三步一坎，五步一山，全省很少寻出来周围三四十里的平原，道路崎岖，非常难走。虽然近来交通工具比前便利，不过较诸北方一望平原千里，又不可作同日语。由重庆起身西上，在距离成都将及五十里的龙泉驿大山上，遥望一片沃野，周围数百里，便是四川唯一的大平原川西坝。成都城市就在这平原上建筑，作为四川的省会，将及一千年。

因为成都是锦缎的市场，而且环城又有一条锦江，故称"锦城"。又因城中多芙蓉，每当秋高气爽，芙蓉盛开的时节，真是说不尽的美丽，所以又有"蓉城"之称，可惜经过多年来的摧残，芙蓉蹂躏殆尽，"蓉城"美名已成历史的称号。全城周围二十六七里略作斜四方形，分东、西、南、北四门，都有水绕其外。城壁高三丈，底厚一丈八尺，顶厚一丈六尺，据传明蜀王所建，工程坚固，从前城上垛口都很整齐，但是经过年来的内战，渐渐把城的建筑损坏，以后索性把城垛口的砖拆下出卖。近年因为城墙对于防匪，关系很大，不过城墙很多地方已经毁坏，于是又有人倡议修补，在这一毁一补的过程中，四川不知演了若干自相残杀的惨剧。

全城分做三部分：皇城位居中央，周围三四里，是蜀汉皇城遗廓，辛亥革命以前，四川军政长官都在里边，民国初年，仍沿旧习，自从经过戴戡的内战，皇城被毁，后改为高师校址，最近高师和成大合并，于是变为四川大学文法两院，皇城里有煤山一座，是全城最高的地方，读者如果不健忘，总记得去年邓田刘三军在成都巷战，曾经死去兵士平民将及万人，各军为争得煤山的一点高地，就死去几千人，所以战后立刻由人民把煤山铲平，以杜后患。但是至今周围的房舍，还能看见很多被枪炮打穿的残迹，可见当时激战的一斑。第二是"满城"又称"少城"，位居全城的西部，旧为八旗防地，汉人不得进入，现在已无这种界限。不过从前遗留的满人类多无以为生，我们走在少城的时候，偶尔也许发现捡垃圾的旗婆，背着一个竹筐，时时听到她们吆喝一声"换洋取灯儿"的声音，仿佛是身在北京。此外称为"大城"，旧归成都华阳两县分治，成都改市后，成华两县县署仍在城中，大城中以东门大街最热闹，因为东门是川东大路到成都必经的地方，所以这一带商贾栉比，颇称富庶。

北京和成都，全是古城，凡是住过北京再来成都，觉得有很多相似之处在成都，虽然精神方面，不尽使我们满意，而气候和设置上，使我们舒适畅快。建筑没有像北京那样庄严华丽，但是无论大街小巷，道路都很整齐。中国人自己经营的城市，有很整齐的街道，恐怕除了广州其次要推成都。提起了成都的马路，任何人都忘不了杨森。因为现在的马路是杨氏驻扎成都时，用坚强手段修成的。当时颇遭成都的"五老七贤"和平民所反对，曾有一联讥诮杨氏。上联写："问将军何日才滚？"下联是："愿督理早点开车。"川语"滚路"和"碾路"同义，"车"字等于"溜"或"逃"，杨氏索性不管，终于把成都全市马路修成三分之二，才被邓田刘联军给轰"滚"。在未修马路之前，成都城内的交通，只能乘轿代步，现在轿子绝迹，人力车、汽车都能通行。恐怕当初反对修马路的诸君子，当坐在车上东奔西跑的时候，也要交口称便，感谢杨氏的功德无量。至于建筑住宅，率皆平屋，铺面都是一楼一底，因为成都四周多水，并且土质多沙，地基不稳，因此不宜过高建筑，在表面上看来，颇为整齐，不过所用建筑材料多为木质，而且建筑又很草率，这样对于全市美观，不无减色。

原载《新生》1934 年第 13 期

❖ 老舍：在成都

成都的确有点像北平：街平，房老，人从容。

只在成都歇了五夜，白天忙着办事，夜晚必须早睡，简直可以说没看见什么。坐车子从街上过，见到街平，房老，人从容；久闻人言，成都像北平，遂亦相信；有无差别，则不敢说，知道的太少了。

学校只到了华西大学，四川大学，及华美女中。华大地旷，不如济南齐鲁大学之宽而不散。川大则在晚间去的，只觉静寂可喜，宜于读书，未见其他。华美女中亦系晚间去讲演，只见到略清洁严肃，未暇参观一切设备也。

名胜仅到武侯祠与望江楼。祠中的树好，园中的竹好。论建筑与气势，远不及北平的寺庙与公园。

街上茶馆很多，可惜无暇去坐坐。身上痒，故不能不入一浴室；浴室相当的干净，但远不及平津两地的宽敞暖和；招待更差，小伙计相骂不完，惜未听清为了何事，无从记下。

成都有许多有名的小食店，此以汤圆，彼以水饺，业专史远，各有美誉。因为事忙，一家也没去照顾；只吃了一次"不醉无归小酒家"，酒饭都好，而且不贵。假若别的比不上北平，吃食之精美与价廉则胜过之。

最使我喜欢的，是街上卖鲜花的，又多又好又便宜。红的茶花，黄的蜡梅，白的水仙，配以金桔梅花，真使我看呆了。

有机会，必还到成都看看；那里一定还有许多可爱的东西与地方。希望成都人在抗战中，能更紧张一些，把人力财力尽量的拿出来，作为后方都市的模范；只是街平，房老，人从容，是没有多大用处的。北平的陷落，恐怕就是吃了"从容"的亏；成都，不要再以此自傲吧。

原载 1939 年 1 月 31 日重庆《国民公报·文群》

❖ 宋之的：战时成都

成都马路很整洁，人也似乎很闲散。喝茶，在这地方乃是第一要事。大街小巷，三步一"馆"五步一"楼"，不论楼馆，日必满堂。且有流连终日者！

"抢"在成都也很盛行，但多半是抢小孩手里的面包，或小姐手里的糖果。这风气，较之重庆的"偷"却来得堂皇。畏缩的在你身边兜卖钢笔的人，成都是少见的，那是重庆的特色。

市面很繁荣，虽说防空协会的会长也曾经受过一番惊吓——事情是这样的：某区长在境内拾得了一个未炸的炸弹，于是便设法运到成都，安置在防空协会的门前供人参观。某会长便因此很受了惊吓。据他的意见，炸弹既已成形，就有爆炸的可能，而倘从跟前走过，难保不一命呜呼。于是，会长有一礼拜没敢到会办公。到底是把炸弹移到别处，才算安了心。

这样看来，因为重庆警报，成都的阔人都早做安排，躲到乡下去也不算过分了。

《从重庆到成都》

❖ 周上明：老成都的栅子

旧时成都一些街巷，市民为了防盗，多在街巷两头建有木栅栏（即是用杉木条排列用铁皮、铁钉串连而成，也有用铁丝绑扎而成），称曰栅子。每日黄昏后由专人关闭，到清晨才打开，盗贼无隙可乘，居民得以确保安全。

1911年，清王朝垮台时，四川总督赵尔丰不甘失败，趁新成立的四川军政府在东较场阅兵之机，煽起一场兵变。哗变的巡防军四处进行抢劫，打开藩库，抢光库银，进而横扫银号、钱庄、当铺、珠宝店等。一时间，流氓、地痞也大肆活动，许多人家也都遭了殃。抢劫行动持续了整整一昼夜，这就是旧成都所谓"十月十八（阴历）打起发事件。那些设有栅子的街巷闻警关闭，得免于难。

《老成都的栅子》

❖ 朱自清：诗意成都

据说成都是中国第四大城。城太大了，要指出它的特色倒不易。说是有些像北平，不错，有些个。既像北平，似乎就不成其为特色了？然而不然，妙处在像而不像。我记得一首小诗。多少能够抓住这一点儿。也就多少能够抓住这座大城。

这是易君左先生的诗，题目好像就是"成都"两个字。诗道：

细雨成都路，微尘护落花。

据门撑古木，绕屋噪栖鸦。

入暮旋收市，凌晨即品茶。

承平风味足，楚客独兴嗟。

住过成都的人该能够领略这首诗的妙处。它抓住了成都的闲味。北平也闲得可以的，但成都的闲是成都的闲，像而不像，非细辨不知。

"绕屋噪栖鸦"，自然是那些"据门撑"着的"古木"上栖鸦在噪着。这正是"入暮"的声音和颜色。但是吵着的东南城有时也许听不见，西北城人少些，尤其住宅区的少城，白昼也静悄悄的，该听得清楚那悲凉的叫唤罢。

成都春天常有毛毛雨，而成都花多，爱花的人家也多，毛毛雨的春天倒正是养花天气。那时节真所谓"天街小雨润如酥",路相当好,有点泥滑滑,却不至于"行不得也哥哥"。缓缓地走着,呼吸着新鲜而润泽的空气,叫人闲到心里、骨头里。若是在庭园中踱着,时而看见一些落花,静静地飘在微尘里,贴在软地上,那更闲得没有影儿。

成都旧宅于门前常栽得有一株泡洞树或黄桷树,粗而且大,往往叫人只见树,不见屋,更不见门洞儿。说是"撑",一点儿不冤枉,这些树戆粗偃蹇,老气横秋,北平是见不着的。可是这些树都上了年纪,也只闲闲的"据"着"撑"着而已。

成都收市真早。前几年初到,真搞不惯;晚8点回家,街上铺子便噼噼啪啪一片上门声,暗暗淡淡的,够惨。"早睡早起身体好",农业社会的习惯,其实也不错。这儿人起的也真早,"入暮旋收市,凌晨即品茶",是不折不扣的实录。

北平的春天短而多风尘,人家门前也有树,可是成行的多,独据的少。有茶楼,可是不普及,也不够热闹的。北平的闲又是一副格局,这里无须详论。"楚客"是易先生自称。他"兴嗟"于成都的"承平风味"。但诗中写出的"承平风味",其实无伤于抗战;我们该嗟叹的恐怕是别有所在的。我倒是在想,这种"承平风味"战后还能"承"下去不能呢?在工业化的新中国里,成都这座大城该不能老是这么闲着罢。

《外东消夏录》

❖ 牧人:念成都

我时常念及成都。

虽然在民国二十六年我就到了重庆和自流井,但我第一天到成都却只是在三年之前;几年来的梦想到了那时才能实现,尤其容易感到它的美丽,舒适。

那时为了想弄一个农场在成都，我由昆明搭CATC的飞机直航成都，Lockhead的运输机飞行很快，虽然战时的机位不容易有，同时也没有战前的舒适，但较之取道泸州或重庆的公路，是便宜而又安适得多了。

记得我们飞机到达时正是一个阴雨的天气，虽已深秋，但并没有像在昆明时想象的那样冷，从凤凰山机场搭车到航空公司，取了行李，赶到骡马市中旅招待所，已是客满，好在老友周医生住在那里，我就暂搬在他房里住，等到他返到卧室来时，看见我正睡在他的床上，正骇了他一跳。

那时该所的经理是刘君，襄理是邵君，都是熟人，我在那里一住就是三个月，后来蓉村的场屋盖好以后，我才搬到场上住。

成都的中旅招待所并不是在热闹地区，它位置在西北门，一座改建的西式楼房，里面住的都是他乡来的远客，在那里遇见了徐士浩大律师、汤恩伯将军，可惜那里房间不多，时常有"客满"的牌子放在柜台上。内地的旅馆，尤其在成都，数字上并不可算少，可惜管理太不会改良，这无怪大家要找招待所了，同时各都市的招待所这名词也愈来愈多了。

倘你喜欢住在一个安静的都市里的话，成都这都市无疑也可成为你选择目标之一。

望江楼、薛涛井、草堂祠、武侯祠等等说不尽的古迹，附近灌县、青城、峨眉等等的名胜，在古今文人的笔下，不知有多少记载，在此不赘。

成都的几条大街都相当宽，这城也相当大，最热闹的区域是春熙路商业场一带，新式的百货公司、酒楼、戏院，多集中在这一带。成都的电影院似乎比昆明、重庆都多，小吃馆是本来有名的，最有名的是"吴抄手"和"赖汤圆"。

这都市的人力车不少，分二种：一种跑长途，往往是像驿站那样换班的，一天可跑八九十里，城市里的洋车索价也比重庆或昆明便宜得多。

这里的饭馆取名多很特别，有一家叫"口叩品"的馆子，另有一家叫"不醉无归小酒家"，还有许多可惜记不起来了！

使我最怀念的却是我们牧场附近的华西坝。

华西坝在成都的南郊，三四十年前原是一带田亩，现在却成了学术中心有名的"坝子"了。"坝子"里建筑着东方宫殿式的校舍，图书室，一幢一幢地排列着，大草地那边有西式的小洋房，是教授们的宿舍，还有建筑雄伟的钟楼矗立在鸳鸯湖畔。

鸳鸯湖、断魂桥，这些香艳的字词，顾名思义倘你处身其间，滋味也可概见。

在一个岁将暮矣的时节，我曾骑一辆三轮送货车在大雪纷飞下，骑过神学院那边的一条狭道，穿过两岸柳树的大道，去访问在寒假中的华西坝。

那里偶然仍有几个男女学生在散步，可不是像去上课的那样紧张，也不是寒鸟觅食的在苦斗。这里是白雪盖没了屋檐，大操场上一片荒凉，原来在踢球的人去烤火去了，原来时常点缀在场上的几头奶牛也关进了牛棚，一切令人觉得清凉，安逸，明年该是个丰年!

我们也曾在前坝的街中踯躅过，我们曾在后坝的河旁坐过，那里的风景，似乎在上海是没有的。

在燃放胜利爆竹的时候，我刚在成都割去了盲肠，在参加胜利大游行以后几天，我飞去了昆明，又从那里飞来了上海。人事纷纷，在这紧张的上海生活下，我想起了成都，时常念及成都的一切。

原载《旅行杂志》1946 年第 20 卷第 4 期

图书在版编目（CIP）数据

老成都 / 韩淑芳主编 . — 北京：中国文史出版社，
2018.1

ISBN 978-7-5034-9660-8

Ⅰ . ①老… Ⅱ . ①韩… Ⅲ . ①成都—地方史—史料
Ⅳ . ①K297.11

中国版本图书馆 CIP 数据核字（2017）第 251657 号

责任编辑：张春霞 牛梦岳

出版发行：中国文史出版社

社　　址：北京市海淀区西八里庄路 69 号院　邮编：100142

电　　话：010-81136606　81136602　81136603（发行部）

传　　真：010-81136655

印　　装：北京温林源印刷有限公司

经　　销：全国新华书店

开　　本：710mm×1010mm　1/16

印　　张：19　　字数：272 千字

版　　次：2018 年 2 月第 1 版

印　　次：2021 年 4 月第 2 次印刷

定　　价：46.80 元